명리상담통변론

○

양성모

박영사

명리학의 궁극적 목적은 통변(通辯)에 있다. 그런데 오랜 세월 공부를 하고 수많은 명리 서적을 읽었음에도 불구하고 막상 상담을 하려고 상대를 마주하게 되는 순간 도대체 어디서부터 이야기의 실마리를 풀어 가야 할지 막연하고 답답하기만 하다.

아무리 오랫동안 공부하고 머릿속에 든 지식이 많아도 입으로 그것을 풀어내어 현장에서 상담으로 활용하지 못한다면 무슨 소용이 있겠는가? 그것은 지식은 많으나 활용성이 없으니 마치 죽은 학문과도 같은 것이 되는 것이다. 그러기에 본 명리상담통변론에서는 신속하고 명료하게 사주를 분석하여 자신 있게 실전상담을 할 수 있도록 사주의 기본적 풀이방식에서부터 시작하여 사건예측래정법, 대세운통변론, 월지통변술, 사주심리상담론, 재운관리론, 인연법, 택일법, 신궁합론, 건강질병론, 직업적성분석론, 사주지능검사법, 사주감명의 일반적 방법론, 오행에 의한 대세운 길흉 판단법, 십이운성통변론 등을 각 파트별로 실전상담사례를 들어가며 세밀한 부분까지 자세한 방법을 설명하였다. 그동안 공부한 수많은 이론들을 활용하여 현장에서 상담상대와 마주한 순간부터 오직 일대일로 진검승부를 가려야 하기 때문에 여러분은 지금부터 본 명리상담통변론을 잘 학습한다면 확신과 자신감을 가지고 당당하게 상담에 임할 수 있게 될 것이다.

통변이란 명리학을 통한 상담술로서 상대를 다루는 일종의 기술이기에 상담사 자신의 생존과 직결된 문제이므로 여러분 모두가 열심히 연구하고 터득하여 냉혹한 진검승부의 세계에서 진정한 승리자로 살아남아 우뚝 서기를 기원하는 바이다.

/ 己亥年 初春 金沙堂에서 重山 梁星模

차 례

1장. 명리상담 윤리

　명리학은 수천 년의 역사를 두고 인간의 길흉화복과 진로적성에 대하여 상담을 하여 왔다. 그에 따라 명리상담사들은 오랜 세월 동안 내담자들과 '상담사와 피상담자'라는 특수한 관계를 형성하여 왔다. 그러기에 그에 따르는 직업윤리와 책임의식이 강하게 요구된다. 그러나 아이러니하게도 국내의 서양 심리상담분야에서는 일찌감치 명문화되고 윤리강령으로까지 채택된 여러 조항들이 서양의 심리상담분야보다 훨씬 오래된 동양 명리상담분야에서는 전혀 인식되거나 고려조차 되지 못하여 왔다. 이는 우리나라에서 명리학의 역사가 일제강점기를 지나며 민족정신 말살정책에 의하여 학문적으로 사장되고 무시되어지는 분위기 속에서 아름아름 구전으로 명맥이 이어져 내려왔는데 일제치하와 6·25 동란의 비극을 겪으며 어려운 경제 환경 속에서 호구지책의 상담비술(相談祕術)로 활용되어진 결과이다. 이에 따라 일부에서는 명리학을 혹세무민의 술수와 도구로 인식하게 되었고, 전반적인 인간생활의 모든 분야를 다루는 가장 도덕적이고 체계적이며 학문적인 명리학 분야에서 상담에 필수요소인 윤리의식과 책임정신을 망각하게 하는 결과를 불러왔다.

　이제 우리나라는 세계 10위의 경제대국이 되어 선진국의 문턱에 와있다. 그만큼 삶의 질도 높아졌으며 정신적 행복추구권도 보장되어야 한다. 그러므로 이제 더 이상 명리상담분야에 비윤리적이며 비도덕적인 상담행태와 문제들이 있어서는 안 된다. 과도한 상담 비용의 문제, 소위 작명과 부적이나 기타 비법 등을 이용한 부당하고 협박적이며 고압적인 상담방법과 태도, 내담자와의 이중관계에 의한 불합리한 관계 형성, 자의적이고 일방적인 공정성을 잃은 판단에 의한 상담오류, 전문성과 성실성이 없는 사회적 책임의식부재 등 그 문제점들은 이루 다 나열하기조차 힘들고 부끄러운 실정이다.

이제 최고의 지성을 자랑하며 석·박사의 학위과정에서까지 전문적으로 연구·발전되어 지고 있는 명리학의 사회적 위상에 걸맞게 명리상담사의 사회지도층으로서 윤리의식과 책임의식이 강조되고 확립되어져야 할 때이다. 그러므로 본인은 "동양문화교육협회"의 회장으로서 깊은 책임의식을 통감하며 일반 심리상담사들의 윤리강령에 버금가는 명리상담사의 윤리원칙과 상담 자세를 아래와 같이 제안하는 바이다. 이제 명리상담은 과거의 낫 놓고 기역자도 모르던 시절의 가부(可否) 결정대행적 상담행태에서 탈피하여 사주팔자를 통하여 개인의 사정과 특성을 파악하고 그에 따라 내담자와 의논하며 최고의 선택적 방향을 찾아가는데 도움을 줄 수 있는 윤리적 상담이 되어야 하겠다. 그러기에 명리상담사의 윤리의식은 더욱 강조 될 수밖에 없다.

✦ 1. 명리상담의 7가지의 기본원리

가) 내담자를 위한 개별화의 원리

내담자의 개성과 개인차를 이해하고, 이를 고려하여 내담자에 따라 상이한 상담방법이나 도구 등을 활용해야 한다.

나) 내담자를 위한 자유로운 감정표현의 원리

내담자가 가지고 있는 생각과 감정을 자유롭게 표현할 수 있는 온화한 분위기를 조성해야 한다.

다) 내담자를 위한 통제된 감정조절의 원리

내담자의 정서변화에 민감하게 반응하는 동시에 중립적이고 객관적인 판단을 위해 감정을 적절히 통제·조절해야 한다.

라) 내담자를 위한 수용의 원리

내담자를 하나의 인격체로 존중하고 내담자를 있는 그대로 수용하는 태도를 견지해야 한다.

마) 내담자에 대한 비판단적인 태도의 원리

내담자의 잘못이나 문제에 대하여 나무라거나 질책하거나 책임을 추궁하는 행동을 삼가해야 한다.

바) 내담자의 자기결정 존중의 원리

내담자가 스스로 결정하고 선택하는 자기결정을 존중하고 이에 따라 문제를 해결할 수 있도록 도와주어야 한다.

사) 내담자를 위한 비밀보장의 원리

상담과정에서 알게 된 내담자의 정보와 상담자와 내담자 간의 대화내용은 반드시 비밀을 보장해야 한다.

✦ 2. 명리상담사에게 필요한 일반적 윤리원칙

가) 자율성

타인의 권리를 해치지 않는 한 내담자가 자신의 행동을 선택할 권리가 있음을 알아야 한다.

나) 선행

내담자와 타인을 위해 선(善)한 일을 하여야 한다.

다) 무해성

내담자에게 해를 끼치는 행동을 절대로 하지 않아야 한다.

라) 공정성

모든 내담자는 평등하기에 성별과 인종, 지위에 관계없이 공정하게 대우하여야 한다.

마) 충실성

명리상담사는 내담자에게 신뢰를 주며 상담관계에 충실하여야 한다.

✦ 3. 명리상담사가 상담관계에서 지켜야 할 윤리적 책임

가) 전문가로서의 윤리적 책임

❶ 전문적 능력

자기 자신의 학습과 경험 등에 의해 준비된 범위 안에서 전문적인 서비스를 제공하여야 한다.

❷ 성실성

자신의 신념체계, 가치, 제한점 등이 상담에 미칠 영향력을 자각하고, 내담자에게 상담의 목표와 한계성, 상담의 이점, 자신의 강점과 제한점, 상담료와 지불방법 등을 명확하게 알려야 한다.

나) 사회 윤리적 책임

❶ 사회와의 관계

사회적 윤리와 도덕성을 존중하고, 사회공익 및 명리상담사의 바람직한 이익을 위해 최선을 다해야 한다.

❷ 상담기관(철학관, 작명소, 사주카페 등) 운영자

상담기관(철학관, 작명소, 사주카페 등) 운영자는 기관에 소속된 명리상담사의 증명서나 자격증은 가능한 최고 수준의 것으로 하고, 자격증의 유형, 주소, 연락처, 직무시간, 상담의 유형과 종류, 그와 관련된 다른 정보 등을 가능한 정확하게 제공하여야 한다.

❸ 다른 상담사와의 관계

명리상담사는 자신의 방식과 다른 상담 방식을 존중해야 하며, 함께 종사하는 다른 명리학적 집단의 전통과 실제를 알고 이해하여야 한다.

다) 내담자권리와 존엄성에 대한 윤리적 책임

❶ 내담자 복지

명리상담사의 일차적 책임은 내담자의 복리를 증진하고 존엄성을 존중하는 데 있다.

❷ 내담자의 권리

내담자는 비밀유지를 원할 권리, 자신의 상담기록에 대한 정보를 가질 권리, 상담에 함께 참여할 권리, 불편한 서비스에 대해서는 거절할 권리 및 그에 따른 결과에 대해 조언을 받을 권리가 있다.

라) 상담관계에서의 윤리적 책임

❶ 이중관계

명리상담사는 내담객과 객관적이며 전문적인 판단에 영향을 미칠 수 있는 이중관계는 피해야 한다.

❷ 성적관계

명리상담사는 내담자와 성적관계를 피해야 한다. 상담관계가 종결된 이후에도 가능한 내담자와 성적 관계를 맺지 않는 게 좋다.

마) 정보보호의 윤리적 책임

❶ 사생활과 비밀보호

명리상담사는 내담자의 사생활과 비밀유지에 대한 권리를 최대한 존중해야 할 의무가 있다.

❷ 기록

명리상담사는 내담자에게 전문적인 서비스를 제공하기 위해 법, 규제 혹은 제도적 절차에 따라 가능한 기록을 보존하여야 한다.

✦ 4. 명리상담 시 비밀보장의 예외상황

가) 내담자가 자신과 타인에게 위해(危害) 행동을 할 수 있는 경우
나) 내담자가 타인의 위해(危害) 행동의 피해자인 경우
다) 내담자의 문제가 위급한 위기상황인 경우
라) 내담자가 범죄 및 사회악적인 문제와 연루되어 있는 경우

마) 내담자가 비밀공개를 허락했을 경우

✦ 5. 이중관계로 인해 발생할 수 있는 문제점

가) 이중관계는 상담자와 내담자로서의 관계를 맺는 것 이외에 명리상담사가 내담자와 다른 관계를 맺는 것을 말한다.

나) 이중관계로 인해 명리상담사와 내담자가 거래관계를 맺는 경우 상대적으로 약자에 해당하는 어느 한 쪽이 상대방의 부탁을 거절하기 어렵게 되며, 또한 상담에 집중할 수 없게 된다.

다) 이중관계로 인해 친밀관계나 성적관계를 맺는 경우 서로 간의 정확한 판단과 공감을 방해할 수 있으며, 전이(轉移) 혹은 역전이 감정을 가질 수 있다.

라) 이중관계가 항상 비윤리적이고 비전문적인 것은 아니지만, 일반적으로 심리상담 관련 협회들에서는 이중관계에 대해 공통적으로 전문가로서의 객관성을 손상시킬 수 있음을 경고하고 있다.

✦ 6. 유능성의 원칙과 이를 위반하는 4가지 이유

가) 명리상담사의 유능성의 원칙

명리상담사 또는 명리학자는 자신의 강점과 약점, 그리고 자신이 가지고 있는 학술(학문과 기술)의 한계점에 대하여 자각해야 한다. 그리하여 지속적인 학습과 수련으로 최신의 학술을 습득하며, 이를 통해 사회적 변화에 민첩하게 대응해야 한다.

나) 유능성의 원칙을 위반하는 경우

❶ 명리상담사가 개인적인 심리적 문제를 가지고 있는 경우
❷ 명리상담사가 심리적으로 소진되어 있는 경우
❸ 명리상담사가 특정한 내담자의 문제를 다루는 데 필요한 전문적 학술을 습득하지 못한 경우
❹ 명리상담사가 교만하여 더 이상 배울 필요가 없다고 생각하는 경우

✦ 7. 명리상담사가 윤리적 위반을 범할 수 있는 경우

가) 명리상담사의 무경험과 무지

나) 윤리적 문제의 잠재성에 대한 과소평가

다) 피할 수 없는 윤리적 딜레마

라) 명백한 지침이 없거나 그 지침이 특정 상황에서 모호할 때

마) 윤리적 지침과 법률의 모순

2장. 사주 분석법

✦ 1. 기본적인 四柱 판단법

1) 좋은 사주의 조건

- 身强身弱에 관계없이 일간이 地支에 꼭 통근하여야 한다.(사회적 생존력이 강하다)
- 격국이 뚜렷하고 확실하여야 한다.(사회성과 공존능력이 좋다)
- 희용신이 뚜렷하고 일간과 有情하여야 한다.(처세술과 인덕이 좋다)
- 희용신이 地支에 통근, 득지, 득국하여야 한다.(문제해결능력이 좋다)
- 용신을 沖剋하거나 合去시키는 흉신이 없어야 한다.(처세술에 치명적 단점이 없다)
- 용신을 沖剋하거나 合去시키는 흉신이 있다면 그것을 剋制하는 오행이 있어야 한다.(단점이 있다면 기사회생의 보완책이 있어야 한다)
- 조후 상으로 사주가 너무 한랭하거나 조열하지 않아야 한다.(심리적으로 안정을 이루고 있어야 한다)
- 일간이 太弱하거나 太强하여 사주가 편중·편고되지 않아야 한다.(건강에 이상이 있거나 성격적으로 편벽되지 않아야 한다)
- 合과 沖이 지나치게 많지 않아야 한다.(주변에 사연과 사건사고가 복잡하지 않아야 한다)
- 오행 간에 서로 심하게 相戰하지 않아야 한다.(육친 간에 불화가 많지 않아야 한다)

위의 조건들이 대부분 맞는 사주는 능력이 있는 좋은 사주로서 희용신 운을 만나면 大發하며 만약 운이 안 좋더라도 무난하게 살아가며 극히 실패하지는 않는다.

예1) 부동산으로 큰 부를 이룬 여류화가

庚 乙 癸 壬   55세 1대운
辰 巳 卯 寅
丙 丁 戊 己 庚 辛 壬
申 酉 戌 亥 子 丑 寅

卯月 乙木으로 건록격의 극신강한 사주이다. 그러나 정재 辰土의 생을 받고 일지 巳 중의 庚金에 통근한 時干의 용신 庚金이 建旺하고 일간과 유정하며, 년간 임수로부터 시작하여 수생목 목생화 화생토 토생금으로 오행이 주류무체를 이루고 생생유통하여 보기 드물게 좋은 사주의 예라고 할 수 있다. 무술대운에 이르러 유산으로 받은 부동 산으로 큰 부를 이루고 홍익대 미대에서 석사과정을 마치고 박사학위를 공부하며 후 학을 지도하는 여류화가의 사주이다.

예2) 지방선거에서 군수에 당선된 사람 〈통근한 중 좋은 대운〉

辛 壬 丁 戊   1대운
丑 子 巳 戌
甲 癸 壬 辛 庚 己 戊
子 亥 戌 酉 申 未 午

위 사주 壬水는 일지 子水에 통근한 신약 구조이다. 丁巳月에 관살이 혼잡하여 病 이 되는데 이를 통관 시키는 辛金이 시지 丑土에 통근하고 있어서 다행이다. 초년 土 運에는 일간을 극제하는 운이므로 어려웠으나 庚申대운부터 주변의 도움으로 발복하 고 辛酉 壬戌대운을 거쳐 癸亥대운 庚寅년에 지방군수에 당선되었다.

2) 나쁜 사주의 조건

- 日干이 지지에 통근하지 못하였거나 통근했어도 그 뿌리가 沖剋 또는 合去당하여 무력한 사주.
- 격국이 부실하고 파격이 된 사주.
- 喜用神이 지지에 뿌리가 없거나 沖剋 또는 合去된 사주.(용신불발, 용신기반)
- 沖이나 剋당한 용신을 구제할 오행(약신)이 없는 사주.
- 용신이 日干과 멀리 있어 無情하며 무력한 사주.
- 용신이 뚜렷하지 않거나 假用神을 쓰고 있는 사주.
- 조후상으로 너무 한랭하거나 조열한 사주.
- 합과 沖이 너무 많은 사주.
- 假從格을 이루어 편중·편고하게 이루어져 있는 사주.

사주가 위와 같은 조건이면 매사가 잘 풀리지 않고 어려움이 많이 따른다. 또한 아무리 좋은 운을 만나도 크게 發福하지 못하게 되는 것이다.

예1) 고통과 어려움 속의 여자 〈일간과 용신이 무력한 사주〉

丁 癸 壬 戊   39세 3대운

巳 丑 戌 午

乙 丙 丁 戊 己 庚 辛

卯 辰 巳 午 未 申 酉

癸水가 戌月에 실령, 실지, 실세하여 극신약하다. 재생살된 사주에 일간을 생조해주는 인성이 전무한 중에 용신인 비겁 壬水 또한 무근하고 희신의 도움이 없어 나쁜 사주의 전형적 예로써 힘들고 고통스러운 인생을 살아나가고 있다. 초년 辛酉 庚申 용신 운에는 대학까지 졸업하고 유복하였으나 23세 기미대운부터 아버지(재성)의 잘못으로 집안이 몰락하여 고생하던 중에 33세 戊午(己丑년)대운부터 안마시술소를 전전하며 힘들게 살아가고 있는 여자의 사주이다. 재생살 된 극신약 사주에 비겁을 용신하는 여명에서 흔히 일어날 수 있는 현상이다.

예2) 언어 장애를 앓고 있는 아이 〈일간이 무력하며 편고한 사주〉

庚 乙 庚 庚　17세 4대운

辰 巳 辰 辰

癸甲乙丙丁戊己

酉戌亥子丑寅卯

위 사주는 辰월의 乙木이 사주전국에 관살이 태과하여 乙木은 심하게 위협을 받고 있다. 비록 辰 중의 乙木에 통근하였으나 水로 유기되지 않아 종재격의 사주이다. 종재격 사주의 특성대로 집안이 경제적으로 부유하고 다른 면에는 아무 문제가 없으나 土金으로 편고한 사주의 특성상 金剋木을 심하게 당하여 신경과 언어장애를 겪고 있는 아이의 사주이다.

예3) 시각장애인의 사주 〈태약한 日干의 결함〉

辛 乙 乙 庚　47세 9대운

巳 未 酉 戌

壬辛庚己戊丁丙

辰卯寅丑子亥戌

위 사주는 乙木일간이 酉월에 정편관이 투출하여 극신약한 사주다. 천간의 乙木이 둘이라도 强金을 대적할 힘이 없고 지지에 일간을 생조할 일점 水氣가 없어 시지에 巳火 상관으로 제살을 하고 싶으나 巳酉合金으로 불가하게 되었다. 위 사람은 어릴 적 병술 대운에 홍역을 앓고 시력을 잃은 후 亥 子 수운에 간신히 고등학교를 마치고 맹인 학교에서 안마와 침술을 배워 안마사의 삶을 살고 있는 사람이다.

✦ 2. 用神에 따라 개운하는 선행법을 권하라!

福은 하늘이 내린다는 말은 곧 하늘이 내릴 때에 복을 받을 수 있다는 말이니 이는 사주명리학적인 견해로는 용신운에 발복하게 된다는 것이다. 그러나 사람마다 다 운의 흐름이 좋아서 복을 받고 발복할 수 있는 것은 아니다. 복을 받기 위해서는 평소

선행의 덕을 쌓고 좋은 운이 오는 때를 기다리는 자세가 필요하다.

그러므로 평소에 기왕이면 사주의 용신에 따라 미리 선행을 하는 것이 좋다. 봉사활동이나 기부금, 장학금 및 발전기금 등을 내거나 자선사업을 할 때도 참고하면 좋다.

진심으로 發福하기를 원하면 먼저 선행과 덕을 쌓는 것이 우선이며 나의 선행으로 당대가 아니라면 후손에서라도 절대로 복을 받는다는 것을 명심하여야 한다. 더불어 대운이나 세운에서 흉운이나 흉살을 만났을 때, 사전에 미리 관계되는 사안에 따라 선행을 한다면 그 흉함을 피해갈 수도 있다는 것을 알아야 할 것이다. 예를 들어, 편관칠살 운에 삼형살이나 백호대살 등이 가중되면 교통사고나 불의의 사고 등으로 인하여 다치고 피를 흘릴 수도 있다고 한다. 이럴 때 연초부터 미리 헌혈을 한다면 선행을 하고서도 사전에 피를 흘리게 된 것이니 각종 사고를 예방하고 흉살의 피해를 면할 수도 있을 것이다.

그러므로, 사주명리상담자들이 평소에 내담자들에게
- 인성이 흉운에 들거나 충·극·형이 되면 인성기관에
- 비겁이 흉운에 들거나 충·극·형이 되면 비겁기관에
- 식상이 흉운에 들거나 충·극·형이 되면 식상기관에
- 재성이 흉운에 들거나 충·극·형이 되면 재성기관에
- 관성이 흉운에 들거나 충·극·형이 되면 관성기관에 선행을 하도록 안내하고 조언하여 준다면 각 개인의 생활의 안정과 발복을 찾아주고 더 나아가서는 국가 사회 발전에 공헌하게 되므로 그 결과 명리학의 참뜻을 실행하는 우리자신이 이 사회로부터 존경과 신뢰를 받게 될 것이다.

1) 印星기관

학교, 교육기관, 학술재단, 박물관, 노인정, 노인병원, 요양병원 등

2) 比劫기관

독립기념관, 의병열사, 인권단체, 노동조합, 협동조합, 노동문제연구소 등

3) 食傷기관

사회복지단체, 보육기관, 육아원, 유치원, 동물보호단체, 교화교정단체 등

4) 財星기관

장학재단, 자연보호단체, NGO단체, 자원개발연구소, 식량구호단체 등

5) 官星기관

교도소, 경찰서, 정치단체, 국가유공단체, 법률구호기관, 각종 국가기관이나 단체 등

위와 같은 식으로 분류는 해보지만 선행을 하는 데 있어서 굳이 구분을 할 필요는 없을 것이다.

✦ 3. 직관력(直觀力)을 키우자!

사람은 누구나 직관력과 예지력을 소유하고 있다. 우리는 직관력이 탁월한 사람을 보고 神氣가 있다고도 말한다. 직관력은 선천적으로 타고나는 것이지만 후천적으로 개발할 수도 있으니 상담에 임하는 사람들은 최대한 직관력을 키우도록 노력해야 한다. 직관력과 예지력은 실전상담의 오랜 경험 속에서 저절로 축적될 수 있다. 직관력을 키우는 것은 상담전문가로서 최상의 능력을 구비하는 것이며 그로 인해 내담객에게 최대한의 서비스를 제공할 수 있게 된다.

상대의 인상, 체상, 언상 등을 살피라!

외모로 많은 것을 판단할 수 있다. 사주를 작성하기 이전에 상대의 모습을 보고 그 사람에게 당면한 일을 가늠하는 직관력을 최대한 개발하여야 한다. 그러기 위해서는 우선 상대의 성별과 나이를 가늠하고 그의 모습과 눈빛을 관찰 하여야 한다. 어느 정도 판단을 한 다음 사주상으로 나타난 현재의 운이 직관으로 가늠한 사항과 일치한다면 대단한 적중률을 갖추게 될 것이다. 직관력을 키우기 위해서는 정신이 맑아야 한다. 자신의 생각과 마음이 고요하지 못하고 혼란스럽거나 혹은 갖가지 욕망이 차 있거나 할 경우, 결코 직관력은 예리할 수 없다. 그러므로 상담자들은 항상 생각과 자세

를 바르게 하고 정신을 맑게 하여야 한다.

1) 피곤하고 지쳐있는 모습의 사람

상태 : 되는 일이 없고 여러 가지로 힘든 상태.

대응 : 차분하게 실패의 원인을 분석해주고 위로하고 격려해 준다.

2) 분노한 얼굴로 조급히 앉는 사람

상태 : 배우자의 외도 등 누군가에게 배신이나 사기를 당하고 어처구니없는 일을 당한 상태.

대응 : 원인을 바로 치고 들어가 가부로 분명한 답을 주며 상대에 대하여 같이 분노하는 감정을 공유하여 준다.

3) 수심이 가득하고 불안한 사람

상태 : 빚이나 보증 등의 금전문제로 근심이 많은 상태.

대응 : 해결책과 대안에 대해 소상히 밝혀주고 희망을 준다.

4) 눈치를 보며 어두운 얼굴의 사람

상태 : 남몰래 죄를 지은 사람으로 해결방법이 막막한 상태.

대응 : 현재 상황을 스스로 인정하게 하고 교훈과 지침을 준다.

5) 얼굴을 쳐들고 빤히 쳐다보는 사람

상태 : 상담자를 떠보려는 교만한 마음의 상태.

대응 : 사주상의 약점을 집어 허를 찌르고 상대의 눈을 쳐다보며 딱 부러지게 궁금한 점을 질문하라고 말한다.

6) 얼굴의 찰색이 좋고 안정된 사람

상태 : 투자한 것이나 좋은 일에 대한 결과를 알고 싶은 상태.

대응 : 기분을 북돋워 주고 좋은 결과를 자신 있게 예측해 준다.

7) 웃는 얼굴로 아는 척 하는 사람

상태 : 누군가에게 소문을 듣고 심심해서 찾아온 별걱정 없는 상태.

대응 : 성격 등을 말하고 사주 상으로 나타나는 인간관계, 재물관계, 건강관계 등 제반 사항을 소상히 말해준다. 이러한 사람이 상담하기 편하나 오히려 가장 힘들 수도 있다.

✦ 4. 나이에 따라 내방 목적이 다르다

사람이란 제각각 다른 모습으로 세상을 살아가고 있지만 알고 보면 나이에 따라 인생사에 공통된 문제와 궁금증을 안고 있는 것이다.

학업에 대한 문제, 배우자에 대한 문제, 재물과 금전에 대한 문제, 직업이나 직장에 대한 문제, 결혼이나 이혼 등의 배우자 문제, 출산이나 자녀에 대한 문제, 사업에 대한 문제, 건강이나 질병에 대한 문제 등 궁금한 삶의 문제가 거의 공통된 것이니 상대의 연령대에 따라 내방한 목적을 빨리 파악한다면 신속한 상담과 함께 적중률에 대한 포인트를 대단히 높일 수 있을 것이다.

- 10대 - 이성운, 친구문제, 진학문제, 적성문제, 감정고민, 부모와의 갈등, 가출과 비행문제 등
- 20대 - 애정운, 결혼운, 학업운, 시험운, 취직운 등
- 30대 - 결혼운, 애정운, 직장운, 금전운, 배우자와의 성격갈등, 창업운 등
- 40대 - 사업운, 금전운, 승진운, 이사운, 부부불륜, 이혼문제, 직업변화 등
- 50대 - 자녀운, 직업운, 사업운, 부동산운, 건강운, 이동수, 부부불륜, 이혼문제 등
- 60대 - 자손운, 재물운, 부동산운, 집안과 조상문제, 건강수명운 등

✦ 5. 합과 충의 변화 작용을 파악하라

1) 合과 沖으로 심리변화가 생기고 삶의 변화가 발생한다.

합이란 음양과 오행의 결합이다. 그 결과 변화가 시작된다. 마치 남녀의 결합과 같다. 합이 되면 아래와 같은 현상이 발생한다.

- 오행과 십성의 변화에 따라 기분이 변한다.
- 오행과 십성의 변화에 따라 감정의 변화가 온다.
- 오행과 십성의 변화에 따라 표정과 표현이 변한다.
- 오행과 십성의 변화에 따라 혈액순환이 변하고 그에 따라 감정이 업다운된다.
- 오행이 강해지거나 약해진다. 그 결과 변질된다. 다른 것을 한다.
- 오행이 묶여서 기반이 된다. 그 결과 옴짝달싹 할 수 없게 된다.
- 합이 되면 독을 주기도 하고 약을 주기도 한다.(合化凶 = 毒 合化吉 = 藥)
- 사주원국에서 합이 이루어졌을 경우 그 작용은 평생을 가는 영구한 것이다.
- 사주 내의 오행을 외부 運에서 와서 합하는 경우 그 기간 동안만 일시적으로 작용한다.

가) 행운에서의 天干 5合의 작용[1]

❶ 甲己合土 작용정지 - 甲木이 중앙으로 귀속된다. 그 결과 甲木과 己土의 작용력이 정지된다.

❷ 乙庚合金 세력강화 - 乙木이 金을 따라간다. 그 결과 庚金의 입장에서는 자기 세력을 강화하게 된다.

❸ 丙辛合水 새로운 창출 - 南과 西가 만나 北으로 간다. 그 결과 새로운 창조적 변화가 이루어진다.

❹ 丁壬合木 방향전환 - 南과 北이 만나 東쪽으로 방향을 전환한다. 그 결과 하던 일의 방향을 전환하게 된다.

❺ 戊癸合火 이동·변동 - 중앙의 戊土가 北쪽의 癸水를 끌고 와 南쪽으로 이동·변동한다. 그 결과 분주하고 바쁘게 움직이게 된다.

나) 합충의 변화는 그 원인이 어디에 있는지 주도자를 살펴야 한다.

- 戊토 일간이 癸수를 만난 경우 - 자기 자신이 변화를 주도한다.
- 丁화 일간의 사주에서 戊토가 癸수를 만난 경우 - 외부의 여건에 의하여 변화를

---

1) 김기승, 『사주심리치료학』, 2012, 도서출판창해, p.148.

한다. - 육친에 해당하는 주변 사람(자식과 남편)

- 乙일간이 庚金을 합할 때 = 자신이 변화를 직접 주도 - 자신이 직접 관직을 얻는 경우이고,
- 乙일간의 사주에서 庚金이 운에서 오는 乙목을 합할 때 - 庚金이 경쟁자 乙목을 잡아서 나에게 官을 가져다 준 경우이다.

다) 합의 두 유형

❶ 일간의 합 (丙火일주 + 辛 = 평생 정재에 의지 집착)

❷ 일간 外 타 干의 합(丙火日柱가 乙庚合이 있는 경우)

예를 들어 甲木일간이 사주에 상관(교묘함, 불법성, 임기응변, 기술과 노하우, 재치와 수단 등) 丁火 있을 때 운에서 편인(불법문서, 갑작스런 문서, 종교, 예능 등) 壬水를 만나면 결론적으로 일을 교묘히 꾸며서 편인을 잡은 경우로 두 가지가 만나 일을 교묘히 꾸며 자신에게 이익이 되는 비겁의 방향으로 전환한다. 반대로 甲木일간이 사주에 편인(학위, 특수자격증, 문서, 종교, 예능 등) 壬水가 있을 때 자기가 가지고 있는 이상한 문서나 자격증으로 운에서 오는 丁火 상관(교묘함, 불법성, 임기응변, 위법, 새로운 기술과 노하우, 재치와 수단 등)을 만나면 일을 교묘히 꾸며 자신에게 이익이 되는 비겁의 방향으로 전환한다.

만약 乙木일간 사주에 편관(불법, 신속함, 결단력, 지도력, 리더십, 네트워크, 단체, 특수조직, 회사 등) 辛金있을 때 운에서 상관(재치, 수단, 위법성, 교묘함, 기술과 노하우, 임기응변, 아랫사람, 제자 등) 丙火를 만나면 결론적으로 원래 편관으로 불법을 감행할 수 있는 사람인데 교묘하게 일을 꾸미는 아랫사람을 끌어들여 丙辛合水로 무엇인가 새로운 문서를 잡고 시작한 경우이다. 만약 丙화가 용신이라면 용신운이 와서 나의 기신인 편관 辛금과 합해 水 인수로 바뀌어 내게 좋은 문서를 가져다준다.

- 합의 결과는 그 사람의 심리나 행동특성으로 나타난다. - 합의 결과가 길신이면 그 합의 쓰임이 평생 吉하지만 합의 결과가 흉신이면 평생 나쁘게 작용한다.
- 사주 내에 합이 많은 것도 안 좋고 합이 없는 것도 안 좋다. 사주는 오행이 서로 상생되거나 적당히 상극되는 것이 좋다. 합이 되어서 오히려 멀쩡한 것이 망가질 수도 있다.

- 천간합이 일어날 때는 심리적 변화가 일어나는데 그에 따라 직업이나 건강, 재물, 인간관계 등 사회적 변화가 수반된다.

예)

| 甲 | 癸 | 丙 | 甲 | 세운 辛 |
| 寅 | 卯 | 子 | 午 | 巳 |

세운 辛巳년에 丙화 처가 주도해서 丙辛合으로 새로운 창업을 했다. 친정아버지가 돈을 줘서 했다. 인수(辛)운에 창업 – 주도는 처가 했지만 그 결과는 내 이름으로 명의는 되었다.(부인이 나서서 처갓집 돈을 가져다 창업한 경우이다)

예)

| 丙 | 癸 | 甲 | 戊 | 대운 己 |
| 辰 | 亥 | 子 | 戌 | 巳 |

甲상관 – 상관

己편관 – 편관(과감한 결단, 네트워크, 단체, 특수조직, 회사)

甲己合으로 상관의 작용이 정지 되어 戊土 正官을 치지 못하게 되므로 많은 제자들이 체인점 가입을 해서 적성검사기관을 설립했다. 偏과 偏이 합을 할 때는 꼭 구설이 생긴다. 구설은 있었지만 사주에 길한 土의 방향으로 변했으니 결과는 吉했다.

예)

甲일간 사주에 癸(정인)

　　　　　亥(편인) 있을 때

　　　　　↳운에서 戊를 만나면(편재)

戊癸合으로 이동·변동이 생기는데 외부에서 들어온 편재 때문에 일이 발생한다. 예를 들자면 여자문제(편재)로 내가 가지고 있는 바른 문서를 움직여 合火하니 식상으로 일을 벌인다. 또는 큰돈 욕심(편재)으로 인한 융자금 때문에 戊癸合으로 내 집을 잡히고 일을 벌여 바쁘게 왔다갔다 이동·변동을 하게 된다. 戊癸합으로 癸수가 묶이면 亥중의 壬수 편인이 나에게 작용력을 발휘한다. 그 결과 戊土 편재를 위하여 불법문서가 나를 유혹한다. 사주에 편인이 없을 때는 편인이 있는 것처럼 속아서 사기를 당한다던가 한다.

* 사주에서 正은 나를 유혹하지 않는데 편은 나를 유혹한다.

예)

辛	丙	丁	己	세운 辛
卯	申	卯	亥	卯

辛卯년에 辛金 正財 부인이 친정에서 卯木 편재로 목돈을 가져와 일간과 丙辛合水를 하여 새로운 창출을 하니 평생에 해본 적이 없는 호두과자 체인점을 차렸다. 그 후 壬辰년에는 丁壬合木으로 방향전환을 하니 서울에서 경기도로 교육관을 이전하였다.

2) 자리에 따른 합충의 작용

- 年支의 合沖 - 회사나 직장문제의 변동, 조상문제, 족보, 과거사 등이 발생하며 직업관, 사회관의 변화가 온다.
- 月支의 合沖 - 주거변동, 직장 내의 근무부서의 변동, 부모와 형제간의 화합과 대립, 가정사의 변동 등의 문제가 발생한다.
- 日支의 合沖 - 배우자 문제, 좌불안석, 건강, 동업문제, 당면 사안의 문제와 감정 변화 등이 발생하며 가장 가깝거나 소중한 것들과의 이별과 만남을 하게 된다.
- 時支의 合沖 - 자녀문제, 아랫사람, 부하직원, 미래계획의 변화 등이 발생하며 직장 내 업무 변동 등이 발생한다.

예) 관살태왕의 남자 (44세, 일에 대한 스트레스로 폐업을 함)

丁	庚	丙	丁	세운 庚
亥	戌	午	未	寅

- 年支 : 극 - 재성이 강해짐으로 재의 노예가 됨.

- 月支 : 寅午合 – 재성이 관성과 합하여 관살로 변함. 월지의 합으로 사업장, 가정사 변동하게 됨. 관살은 스트레스이며 財變殺이므로 부인과 돈 문제가 나를 너무 힘들게 한다.
- 日支 : 寅午戌 三合 – 재성과 배우자 궁이 삼합되어 관살로 변하니 부인이 구설에 허탈과 한탄에 빠지며 같이 폐업을 결정하고 주거지 이동함.
- 時支 : 寅亥합 – 식신이 합되어 자신의 장래를 다시 생각하게 되고 새로운 사업의 방향을 다시 찾으려고 함. 식상과 재성이 합을 하니 처가 귀국을 하여 장모와 만나 장래문제를 알아보기 위해 상담을 하러 옴.

(호주에서 6년간 베이커리를 하던 사람인데 과로와 스트레스로 폐업을 하고 새로운 사업으로 커피전문점을 모색하고 있음)

3) 용신과 기신의 합충에 따른 변화 작용

沖은 사고나 이동, 이별, 갑작스런 사안의 발동, 건강과 환경의 변화를 발생하며 合은 정체와 변질, 배신과 타협, 만남과 화합 등의 새로운 방향제시를 발생한다.

가) 喜用神의 合沖 변화
- 용신이 충되면 잘 되던 일이 사건·사고 등으로 난관에 빠지거나 중단되며 실패와 고통, 이별이 발생한다.
- 용신이 합되어 기신으로 변하면 믿는 도끼에 발등 찍히고 누군가의 모함, 배신이 따르고 일이 지체되며 생각지 않은 함정에 빠지게 된다.
- 용신이 합되어 더 강한 용신으로 변하면 잠시 혼동에 빠지나 곧 회복되어 경사가 발생하고 커다란 성공과 기쁨이 따르게 된다.

나) 忌神의 合沖 변화
- 기신이 충되면 묶였던 일들이 풀리고 골치 아픈 사건이 사라진다.
- 기신이 합되어 희신으로 변하면 막혔던 일이 풀리고 원수가 은인으로 변하고 논쟁이 종결되며 적대적 관계가 우호적이며 협조적인 관계로 변화한다.
- 기신이 합되어 더 강한 기신으로 변하면 어려움과 고통이 가중되고 설상가상으로 흉한 일이 발생한다.

예1) 용신이 沖되어 사업에 부도를 내게 된 경우

辛 丙 丁 己　　세운 戊
卯 申 卯 亥　　　　寅

丙火일간이 득령하고 득세하여 신강하다. 일지의 편재 申金이 억부용신으로 甲子
癸亥 대운을 오며 격국의 상신운과 억부의 희신운이 합치되니 사업을 성공적으로 운
영해 왔다. 그러나 癸亥대운 말에 亥卯合木을 하여 吉變凶으로 되었다. 戊寅세운에는
천간으로는 식신운이 와서 상반기까지는 외견상으로는 사업에 별문제가 없었으나 하
반기가 되어 억부용신인 일지 申金을 寅申 충하니 IMF사태로 인한 외부요인에 의해
부도가 났다. 년지와 寅亥합으로 회사문제, 사회문제가 발생하고 일지와 寅申 충으로
파산과 이별과 고통을 겪었다.

예2) 月支 用神이 합되어 忌神이 된 여자 〈응용미술〉

庚 戊 乙 丁　　세운 甲
申 申 巳 酉　　　　申

위 사주는 戊土일간이 巳火에 득령하였으나 식상이 태왕하여 신약하다. 년간으로
투간한 丁火를 용신하고 乙木을 희신으로 하는 중 甲申년은 천간의 甲木이 丁火를 생
하니 용신 丁火는 강해지나 용신의 뿌리인 巳火는 巳申 합되어 忌神으로 변한다. 즉
천간은 좋고 지지는 용신이 기신으로 변하는 것이다. 그래서 힘들지만 학업을 이루었
고 작품은 인정받았으나 재물은 지출되고 건강이 약화되어 어려움이 따랐다.

예3) 忌神이 합되어 喜神으로 변함

己 甲 庚 戊　　세운 甲
巳 子 申 申　　　　申
壬 癸 甲 乙 丙 丁 戊 己
子 丑 寅 卯 辰 巳 午 未

甲木이 申월에 실령하고 金이 강한 중, 일지 子水에 의지하는 殺重用印격이 되었다.

불행하게 초년에 대운이 火土運으로 향하여 용신인 水를 극하였다. 현재 세운 甲申의 甲은 용신 水를 극하는 土를 制하고 기신 巳火와 巳申合水하여 기신이 희신으로 변하여 일시적으로 어려움이 풀리는 예다. 사주주인공은 가정을 돌보지 않고 방탕한 생활을 하다가 다시 마음을 잡고 잘하고 있다. 그러나 사주원명과 대운의 흉함으로 크게 성공할 수는 없다.

〈사람의 인물 가늠하기〉
* 오행의 상생과 충극에 의해 인물과 해당부위가 찌그러지고 깨지거나 반듯하고 아름답다.
* 여자 – 관성이 용신이거나 희신이면 배우자가 잘났다.
* 남자 – 재성이 용신이거나 희신이면 배우자가 미녀다.
* 남녀 공히 일지에 희용신이면 배우자가 아름답다.
* 配偶者星에 도화살이 있을 때는 상대가 멋쟁이다.
* 정관 – 균형 잡힌 반듯한 모습,
  편관 – 엄숙하고 당당한 모습,
  편인 – 교묘하며 특이한 모습,
  정인 – 차분하고 지적인 모습,
  비겁 – 육체적이며 관능적인 모습,
  상관 – 세련되고 야한 모습,
  식신 – 여유롭고 후덕한 모습,
  재성 – 노련하며 풍요로운 모습.

※ 노출증 – 비겁강 + 식상태과(바바리맨)

※ 패션 가) 유행첨단형 = 식상 + 재성 + 偏形구조의 사주편성
         나) 전통복고형 = 관성 + 인성 + 正形구조의 사주편성

※ 사주의 五行을 살아있는 자연과 물상으로 생각하고, 十星을 넘어 五行으로 사주를 보고, 나아가 五行을 넘어 陰陽으로 사주를 보라!

〈위치에 따른 구분〉

위치에 따라 육신은 상호 간에 상대적인 작용이 일어나니 자리와 함께 육신간의 生 剋의 작용을 병행하여 길흉을 판단하라.

	時柱	日柱	月柱	年柱
세월	후세, 현상계	현세, 의식	금세, 잠재의식	전세, 무의식
환경	장롱, 침대	안방, 침실	마당, 거실	대문, 현관
시공간	미래계획, 밤	현재생각, 오후	과거기억, 오전	옛경험, 아침
육친	자녀	나와 배우자	부모	조부모
시기	노년기, 겨울	장년기, 가을	청년기, 여름	초년기, 봄
심리	소망과 예견	행불행과 갈등	그리움과 의지	동심과 추억

4) 四柱내 六神에 따른 合沖작용

- 沖되는 오행과 육신은 건강문제가 생기거나 다툼 등 사이가 멀어지고 해당 사안의 급격한 변화가 발생한다.
- 合되는 오행과 육신은 배신 또는 마음이 변함, 재회, 협력관계와 해당 사안의 커다란 변화로 나타난다.

가) 比劫의 合沖 作用 = 자아의 변화가 발생

❶ 比劫이 충되면 형제, 친구, 협조자나 동업자와 이별한다.

* 비겁용신 : 재물과 여자가 관리가 안 된다. 믿는 도끼에 발등 찍히는 일이 발생한다. 형제 친구 동업자에게 급변·급란이 발생한다.

* 비겁기신 : 경쟁자가 떨어지고 귀찮은 사람, 얄미운 사람이 사라진다.

❷ 比劫이 합되면 재회, 재결합, 동업 등의 마음이 생긴다.

* 비겁용신 : 합해서 일간을 도우면 환경이 좋아지고 동료의 덕을 본다. 합해서 더 약해지면 모함과 배신에 빠지고 더 어려워진다.

* 비겁기신 : 합해서 더 강해지면 주변의 환경이 나를 힘들게 한다. 합해서 약해지

면 전화위복되고 원수가 도움이 된다.

나) 食傷의 合沖 作用 = 언행의 변화가 발생

❶ 식상이 沖되면 생산과 영업이 중단되고 자식문제의 길흉사, 후배, 직원, 거래처 등에 문제가 발생한다.

 * 식상용신 : 충되면 부도, 배달사고, 음식, 생식기에 질병, 낙태, 자궁수술 등이 발생한다.

 * 식상기신 : 충되면 건강은 회복되고, 행동과 감정에 변화가 발생한다.

❷ 사주 내의 식상이 합되면 일이 막히거나 혹은 사업이 중단된다.

 * 식상용신 : 합되어 식상이 막히면 잘되던 일도 꼬이고 답답해지고 합되어 식상이 강해지면 생산과 활동이 늘어나고 막혔던 일이 풀리고 得子 및 건강을 회복한다.

 * 식상기신 : 합되어 일간을 생조하면 속 썩이던 자식이나 직원이 오히려 도움이 되고 어려움이 사라지고, 합변하여 식상이 더 강해지면 아랫사람의 배신이 따르고 신병이 허약해지고 일을 무리하게 추진하다 실수를 하게 된다.

다) 正偏財의 合沖 作用 = 목표의식의 변화가 발생

❶ 사주 내의 재성이 충되면 재물의 손실 및 변동이 발생하고 공연히 의심이 많게 되며 배우자와의 이별 등이 생긴다.

 * 재성용신 : 충되면 사업실패, 부도발생, 파직, 사기, 재물손실, 사기, 분실이 따르며 처나 부친에게 이혼, 이별, 별거, 수술, 사고 등이 발생한다.

 * 재성기신 : 충되면 이동·변동이 따르고 식중독사고나 의심이 많아지나 어려운 문제가 해결되고 자금문제가 오히려 해결되거나 부친이나 처에게 명예와 권리 등이 생긴다.

❷ 사주 내의 재성이 합되면 시어머니나 부친과 합류하거나 욕심과 재물의 변화가 생기며 목표가 변한다.

 * 재성용신 : 합되어 재성이 강해지면 횡재, 사업발전, 결혼, 상속 등이 따르고, 합되어 재성이 약해지면 탈재, 투자하락, 처나 여자의 배신 등으로 실속이 없다.

* 재성기신 : 합변하여 일간을 도우면 부친과 처의 덕을 보고 이성을 만나는 등 행운이 따르나, 합되어 재성이 강해지면 무리하게 욕심을 내다 신용불량, 금융사고, 허탈감 등으로 의욕을 상실한다.

라) 正偏官의 合沖 作用 = 직업과 사회성의 변화가 발생
❶ 사주 내의 관성이 충되면 권위실추와 도덕성이 결여되고 참을성과 자제력이 상실되며 직장과 일자리를 잃게 된다.
* 관성용신 : 관성이 충되면 자식과 이별하고 자녀에게 질병이 오고 자식불효와 파직을 당하고 남편 건강 이상, 부군과 생사이별, 사소한 일에 흥분, 사고를 유발하며 관 이직이나 실직, 이혼이나 남편 실종, 남명에 자녀 사고 등이 발생한다.
* 관성기신 : 관성이 충되면 고질병이 회복되고 남편의 문제가 해결되고 괴롭히던 남자 문제나 관재, 어려운 문제 등이 해결된다.

❷ 사주 내의 관성이 합되면 직업관 사회관이 새롭게 설정되거나 직업에 대한 변화가 오며 남편 및 자녀의 직업변화와 이동이 온다.
* 관성용신 : 합되어 관이 강해지면 승진, 득남, 시험 합격하고 권위와 명예가 올라가고, 합되어 관이 약해지면 안일 태만하여 직무 유기하고 자식이 아프거나 불효하고 남편이 무력해진다.
* 관성기신 : 합되어 관이 강해지면 건강문제, 사건사고, 권력남용, 관재구설 등이 발생하고, 합되어 관이 약해지면 어려움이 해결되고 남편이 부드러워지고 자식이 효도한다.

마) 正偏印의 合沖 作用 = 생각과 사고의 변화가 발생
❶ 인성이 충되면 생각과 사고가 급변하고 정신착란이 생기고 공허하며 정서장애와 스트레스가 온다.
* 인성용신 : 인성이 충되면 조부, 모친의 흉사와 정신적 혼동이 오고 계약파기, 시험낙방, 의욕상실 등이 나타난다.
* 인성기신 : 인성이 충되면 스트레스 해소는 잘되나 매사 오해가 많아지고 계약변화나 전학, 이사를 가고 답답한 과거에서 벗어난다.

❷ 인성이 합되면 생각과 사고의 변질, 변화가 일어나거나 또는 문서가 묶여 활동에 제약이 따른다.

* 인성용신 : 합되어 일간을 도우면 성적상승, 시험합격, 부동산 취득, 부모나 윗사람의 덕을 보게 되고, 합되어 일간을 배반하면 위조문서, 모함, 계약파기, 건강악화 및 학업실패 등이 따른다.

* 인성기신 : 합되어 강해지면 주관과 아집이 세어지고 완벽추구, 자식에 흉사, 정서장애, 학업애로 등이 발생하며 합되어 약해지면 사업이 활성화되고 에너지 활용이 잘 되고 자녀들의 활동이 왕성해진다.

* 해당 사주의 예를 드시오.

✦ 6. 用神에 따른 단정법

1) 용신의 궁(宮)에 따른 길흉 관계

● 年에 희용신이 있으면 조상의 덕이 있고 초년에 유복하다
● 月에 희용신이 있으면 부모형제 덕이 좋고 청년기에 발전한다.
● 日에 희용신이 있으면 처덕이 좋고 중년에 안정된다.
● 時에 희용신이 있으면 자손의 덕과 효도를 받고 말년에 평안하다.

예) 女命 〈아나운서〉

乙 丁 癸 甲
巳 丑 酉 寅

丙 丁 戊 己 庚 辛 壬
寅 卯 辰 巳 午 未 申

丁火일간이 월지 酉金 편재격으로 실령하고 巳酉丑合金으로 신약하다. 재성이 왕하며 비겁용신이 될 것이나 巳酉丑合으로 변하게 되어 일간을 돕지 못하니 年柱에 甲寅 목을 용신한다. 년주에 정인 용신이 있으니 명망 있는 학자집안에 출생하여 유복하게 성장하고 대운이 용신운인 南東方으로 향하여 방송국 아나운서가 되어 성공적인 삶을

살고 있다.

2) 용신의 六親에 따른 길흉 관계

용신에 해당하는 육친은 현철하고 덕이 있거나 인물이 좋고 성공한 사람이며 또는 나에게 많은 도움을 줄 수 있는 사람이다.

가) 比劫 用神일 때

- 형제자매, 친구, 동업자의 덕이 많고 사람 속에서 자신의 능력을 발휘한다.
- 사람을 모아서 하는 일에 성공이 따르며 공동사업이 좋다.
- 인권 및 인류문화에 관련된 업종에서 활동하는 것이 좋다.
- 정당, 조합 등 인적교류단체에 많이 가입하는 것이 좋다.
- 여자는 형제와 친구, 시아버지가 귀인이다.
- 남자는 형제와 친구, 며느리가 귀인이다.

예) 비겁이 용신인 사주

丙　丙　辛　庚
申　申　巳　子
戊 丁 丙 乙 甲 癸 壬
子 亥 戌 酉 申 未 午

丙火가 巳월에 득령했으나 財殺이 태과하여 신약사주이다. 인성 木이 없는 가운데 巳월에 丙火가 시간에 투출되어 비견격이며, 金 재성이 무리를 지어 旺하니 시상 병화가 격이자 용신이다. 대운이 金水 忌神運으로 향하여 일찍 부모를 여의고 형님이 운영하는 조그만 의류공장에서 형제에 의탁하여 외롭게 살아가는 사람의 사주이다.

나) 食傷 用神일 때

- 식상은 생산으로 교육이나 연구, 발명이며 제조하고 양육하고 기르고 베풀고 서비스하는 직업이 좋다.
- 여자는 자식을 많이 낳고 건강하게 성장하며 자녀에게 효도받는다.

- 식상은 대부분 인물이 후덕하고 말을 잘하는 사람들이다.
- 남녀 모두 할머니 도움이 많고 할머니가 귀인이다.
- 남자는 장모님이 귀인이며 사위의 덕을 많이 본다.

예) 공인중개사 〈女〉

壬 戊 癸 辛
戌 申 巳 丑
庚 己 戊 丁 丙 乙 甲
子 亥 戌 酉 申 未 午

戊土가 巳월에 득령하여 신강하다. 巳丑합으로 식상의 뿌리가 되고 대운이 金水운으로 순항하여, 丁대운에 부동산 중개사를 취득하고 분당에 개업하여 큰돈을 번 여자이다. 식상이 용신으로 현철한 자녀를 두었다.

다) 財星 用神일 때
- 재성이 용신이면 훌륭한 부친의 덕을 받고 유산을 받게 된다.
- 여성은 내조를 하여 남편을 성공시키거나 가사에 능력을 발휘한다.
- 여자는 친정아버지와 시어머니가 귀인이다.
- 남자는 현명한 처를 만나니 처덕으로 성공한다.
- 남자는 여성과 관련된 직장이나 사업이 좋다.
- 남자는 재성이 용신이면 처의 용모가 대부분 아름답다.
- 남자는 처와 아버지, 고모, 처제나 처남이 귀인이다.

예) 명리상담가

辛 丙 丁 己
卯 申 卯 亥
己 庚 辛 壬 癸 甲 乙 丙
未 申 酉 戌 亥 子 丑 寅

丙火가 卯월에 출생하여 인수격이다. 득령하고 時支에 卯목과 月干에 丁화가 투간하여 신강사주다. 亥卯合木으로 인수국에 金 재성을 억부용신하여 처의 내조가 많은데 劫財와 偏財 偏官, 卯申 鬼門官殺 등의 작용으로 명리학의 직업을 천직으로 알며 사는 사람이다.

라) 官星 用神일 때
- 국가기관이나 관공직계통에서 보호를 받거나 능력을 인정받는다.
- 남녀 모두 직업으로는 공무원이나 직장생활이 안정되어 좋다.
- 남자는 자식이 성공하여 집안의 명예를 높이고 효도를 한다.
- 남자는 자식이 훌륭하게 성장할수록 자신까지 더 발전한다.
- 여자는 훌륭한 남편을 만나며 남편의 덕이 좋다.
- 관청에 관련된 일이나 납품 및 하도급 사업을 하면 좋다.
- 여자는 남편과 며느리, 시숙, 외할머니가 귀인이다.
- 남자는 자식과 외할머니가 귀인이다.

예) 방송국 감독

己 壬 乙 癸
酉 申 丑 未
丁 戊 己 庚 辛 壬 癸 甲
巳 午 未 申 酉 戌 亥 子

위 사주는 壬수가 丑월에 己토 정관격으로 일지와 시지의 申酉金과 년간의 癸수로 한랭하여 신강한 사주이다. 관성을 용신하며 火운을 기다리는 사주이다. 戊대운에 방송국에 입사한 뒤 평생을 근무하였으며 정년퇴직을 한 후에도 대운의 흐름이 좋아 그 능력을 인정받고 왕성하게 활동을 하고 있으며 자녀들이 현철하게 성장하여 효도를 받고 있다

마) 印星 用神일 때
- 현명한 어머니의 도움과 사랑을 받고 반듯한 교육을 받게 된다.

- 남녀 공히 학문을 하며 교육이나 행정직에 종사하는 것이 좋다.
- 직장상사나 선배, 윗사람, 노인들의 덕을 잘 받는다.
- 부모님이나 집안 어른들을 모시고 살아갈 때 더 발전하게 된다.
- 여자는 친정과의 인연이 오래도록 이어지고 친정 덕을 본다.
- 여자는 아들보다는 사위 덕을 많이 본다.
- 여자는 모친과 조부, 사위, 친손자가 귀인이다.
- 남자는 모친과 조부, 장인이 귀인이다.

예) 故 소설가 박경리

癸 庚 辛 丁
未 申 亥 卯
己 戊 丁 丙 乙 甲 癸 壬
未 午 巳 辰 卯 寅 丑 子

세계적 대하소설 토지의 작가 故 박경리 선생의 사주이다. 亥월의 庚금이 癸수가 투출하여 상관격으로 신약하다. 계축 대운은 상관운으로 정화를 끄자 남편과 6·25 동란 중 사별하였다. 상관패인격의 인수용신으로 木火土 대운의 흐름으로 조후와 억부용신이 모두 맞으니 불후의 대작을 남기게 되었다.

✦ 7. 십성의 기질을 파악하라

1) 십성은 한마디로 어떤 사람인가?

- 비견 – 함께하는 사람,   능동적인 사람,   기운 센 영자씨
- 겁재 – 조급한 사람,   경쟁적인 사람,   겁 없는 영자씨
- 식신 – 식복 있는 사람,   노력하는 사람,   친절한 영자씨
- 상관 – 호기심 많은 사람,   성급한 사람,   멋쟁이 영자씨
- 편재 – 수단 좋은 사람,   의욕적인 사람,   욕심 많은 영자씨
- 정재 – 검소한 사람,   꼼꼼한 사람,   성실한 영자씨

- 편관 – 힘 있는 사람,　　카리스마 있는 사람,　　　까칠한 영자씨
- 정관 – 귀한 사람,　　　　　모범적인 사람,　　　반듯한 영자씨
- 정인 – 생각하는 사람,　　　　자상한 사람,　　사려 깊은 영자씨
- 편인 – 꿈꾸는 사람,　　　　　게으른 사람,　　　특이한 영자씨

2) 십성의 기본 성질

- **정인** – 자상하고 공부를 열심히 하고 거짓말을 안 한다.
  기회에 약하고 고지식하고 융통성이 부족하다.
- **편인** – 문학성 예술이 있고 기술이 좋고 글을 잘 쓴다.
  성질이 변덕스럽고 편협하고 괴팍하다.
- **비견** – 협조를 잘하고 능률적이고 자발적이다.
  경쟁이 많고 분쟁이 있고 내 것을 남과 나누어 가져야 한다.
- **겁재** – 적극적이고 부지런하고 활발하다.
  극성맞고 의심이 많고 조급하고 다혈질이다.
- **식신** – 온후하고 융통성 있고 총명하다.
  느긋하며 결단력이 없고 쓸데없이 나서며 허황되다.
- **상관** – 전문성과 센스가 있고 세련되고 요령이 좋다.
  꾀가 많고 버릇없고 산만하며 요행을 바란다.
- **편재** – 욕심이 많고 화끈하고 기회에 강하며 수단이 좋다.
  한탕주의로 투기를 하며 풍류가이며 쾌락을 추구한다.
- **정재** – 근면하고 노력하고 알뜰하고 성실하고 꼼꼼하다.
  인색하고 이기적이고 답답하고 고지식하다.
- **편관** – 충성심이 있고 결단력이 있으며 책임감 있다.
  강제적이며 난폭하고 무법자로 투쟁적이고 일복이 많다.
- **정관** – 신사적이고 태도가 바르고 반듯하고 섬세하다.
  까다롭고 고정적이고 요령과 변화가 없다.

✦ 8. 십성에 따른 심리를 파악하라

현대 명리에서는 사주를 통한 사람의 심리분석을 통해 다양한 증후를 알아내고 거기에 대한 대안과 방안을 제시한다. 사주를 통해 심리를 파악하여 다양하게 활용하도록 하라.

- 비겁 – 본능계 영역(독립적 주체성) : 동물적이며 직감적이다.
- 식상 – 감성계 영역(창의적 예술성) : 감정적이며 친화적이다.
- 재성 – 욕망계 영역(구조적 유용성) : 물질적이며 의욕적이다.
- 관성 – 통제계 영역(조직적 분별성) : 도덕적이며 권위적이다.
- 인성 – 사고계 영역(학문적 논리성) : 지적이며 논리적이다.

1) 비겁 : 본능계 영역, 자아의 욕구, 대인관계가치 중시

가) 심리

비겁은 자신 안에 있는 또 하나의 나이다. 자기를 주관하고 자신의 능동적인 사고를 표출하는 동물적인 감각과 육감적인 기질이 있다.

나) 증후

비겁이 강하면 능동적이고 적극적이며 자존심이 강한 원인이 되며 체력도 강한 편으로 지구력과 정력도 강하다. 그래서 남녀 모두 성욕이 강하고 욕심이 많은 원인이 된다.

비겁이 약하면 수동적이고 의존적이며 자신감이 부족하여 의타심이 강하며 과감히 큰일을 이루지 못한다.

예) 부모의 불화로 자존감에 시달리는 아이

癸 丙 壬 丁
巳 戌 子 亥
74 64 54 44 34 24 14 4
甲 乙 丙 丁 戊 己 庚 辛
辰 巳 午 未 申 酉 戌 亥

子月에 癸水가 투간하여 정관격이다. 丁壬合으로 합살류관하여 사주가 청해졌으나 정관격이 재생관이 안 되고 관인상생을 이루지 못하여 제대로 成格이 되지를 못하였다. 신왕관왕한 사주로 신약하니 식신제관을 하여야 한다. 4세 辛亥대운이 흉하여 관살이 강해짐으로 스트레스성 피로증후군에 시달리게 되는데 丙申年(10세)을 맞아 천간의 丙火 비견으로 자아의 욕구를 강하게 느끼게 되는데 지지에서 申金이 申子合水, 巳申合水로 관살을 강하게 하니 오히려 무력감에 시달리게 된다. 이유는 부모의 불화이며 아버지(申金)가 부모의 이혼문제를 거론하여 심리적 불안감으로 식체(食滯), 급체(急滯)를 일으키고 있다.

2) 식상 : 감정계 영역, 친화의 욕구, 활동가치 중시

가) 심리

식상은 배출하는 기질로 호기심이 많고 그로 인해 상대에 대한 간섭을 잘한다. 스트레스 해소기관으로 감정을 배출하고 표현하는 기질이다.

나) 증후

식상이 강하면 남의 일에 참견이 많고 감정을 주체하기 어려우며 앞서 말하고 행동하는 이치로 웃음과 눈물이 많고 눈치가 빠르다.

식상이 약하면 활동적이지 못하고 감정의 해소에 제약이 따르며 그로 인해 스트레스가 쌓이며 이해와 양보심이 부족하며 또 행동이 굼뜨니 눈치가 없게 된다.

예) 食傷太過와 金水寒冷의 폐해가 드러난 사주

庚 辛 甲 癸
子 丑 子 巳

위 사주는 일단 식신격이 맞으나 식신이 태과하여 상관과 같으니 월지 眞傷官格으로 볼 수 있다. 子월의 辛금이 子丑 수국이 되고 년간과 시간의 癸수와 庚金으로 金水 한랭하여 필히 火관성을 보아야 하겠으나 년지의 巳火가 水剋火를 심하게 당하여 沒하였으므로 관성이 실조하여 이 사주의 주인공은 자제력과 참을성이 부족할 수 있으며 火는 정신을 의미하는데 火가 沒했으니 우울하고 음침한 성격의 일면도 있겠다.

일단 이 사주는 식상이 태과하므로 강력한 희생과 봉사 정신으로 남을 위해 헌신하며 봉사하는, 법 없이도 살 수 있는 사람도 될 수 있으나 항상 태과는 불급으로 오히려 성정이 옹렬하고 인색하며, 법 없이 산다는 삶이 오버하여 無法的으로 살 수도 있다. 식상이 너무나 태과하여 病이 되면,

❶ 허례허식과 허풍이 심할 수 있다.

❷ 언행이 너무 신속하고 빠를 수 있다.

❸ 언행이 드러나므로 거짓말을 해도 곧바로 들통이 난다.

❹ 행동이 과하면 유흥이 되고 유흥이 과하면 사치가 될 수 있다.

❺ 화려한 이면에 외롭고 서러울 수 있는데 이는 내 것이 식상으로 다 설기 되다 보니 정신적으로 공허해져서 내면의 공허함을 느끼게 되기 때문이다.

❻ 그런 고로 이런 사람은 아이고 내 팔자야 하면서 신세타령을 잘하게 된다.

❼ 풍부한 감정의 표현으로 도리어 내면이 쓸쓸하고 외로워 혼자 있는 것을 두려워할 수 있다.

❽ 사람은 좋은 사람으로 남들에게 베풀려 하다 보니 여기저기 쓸데없는 일에 참견하여 똠방 각하 마냥 주책없는 사람이 될 수도 있다.

❾ 상대의 약점을 잘 파고들며 공연히 官星(남편, 직장상사 등)을 미워하거나 불평하며 정조관념도 희박해져 가정에 전념하지 못하여 가정이 불안해질 수도 있는 등의 여러 가지 문제점이 노출될 수 있다.

또한 이 사주의 더 큰 문제점은 조후가 맞지 않은 것인데 한습한 사주는 꽁꽁 얼어 냉기가 감돌고 火氣가 몰하여 나무가 자랄 수 없으니 생산은 하되 결과를 얻을 수 없게 되어 배우자, 자식과 인연이 짧아지고 결국 고독하고 비애스러운 삶을 살게 될 수도 있다.

3) 재성 : 욕망계 영역, 실현의 욕구, 재산가치 중시

가) 심리

재성은 자신이 소유해야 하는 물질적인 욕망의 성향으로 나타난다. 재물에 대한 욕심으로 강한 목표의식이 생겨 활동할 수 있는 영역의 극대치를 구현하는 기질이 있다.

나) 증후

재성이 강하면 욕심이 많아 이기적이고 물질 앞에서 타인을 믿지 못하니 신뢰감이 상실된다.

재성이 약하면 실현의 의지가 약하여 목표가 없고 불만이 많으며 허무주의에 잘 빠지는 한편 매사 확실한 결과를 내기 어렵다. 아울러 관성을 생하지 못하니 직장에서나 가정에서 인덕이 없다.

4) 관성 : 통제계 영역, 안정의 욕구, 명예가치 중시

가) 심리

중추적 통제계로 명예와 권위적인 성향이며 타인을 지배하는 직위를 존재하게 하는 자원이다. 자제력과 인내심과 분별력을 스스로 자양하는 기질이다.

나) 증후

관성이 태과하면 자신을 억제하는 강박심이 팽배하여 역으로 타인에 대한 반발이 심하고 오히려 분별력을 잃어 법과 도덕을 지키지 못하며 의심이 많아진다.

관성이 약하면 자제력과 인내심이 약하여 참을성이 없고 무모한 일에 나서게 되며 절제를 못하는 단점이 나타난다.

예) 재생살, 탐재괴인의 피해의식으로 늦도록 결혼을 못하는 사람

癸 丙 壬 己
巳 寅 申 酉
74 64 54 44 34 24 14 4
甲 乙 丙 丁 戊 己 庚 辛
子 丑 寅 卯 辰 巳 午 未

丙火가 壬申月에 태어나 편관격의 사주이다. 천간에 壬癸水가 투간하여 재생살이 되었으므로 일중독에 걸리는 사주로 금융결제원에 근무 중이며 노조활동을 열심히 하는 사람이다. 관살이 중하여 인성 寅木을 용신하여야 하는데 寅申沖으로 탐재괴인 되어 용신이 불발되었다.

어릴 적 폭력적인 아버지(편재 申金) 밑에서 자라나 똑바로 해야 한다는 강박관념(관살)의 트라우마를 가지고 있다. 주변 사람들의 여러 번의 중매에도 불구하고 상대가 사치낭비 하는 것 같아서, 상대가 나를 무시하는 것 같아서, 상대가 너무 들이대며 접근해서 등의 이유로 타인을 믿지 못하는 경계 심리에 의해 48세가 되도록 결혼을 못하고 있는 사람이다.

5) 인성 : 사고계 영역, 생리적 욕구, 지적가치 중시

가) 심리

사물에 대한 논리적 성향으로 정확한 계획에 의한 행동을 지표로 하기 때문에 생각과 일치하는 것만을 실행에 옮기려 하며 명예와 자격을 갖추는 인품에 주안점을 두려는 기질이다.

나) 증후

인성이 강하면 이기적인 성품이 앞서고 자기위주의 행동을 합리화시키려는 보수적인 면이 두드러진다. 이에 따라 양보와 선심에 인색하고 자신을 억압하거나 무시하는 상대에게 매우 반발하게 된다.

인성이 약하면 논리적이지 못하며 매사 대충 처리하거나 시작은 잘하나 끝이 부실하다. 모든 일을 기분에 따라 즉흥적으로 처리한다.

✦ 9. 사주분석 사례

<u>예1)</u>

己 丁 乙 己 (坤)
酉 亥 亥 酉
壬 辛 庚 己 戊 丁 丙 10대운
午 巳 辰 卯 寅 丑 子

(질문) 47세의 직장주부이다. 딱 눈에 띄는 것이 재생관이면서 刑들로 묶여있으며, 일주의 천을귀인도 있다. 이 분의 배우자 운은 어떨까? 그리고 남편이 재력가이며, 능

력이 있을까? 앞으로 같이 계속 오손도손 살까? 이혼을 할까?

(답) 질문에서 답을 알 수 있게 해주니 문제가 너무 쉬운 것 같다. 사주 구조적으로는 식상생재 – 재생관 – 관인상생으로 전형적으로 부부불화하지 않고 백년해로 할 수 있는 사주처럼 보인다. 하지만 질문의 내용이 "남편이 재력가이며, 능력이 있을까? 앞으로 같이 계속 오손도손 살까? 이혼할까?" 이러할 때는 그 반대 상황이니 이런 질문을 하게 된다. 대운이 바뀌어 때가 되면 질문내용의 반대 상황이 연출된다.

(질문) 사주구조를 좀 더 풀어서 설명 부탁드린다.

(답) 이런 사주는 보기가 아주 쉽다. 사주 초급자들이 보면 얼핏 그럴듯할 수도 있지만 중급자만 되어도 금방 알 수 있는 사주이다. 우선 좋은 사주의 기본적 조건에 대입하여 살펴보자.

❶ 일간이 통근할 것 = 일간이 통근하지 못했다.

❷ 격국이 뚜렷하고 건왕할 것 = 重官의 命이다.

❸ 용신이 일간과 유정하고 건왕할 것 = 용신인 을목이 일간과는 유정하나 死木이고 浮木이다.

❹ 용신을 극제하는 기신 오행이 없을 것 = 기신이 강하다.

❺ 용신을 극제하는 기신이 있을 때 기신을 극제해 주는 오행이 있을 것 = 기신을 극제하는 火오행이 없어 자신이 스스로 모든 기신인 金을 火剋金하여 물질적 어려움을 해결하여야만 한다. 그런데 일간인 丁火는 오히려 구신인 己土를 생하고 있다.

❻ 사주가 너무 편중·편고하지 않을 것 = 사주가 金水로 너무 편중되어 있다.

❼ 사주가 너무 금수로 한랭하거나 화토로 조열하지 않을 것 = 사주가 金水로 한랭하며 八字가 모두 음간지로만 되어 있다.

❽ 사주에 너무 합충이 많지 않을 것 = 합충은 없다.

❾ 사주에 흉악살이 너무 많지 않을 것 = 커다란 흉악살은 없지만 亥亥酉酉 자형살이 심란하다.

위 사주를 이런 방법대로 살피니 거의 엑스레이 찍듯이 갑갑하고 힘들어 숨도 못 쉬고 사는 그녀의 모습을 볼 수가 있다. 희생과 헌신으로 오로지 내 몸을 불살라 세상에 온기를 비추지 않으면 내 주변 모두가 살 수가 없는 조금은 안타까운 운명의 사주다. 그런데 향후 대운의 흐름마저도 안 좋으니 안타깝다. 후일 사후관곽의 명이 될 수도 있다.

〈전반적으로 사주를 푸는 방법론을 알아보자〉

❶ 강약을 구분하여 억부용신을 살핀다. = 적천수론적 관점 = 생존능력 여부

❷ 격국을 보고 상신의 상태를 보아 成格여부를 보고 사주구조를 파악한다. = 자평진전론적 관점 = 사회적응능력 여부

❸ 조후를 살피고 정신적 심리적 건강상태와 행복지수를 살핀다. = 난강망적 관점 = 체감행복 여부

❹ 사주구조와 육친십성의 상태를 살펴 행동심리학에 입각하여 기질과 속성, 심리구조, 행동패턴, 정신건강상태 등의 문제점을 파악한다. = 현대 사주심리학적 관점 = 재능과 적성

❺ 각종 흉악살 및 신살을 살펴 숙명적 인간의 굴레를 파악한다. = 신살론적 관점 = 운명의 굴레

❻ 십이운성을 살펴 육친십성의 상태분석을 한다. = 십이운성론적 관점

❼ 물상론은 사주의 관법이 아니라 통변술의 요령일 뿐이다.

❽ 체용론의 관점에서 행운을 대입하여 사주원국(대상, 사물)과 독립변인(세운), 매개변인(대운), 종속변인(사주원국, 세운, 대운 사이의 합충에 의한 행동심리변화와 체질변화)들과의 관계를 분석해 세부적 운명 감정을 한다.

❾ 오행의 편성과 생극제화의 관계를 살펴 오장육부의 건강상태를 파악한다. = 질병론적 관점

대략 이런 관법의 순서대로 사주를 살피면 어느 사주이건 거의 모두 정확하고 세밀하게 풀어나갈 수 있다.

그리고 또 하나 팁! 사주를 잘 보기 위해서는 아무리 명리 이론을 많이 알아도 소용없다. 관상, 수상을 공부하고 행동심리학, 언어심리학, 인지심리학, 행복심리학 등을

통찰하여 눈치가 100단이 되어야 한다. 상대가 올려놓은 질문 글이나 하는 말의 패턴을 파악하고 얼굴표정 상태 등을 분석하여 사주를 볼 것도 없이 이미 반은 감을 잡아야 된다. 직관력을 키우기 위해서는 무엇보다도 수상 관상학은 필히 기본을 익혀야 하며 되도록 많은 연속극을 보고 세상살이의 모습과 패턴을 알고 있어야 한다.

예2) 남자성격의 자치방범대장 정여인

庚　戊　辛　癸
申　寅　酉　卯
戊 丁 丙 乙 甲 癸 壬　2대운
辰 卯 寅 丑 子 亥 戌

❶ 상관태과의 사주에 인성이 없어 破格이다.

❷ 상관견관 위회백단으로 破格이 된다.

❸ 일간 戊土가 통근을 못하였다.

❹ 상관생재 구조로 장사해 먹고 사는 팔자이다.

❺ 격국의 상신과 통관용신은 癸水이다.

❻ 남편은 간암으로 사망 - 상관견관, 金剋木으로 일어난 결과이다.

❼ 남의 농장에서 화분을 받아 배달 판매하는 화분가게를 운영하고 있다. 식상생재로 유통업이 되나 金剋木이 심하여 농장을 운영하기에는 문제가 있다.

❽ 寅申沖, 卯酉沖으로 관성이 충극을 당하여 이성적이지 못하고 매우 감정적인 사람임. 자기가 좋아하는 여자후배에게 너무 집착하여 동네에서 동성애자냐는 구설이 심하나 동성애자는 아니고 스토커 기질이다.(식상이 제화되지 못한 폐단)

❾ 동네 자치방범대장을 하고 있음 - 식상으로 관성을 극제하여 남자 위에 올라서려는 기질이 매우 강한 결과이다.

❿ 언제 잘살 수 있나? 丙申년에는 일이 좀 풀리려나? - 사주가 파격이 되어 평생 사는 게 그런 팔자이니 어떠한 운에도 발복할 수 없는 사주이다. 깨진 쪽박에 비가 온다고 물을 받을 수 있겠는가? 그렇기에 대운보다 사주원국이 좋아야 하는 게 우선이다.

⓫ 丙寅, 丁卯 대운으로 용신운이 아무리 와도 소용없고 오히려 패망한다. 왜냐하면 운에서 오는 丙, 丁, 火를 원국의 癸水가 충극해 버리고 대운 지지의 寅, 卯, 木운은 寅

申沖 卯酉沖으로 오히려 상관견관 위화백단 현상이 일어난다.

⑫ 丙申년 현재 동네에서 한 남자가 비닐하우스를 무료로 대여해 주고 물건도 대주며 판매해서 갚으라고 후원을 해 주고 있다 - 인성운(丙火)에는 남자의 배려를 받게 되고 식상운(申金)에는 자신이 목적의식을 가지고 남자를 사냥하는 운이니 새로운 인연이 생기고 여자가 바람나기에 딱 좋은 운이다.

예3) 壬申대운 申子進水局으로 체질이 바뀌어 성전환수술을 결심

丙 庚 庚 甲 (男)

子 寅 午 戌

丁 丙 乙 甲 癸 壬 辛 1대운

丑 子 亥 戌 酉 申 未

❶ 庚金이 지지에 寅午戌 火局을 이루고 시간에 丙火가 투출하여 편관칠살격을 이루었다.

❷ 칠살격은 식상제살을 하거나 살인상생을 이루어야 成格이 되는데 이 사주는 인성 戌土가 寅午戌 火局이 되어 살인상생을 못한다.

❸ 또한 시지의 子水가 寅木에 설기되어 미력하므로 식상제살도 하지 못하여 전형적으로 파격이 된 사주이다.

❹ 抑扶 上으로 일간의 뿌리가 없어지고 매우 신약하여 중화를 잃고 종살격이 될 수도 있었으나 시지의 子水가 발목을 잡아 종살을 할 수가 없다.

❺ 강력한 七殺은 일간에게는 최고의 스트레스가 되고 인생에서 天刑의 형벌이 되어 고통을 주게 된다.

❻ 이 사람에게는 火局, 즉 강력한 陽의 기운인 火體를 띠고 남자의 몸으로 태어난 자체가 인생의 형벌이 되는 것이다.

❼ 壬申대운을 거치며 천간에서는 丙壬沖으로 관성을 충하여 사회적 가치관에 변화를 보이게 되며 不義의 편관과 맞서 싸우고자 하니 경찰대학에 진학하여 사회정의를 실현하는 삶을 추구하고자 하였다.

❽ 그러나 대운의 지지가 寅申충으로 寅午戌 火局의 기운에 간극이 발생하며 시지의 子水와 申子합수로 강력한 陰의 에너지가 발생하여 체질이 변하게 되고 21세 癸酉

대운에 들어 陰기가 더욱 강하게 발현됨으로 체질적 변화를 이겨내지 못하고 성전환 수술을 결심하게 되었다.

❾ 성전환수술 후 억부용신 庚金을 사용하여 사회적 규약인 관살에 억압을 받는 동성애자들의 인권운동을 하고자 인생의 목표를 세웠다.

예4) 寅亥合木과 亥卯木局으로 체질이 바뀌어 동성애를 하게 된 여자

辛 乙 辛 癸
巳 亥 酉 卯

戊丁丙乙甲癸壬　3대운
辰卯寅丑子亥戌

❶ 乙木이 酉월에 辛金이 투출하여 편관격으로 억부상으로 신약하여 인성 癸水가 용신이다.

❷ 천간의 癸水가 살인상생을 시키니 일단 成格은 되었다.

❸ 하지만 乙辛沖과 卯酉沖, 巳亥沖으로 木과 火의 陽에너지가 손상을 당하여 조후에 문제가 생기며 인체 호르몬계의 이상으로 교감신경과 부교감신경에 문제가 발생한 경우이다.

❹ 강력한 七殺과 상충살은 일간에게 스트레스와 트라우마가 되고 인생의 굴레가 되어 고통을 주게 된다.

❺ 이 사주는 살인상생의 사주에 金水로 한랭하니 위 火局의 예와는 반대 현상으로 강력한 陰體를 띠고 여자의 몸으로 태어난 자체가 인생의 굴레가 되는 것이다.

❻ 이렇게 칠살로부터 일간과 비겁이 을신충과 묘유충을 맞으면 자존감과 자아의 욕구가 좌절되고 남편과 불화를 하게 되며 상대를 버거워 하게 된다.

❼ 巳亥沖으로 인성이 식상을 충극해 버렸으니 남편의 사랑과 관심(亥水)이 오히려 나의 자유와 즐거움 기쁨과 행복(상관 巳火)을 짓밟는 억압이 된다.

❽ 남편의 의처증의 압박과 폭력을 살인상생으로 감내하며 수용하는 생활을 해왔으나 43세 丙寅대운을 맞이하며 천간으로 丙辛合을 하니 새로운 창조의 변화를 모색하게 되고 지지로 寅亥合木으로 비겁이 강해지며 陽체질로 변하니 시지의 巳火 상관이 木生火 살아나게 되었다.

❾ 이 사주는 巳亥沖의 사이에 비겁(同姓)인 木이 통관을 시켜야만 상관 巳火가 소생을 하니 동성애를 할 때만 즐거움과 쾌락, 기쁨과 카타르시스를 느껴 오르가즘에 도달하게 될 것이다.

❿ 충극으로 잡혀있던 비겁과 식상이 丙寅 丁卯 대운에서 살아나니 성적욕구가 살아나며 일상에서 벗어난 일탈의 행동패턴을 갖게 되어 결국 동성애에 빠지게 되었다.

⓫ 그러나 이 사주는 근본적으로 살인상생이 되어 수용력이 있으므로 여자의 삶을 싫어도 수용할 수 있기에 위의 사주처럼 성전환수술까지는 하지 않고 이원적으로 동성애를 하고 있는 것이다.

이렇듯 지지의 삼합과 방합, 육합 등에 의해서는 궁극적으로는 인체의 호르몬과 체질의 변화가 오게 되며 그로 인한 행동패턴의 변화로 인간관계와 사회성, 직업, 건강 등에 이상이 오게 된다. 이러한 현상의 길흉에 대한 판단은 격국용신과 억부용신에 기준하여 생존적인 측면과 공존적인 측면을 입체적으로 살펴보면 된다.

3장. 방문자 사건 예측법

내담객이 무슨 일로 왔는지 미리 알 수 있다면 상담은 매우 효율적일 것이다. 대부분의 상담사들이 바라는 것은 상대가 왜 왔는가를 알아서 꼭 맞추는 것이다. 그것은 그렇게 어려운 일도 아니고 또 불가능한 것도 아니니, 앞에서 미리 설명한대로 인간사의 공통된 사안에 주목할 필요가 있다. 앞장에서 예시한 여러 가능성과 함께 사주와 운의 작용을 더하여 판단한다면 많은 것을 가늠할 수가 있다. 이 방법을 잘 활용하면 사건 예측률이 매우 높아져 가끔은 자신에게도 깜짝 놀랄 때가 있는데, 이를 소위 십성래정법이라고도 하며 각자의 노력과 능력 여하에 따라 얼마든지 적중률을 높일 수 있다.

✦ 1. 행운의 작용 및 위치별 십성의 작용을 보라

행운이 용신과 희신 또는 사주에 미치는 합충의 작용 등을 고려해야 하며 대운, 세운, 월운, 일운을 차례대로 적용하여 작용력을 예상한 다음 가장 작용력이 강하며 현실적으로 발생 가능한 사안에 주목하여야 한다.

1) 일간과 대운 간지와의 관계를 보라

대운의 길흉과 십성의 작용력으로 전체적인 흐름과 환경, 그리고 사회적 성패를 알 수 있다.

2) 일간과 세운 간지와의 관계를 보라

십성의 정편 작용력으로 그 해의 당면한 문제를 알 수 있으며 세운의 희기에 따라 그 해의 길흉을 예단할 수 있다.

3) 일간과 월운 간지와의 관계를 보라

십성의 작용으로 직면한 사건을 알 수 있으며 계절에 따른 라이프 사이클을 가늠할 수 있다.

4) 일간과 일진 간지와의 관계를 보라

대운의 작용과 세운과 월운의 작용을 중시하며 그날 일진의 해당 십성에 대한 문제가 오늘 알고자 하는 궁금한 질문 사항이 된다.

예1) 월지 인수의 여자

癸 戊 壬 乙　　　庚
丑 午 午 巳　　　寅 년
庚己戊丁丙乙甲癸 1대운
寅丑子亥戌酉申未

- 사주구조 : 印綬格, 신강사주, 壬水 편재용신
- 외모 : 욕심이 많아 보이며 걱정이 가득한 얼굴
- 대운 : 丁 - 인수, 보증문제, 동업, 재물손실 운
- 세운 : 庚寅 - 식신, 편관 - 길, 흉 - 건강문제, 직업문제, 자식문제
- 월운 : 辛巳 - 상관 편인 - 흉 - 구설, 자식흉사, 문서문제, 부인병
- 일진 : 戊辰 - 비견 - 흉 - 인간관계, 친구(남자), 동업, 재물지출
- 시진 : 己未 - 겁재 - 흉 - 도둑, 탈재, 구설과 다툼
- 결론 : 친구와 동업, 금전문제로 다투고 보증문제 때문에 이사할 상황이며 남자를 만나 머리가 아프다.(동업, 사업실패, 이성문제 등)

예2) 월지 식신의 남자

丁	庚	辛	丁		庚
丑	午	亥	巳		寅년

甲乙丙丁戊己庚 1대운
辰巳午未申酉戌

- 사주구조 : 식신격이 재성이 없어 成格이 안 된다.
- 억부용신 - 정인 丑土, 조후용신 정관 丁火
- 외모 : 수수하고 단정한 모습에 긴장하고 있는 얼굴
- 대운 : 丁未 - 정관 정인 - 길 - 직장문제, 학업, 시험
- 세운 : 庚寅 - 비견 편재 - 흉 길 - 寅午合 여자문제, 자신감
- 월운 : 庚辰 - 비견 편인 - 흉 길 - 자신감을 가지고, 문서를 잡는다.
- 일진 : 丙戌 - 편관 편인 - 길 - 관인상생 - 시험, 취직자리를 얻는다.
- 시진 : 戊戌 - 편인 - 길 - 갑자기 좋은 소식을 듣게 된다.
- 결론 : 전체적으로 官印 관련 운이니 나이로 보아 취직 및 시험 등의 문제다. 운이 좋으니 시험에 합격하고 취직이 된다.(시험문제, 취직문제, 여자문제 등이 발생)

연습) 정관격의 여자

戊	丙	癸	丁		丙
子	子	丑	未		申년

辛庚己戊丁丙甲 10대운
酉申未午巳辰卯寅

- 사주구조 : 정관격의 사주가 재성과 인성이 없어 成格이 되지 못했다. 正官格이나 전체적으로 한랭하고 重官의 명이 되어 식신으로 제살을 하여야 하니 손발을 움직여 일을 해야만 먹고 살 수 있는 中下格의 사주이다.
- 외모 : 반듯하고 단정한 모습에 세련미도 있다.
- 대운 : 戊午 -
- 세운 : 丙申 -

- 월운 : 甲午 -
- 일진 : 壬午 -
- 시진 : 乙巳 -
- 결론 :

✦ 2. 육신에 따른 래정법

사주를 상담할 때 육신을 보고 세운을 판단하는 것으로 내담자가 무엇 때문에 왔는지 판단하는 방법이다. 대운에서는 생극제화를 따져 사주팔자와의 조화를 본다면 세운에서는 육신의 길흉을 따져 사건 중심으로 아래와 같이 판단한다.

1) 비겁세운

가) 비견 - 투자, 사업의 길흉사, 자기 일보다는 남의 일로 바쁘다.

나) 겁재 - 爭財, 부도, 배우자문제(처 질환, 이별), 재산상의 손해, 직장인은 불화로 퇴직을 한다.

다) 비겁운 해석

투자 - 동업을 제의받는다, 공동 투자일이 생긴다, 가족(愛敬事) 중에 돈 들어갈 일이 생긴다.

사업 - 노력보다 결실이 적다, 금전 융통이 수월하지 않다, 사업 관계로 지출이 많아진다, 동업자나 社內에서 다툼이 생긴다, 경쟁(당첨, 수주 등)관계에서 떨어진다.

가족 - 부친과의 마찰이 일어난다(학생 가출우려), 금전 문제로 가족 간에 다투거나 불화가 잦다, 독립하여 집을 떠난다.

대인 - 친구나 동업관계에 오해가 생긴다, 돈 잃고 친구 버리는 운이다.

직장 - 경쟁자가 생긴다, 용신이면 귀인이 나타난다, 귀가가 늦고 자신의 일보다는 남의 일로 바쁘다.

애정 - 부부간에 믿지 못할 일이 생긴다, 연애 중에 다른 애인이 생기거나 애인이 배반한다.

학업 - 공부 외의 일들이 많아진다, 친구 간에 다툼이 생긴다, 소외 당할 수 있다.

2) 식상세운

가) 식신 - 분주다사, 남녀인연, 주색에 관한 일, 직업터전 변화.

나) 상관 - 부부문제, 정서불안, 구설과 다툼, 법이나 제도 거역, 도덕성문제, 학생은 가출과 학교문제, 직업전환문제, 여자는 남편과 갈등.

다) 식상운 해석

가족 - 여행, 쇼핑 등의 눈요기를 하러다닌다, 유흥 등의 오락적인 요소에 치중한다, 집안에 돈이 모아지지 않고 쓸 일이 생긴다.

애정 - 성적욕구가 발생한다, 남녀 모두 애정문제(성적인 문제)가 발생한다, 현재의 상대를 교체한다.

대인 - 인정을 베풀 일이 생긴다, 실속 없이 남 좋은 일만 한다, 자신을 알리기에 힘쓴다.

사업 - 저축심이 강해지고, 재테크에 힘을 쓴다, 잘못하면 돈 때문에 관재구설이 발생한다, 사업을 전환할 일이 생긴다.

학생 - 식신이면 공부를 하나, 상관이면 학교가기를 싫어한다, 선생님과 불화하거나 집안 어른과 다툼이 생긴다.

직장 - 식신이면 인정을 받으나, 상관이면 상사와의 불화가 발생한다, 파격적인 일을 감행하여 주위의 눈총을 사기도 한다, 사업으로 전환한다.

3) 재성세운

가) 정재 - 금전문제, 직업안정, 사업상문제, 정혼문제.

나) 편재 - 학업부진, 재산문제, 남녀애정문제.

다) 재성운 해석

사업 - 금전의 출입이 빈번하다, 재물을 탐한다, 용신이면 발복한다, 만약 극이 심하면 손실을 면하기 힘들다.

　애정 - 여자 욕심이 늘어난다, 결혼의 운세(습이면 더욱 가능), 극이면 이별이다.

　학업 - 공부에 마음이 없고 놀기를 좋아한다, 아르바이트를 한다, 부모와 의견이 충돌되고 청개구리 같다.

　직장 - 결재가 어렵다, 서류상의 문제가 발생한다, 상사에 대한 믿음이 없어진다.

　대인 - 이성관계가 넓어진다, 인간관계에 회의감을 느낀다, 어른과 자주 마찰이 생긴다.

　가족 - 문화 활동이나 종교 활동보다는 여행이나 놀이 문화에 할애한다, 부모 자식 간에 자주 다툼이 생긴다. 문서로 인한 피해를 당하거나 시비가 생긴다.

4) 관성세운

　가) 정관 - 신용, 명예문제, 안정추구, 직업변동.

　나) 편관 - 여자는 애정문제, 질병문제, 퇴직, 형액, 소송문제, 사고수.

다) 관성운 해석

　가족 - 자기 위치를 지키며 생활하는 안정추구 형태다, 편관이면 직업적 변화가 일어나고 불안정하다, 자식의 문제가 발생한다.(진학, 취업 등)

　사업 - 사업에 금전이 투자된다, 장소(사무실) 이전할 일이 생긴다.

　학업 - 진로를 바꾸거나 갑작스런 일이 발생한다, 친구 간에 다툼이 생긴다, 관이 용신이면 합격, 당선 등의 경사가 생긴다.

　대인 - 명예로운 일이 발생하고, 남들에게 칭찬을 듣는다, 단체를 위해서 일하는 분주함이 벌어진다, 대인관계에 비판적으로 검증하려고 한다.

　애정 - 관성이 합하면 부정한 일이 생기니 주의해야 한다, 결혼이 성사된다.

　직장 - 승진, 취직 등이 생긴다.

5) 인성세운

　가) 편인 - 자손의 길흉, 교육문제, 우울증이나 정신질환, 시댁과의 불화, 사업부진.

나) 정인 – 학문발전, 자격증, 부동산매매, 유산문제, 문서(증권, 수표)문제.

다) 인성운 해석

가족 – 부모의 안위문제, 가택이사, 여자는 유산, 자궁질환 주의, 종교 및 사상 다툼이 일어난다.

애정 – 시부모 문제 대두, 외로움을 탄다, 대화하길 좋아한다, 스포츠나 문화센터, 학교 등에서 애정이 싹튼다.

학업 – 학업 전향, 학문에 전념, 우울증(편인)을 조심해야 한다.

대인 – 선배, 스승, 윗사람들과 어울린다, 종교에 힘쓴다, 평생교육을 받는다, 취미 등에 활동한다, 재성의 습이면 무노동으로 금전이득을 바란다.(증권, 부동산 투기 등)

사업 – 금전의 이해득실, 사업 확장이나 또 다른 사업을 시작한다.

직장 – 아르바이트나 재택근무, 배우자가 사업을 시작한다.

예1)

己 甲 庚 甲 坤

巳 寅 午 辰

己 - 正財 : 甲己합 작용정지

卯 - 劫財 : 비겁태왕

행정 공무원인데 직장 동료에게 보증서를 주었다가 戊寅년에 한 건, 己卯년에 두 건의 사건이 발생하여 월급을 차압당하는 어려움을 겪었다. 결국에는 금전압박으로 이혼하였고, 퇴근 후 아르바이트까지 하면서 빚을 갚느라 고생하였다.

예2)

庚 己 甲 庚 坤

午 卯 申 戌

己 - 비견 : 甲己습 작용정지

卯 - 편관 : 년지와 卯戌合

월지와 卯申원진 - 官의 문제로 머리가 아프다.

위 사주의 주인공은 자영업을 하는데 己卯年에 남편의 외도문제로 불화가 생겨 庚辰년 庚辰월에 甲庚沖을 하여 이혼한 사주다. 천간의 甲목 정관이 비견과 甲己合하고, 卯목 편관이 운에서 들어와 년지 戌土 겁재와 卯戌合을 하였다. 비겁운의 합은 배우자 외도가 발생한다.

* 래정은 운의 희기보다는 사건 중심으로 판단하니 희기는 세운론에서 논한다.

✦ 3. 명리 일진래정법[2)]

1) 명리 일진래정법(日辰來定法)이란?

명리 일진래정법은 명리학을 기반으로 한 인연법인데 오늘 일진의 기운을 해석하고, 그 일진에 상담을 의뢰한 내담자의 사주 원국과 대운을 대조하여 간명하는 방법이다. 오늘의 일진을 기준으로 하여 과거, 현재, 미래를 예측하고, 그에 따른 대책을 제시하는 명리 술수학이다. 명리 일진내정법은 단순히 과거의 사실을 추론하여 지나간 사실을 맞추는 것이 아니라 현재를 기준으로 한 기(氣)의 흐름을 파악하여 미래를 예측하는 것인데 이러한 예측을 기반으로 내담자의 방문목적을 알아내고 문제해결 방법을 제시한다.

2) 일진래정법의 장점과 특징

명리 일진내정법은 일진과 사주원국을 비교하여 사주를 해석하기 때문에, 격과 용신을 파악하지 않아도 사주감정이 가능하다. 격과 용신 등에 관계없이 길, 흉사를 예측하고, 특히 오늘의 내방목적을 명확하게 간명할 수 있는 것이 장점이다.

명리 일진내정법은 인연법이기에 명리상담사가 자진하여 누군가의 사주를 보는 것이 아니고, 내담자가 필요하여 문의를 한 경우에만 사용할 수 있다. 명리상담사가 자

---

2) 김종상, 『일진서경』, 지단 역학 연구원, pp.80-93 내용 참조.

진하여 제3자의 사주를 보는 경우에는 그 해석이 맞지 않으며, 반드시 피상담자가 상담을 요청한 경우에만 사주해석이 가능하고 그 해석이 맞다.

3) 일진내정법으로 무엇을 알 수 있나

내방자(피상담자)의 상담목적(이유)과 운시(運始)에 따른 고민, 공망의 아쉬움, 원진의 불편함, 전 대운, 현 대운, 다음 대운 등 대운의 흐름에 따른 길흉관계, 육친관계, 재정상태, 남녀관계, 부동산, 건강상태, 재난 등 현재의 상태, 미래의 합격, 취업, 승진, 결혼, 재난 등의 결과를 예측하고 미래를 대비할 개운법을 제시한다. 생년의 길흉, 인연의 길흉, 성씨의 길흉, 색의 길흉 등을 알 수 있다.

4) 일진내정법을 보는 방법과 순서

가) 명리일진내정에 사용된 용어 및 특성, 정의를 이해

나) 피상담자의 내방일 혹은 상담일의 일진

다) 내방자 사주 원국

라) 방문(상담)목적을 파악

마) 운시, 공망, 원진

바) 사주원국 지지특성, 지지충

사) 대세운의 길흉 및 개운법

5) 일진내정법 명반구성

시주	일주	월주	년주
대문	안방	집(가옥)	토지
사업장	배우자	가정	선산
가게	이성관계	직장	(큰 부동산)
자식			

진	5진	4진	3진	2진	일진	과2진	과3진	과4진	과5진
		실	화	묘	근				
특성	비부	목적	상문	양인	근	병부	조객	목적충	상문충
의미	이별 출장	이유 욕망	최악 곤란	긴장 욕심	갈등 두마음	무기력	이익	실망	해결
충특성		목적충	상문충	양인충	근충	병부충			
충의미		실망	해결	양보 후퇴	혼동	의욕			

❶ 조객 - 조건부 이득 발생, 현재는 이득이나 나중에 갚아야 되는 돈

❷ 병부 - 다시 쳐다보기 싫은 곳이나 사람, 사건(증오심)

❸ 근(根) - 두마음, 결정을 못 내림 - 충은 우왕좌왕, 상황판단 미숙

❹ 양인 - 꼭, 반드시 하려는 것, 무리한 투자, 힘이 있다 - 충은 양보

❺ 상문(喪門, 洛花) - 죽어있다, 불편하다, 바로 정리해야 할 일

❻ 목적 - 무언가 사던지 갖던지 하고 싶다 - 충은 하고 싶지 않다

❼ 비부(飛符) - 이미 날아가 없어져 버린 상태이다(쾌도이탈)

6) 명반의 분석

가) 일진(根)

마음이 반반(半半)이고 두마음인 상태, 하지만 힘은 있는 상태이다. 힘이 충분한데도 걱정을 하며 결정을 못 내리는 일들이다.

❶ 년지 根

* 먹고 살만한 사람으로 땅을 살까 말까 등의 문제가 있다.

* 융통성이 있으며 힘이 있으나 공연한 불안 심리를 나타내는 것

❷ 월지 根

* 직장을 구하는 사람

* 직장을 다닐까 말까? 집을 살까 말까? 집을 팔까 말까?

❸ 일지 根

* 배우자 문제로 고민, 미혼은 결혼을 할까 말까? 기혼은 부부 갈등

❹ 시지 根

* 자식 걱정, 장사 사업 등을 할까 말까 고민하는 상태

❺ 일진과 충

* 마음은 반반이지만 능력과 힘이 없는 것

* 우왕좌왕 상황판단을 못하고 주도권이 없는 것

* 장사를 지낼 때 일진과 충되는 사람은 기가 빠지고 심장이 약해지니 하관을 보지 마라.(일진과 충된 띠, 결혼 회갑 여행 등 좋은 일을 앞둔 사람, 임산부, 삼재든 사람, 당해 연도의 상문살 띠는 하관을 안 보는 게 좋다)

나) 양인(苗)

내일이며 희망이다, 강하며 꼭 하고 싶은 일이다, 無物로 내일을 꿔온 것(빌리는 능력이 탁월하다), 무리한 투자인데 갚아야 하니까 스트레스가 심하다, 그로 인해 허탈함, 부족함, 어리석음이 따른다, 사람관계 문제(이성, 언쟁, 고소)에 괴롭히는 사람이 있다, 해당하는 육친은 고생을 안 하고 능력도 있다.

❶ 연지 양인

* 실력이 있다, 내일을 살며 진보적이며 유행을 잘 따른다.

* 능력은 있으나 주변인들은 피곤을 느낀다.

* 돈이 많은 것이 아니고 돈을 빌릴 수 있는 신용 능력이 있는 것이다

* 땅을 사려고 한다면 이미 저질러 놓고 온 상태이다. 말려도 구입할 사람이다

❷ 월지 양인

* 직장을 구할 것이다.

* 좋은 직장이나 직장 내에서 윗사람이 괴롭힌다.(차후 상문)

* 융자를 얻어서라도 더 좋은 집이나 새로 분양을 받고 싶다.

* 이자 때문에 괴롭다. 이자부담으로 집을 팔려고 할 수 있다.

❸일지 양인

* 미혼자는 간절하게 결혼(사랑)을 원한다.

* 기혼자는 반대로 상대에게 맞고 산다.

* 배우자가 주도권을 가지고 있으며 유행에 민감하다.

❹ 시지 양인

* 돈을 빌려 사업을 하고 있는데 성업 중이다. 그러나 이자 때문에 고생을 하나 마음속에 그만 둘 생각은 없다.

* 잘난 자식의 요구조건으로 스트레스를 받으나 기분은 좋다.

* 승리를 요하는 경기에 내일(양인) 색상의 강한 힘(氣) 활용하라.

❺ 양인의 충

* 꼭 반드시 하고 싶지는 않은 것이다.

* 양보심으로 무리한 투자는 안 한다.

* 마음이 착하다(연지), 일지 양인 충은 배우자가 착한 사람.

* 학생은 공부를 못한다.

* 명퇴 대기(희망)자.

* 무능한 사람, 자기 업무를 뺏기고 있는 사람.

* 연지 양인 충은 하지 말라면 안 한다. 상담내용을 수용한다.

다) 상문(喪門)

화(花), 낙화(落花) , 매사불성, 초상이 났다, 불편한 일이 생긴다(그러므로 빨리 처리하는 것이 좋다), 모든 일이 올 스톱, 손재수(낙화 인자의 방향이나 관련업은 흉하다), 상문살의 육친으로 부탁하면 도움을 받을 수 없다, 男命에 상문에 官이 있으면 官월에 퇴사, 상문살 십성의 문제(색상, 계절, 신살, 물상 및 인자, 육친 등), 상문 인자의 선천수 띠가 문제의 인사, 현재의 사건 사고이다, 과거의 감정 간명은 병부살(中氣)을 활용, 상문살에 역마(寅申巳亥)는 교통사고, 대운에서의 상문인자 참고(이별, 실패, 손재수 등).

❶ 연지 상문

* 사는 모습이 불편하다.
* 얼굴은 잘생겼다(花), 학생은 공부는 못하지만 예능계에 소질이 있다.
* 땅으로 인해서 불편하다. 빨리 팔아라.(제 값을 못 받는다)

❷ 월지 상문

* 집에 대하여 불편해 한다. 빨리 팔고 이사 가라.
* 직장 불만, 불평 많고 그만둘 사람이다. 실업자일 수 있다.
* 학생은 휴학을 한다.

❸ 일지 상문

* 총각, 처녀 결혼하기 불편한 사람, 애인과 헤어질 사람이다.
* 혼자 사는 사람이다, 부부는 같이 있어도 없는 것이나 마찬가지다.
* 일지 상문이면 불륜관계로 왔다.(바람의 상대는 상문 冲의 띠)
* 부부가 서로 상문이 있으면 잉꼬부부이다.

❹ 시지 상문

* 사업은 당연히 할 생각이 없는 사람이다.
* 사업 중이면 가게 문 닫을 사람, 매상이 없는 가게, 정리 할 가게이다.
* 자식문제로 속을 썩인다.

❺ 상문(喪門)의 뜻

* 바람이 난다는 의미가 있다.(원국이나 運에 낙화인자 있을 때)
* 대운(大運) 상문은 3개월 이내, 일, 시의 상문은 1년 이내 연, 월의 상문은 오래된 사이로 결혼 前일 수도 있다.
* 상문일은 개업일, 놀러가는 날, 재물運 좋은 날이다.
* 원국에 상문살 있는 사람은 상가집을 조심해야 한다. 예) 2009년(己丑)에 토끼띠 (卯生)
* 원국의 年月에 있으면 돈이 생기는 해, 日時에는 돈 나가는 해이다.

* 개업식은 상문, 조객일(年 기준) 또는 천을귀인 일이 무난하다.
* 선거 참모기용(임시직 포함)은 상문살 띠는 삼가라.

❻ 상문살 충

* 문제 해결에 도움이 될 띠의 사람으로 귀인이다.
* 합격(合格)여부 맞추는 방법.

  대운에 상문살 충있으면 장학생으로 우수합격이다.

  원국 일시는 무난한 합격이고 원국 연월은 간신히 합격한다.
* 年 중 가장 좋은 달을 의미(方位)한다.
* 연지 상문 충이면 실세적인 사람, 땅(토지)관련 이익이 있다.
* 월지 상문 충이면 좋은 직장, 집 등으로 이득이 발생한다.
* 일지 상문 충이면 부부애정이 아주 좋다.
* 시지 상문 충이면 사업성 좋고, 자식이 똑똑하고 훌륭하다.

라) 목적(目的)

하고 싶은 것이다, 사고 싶고 먹고 싶은 것이다, 의욕을 보이는 것이다, 띠(年支)가 목적이면 남을 위해서 좋은 일을 하며 살아가는 사람으로 보람된 인생이며 사회복지 사업가이다.

❶ 년지 목적

* 땅을 갖고 싶다.
* 사회복지사, 자원봉사를 하고 싶다.

❷ 월지 목적

* 직장이나 직업을 가지고 싶다.
* 집을 갖고(사고) 싶다.
* 집에서 공부하면 학습효과가 있다.(병부, 상문, 비부는 도서관 공부)

❸ 일지 목적

* 미혼은 결혼을 하고 싶다, 애인을 사귀고 싶다.

* 기혼자는 배우자가 밉다.

❹ 시지 목적

* 장사하고 싶다. 상가를 갖고 싶다.

* 자식은 나의 보람이다.

* 자식을 갖고 싶다. 보고 싶다.

❺ 목적에 선천수를 대입 활용

* 甲己子午 : 9(1)   * 乙庚丑未 : 8(2)   * 丙辛寅申 : 7(3)

* 丁壬卯酉 : 6(4)   * 戊癸辰戌 : 5(5)   * 巳亥 : 4(6)

* 根 : 굉장히 세다, 바가지 요금, 질은 좋으나 상품 값이 비싸다.

* 實 : 마음이 끌리는 것으로 가장 많이 나오는 숫자이며 물건을 사고 팔 때 잘 팔리는 숫자이므로(진열품 가격에 활용) 매출액, 매매가 산정에 활용한다.

❻ 목적(4辰)의 충

* 하고 싶지 않다, 運이 없다, 팔고 싶다.

* 공부 포기, 휴학으로 갈등, 헤어지고 싶다.(밉다)

* 사업 중인 사람은 사업 확장이나 새로운 사업을 구상 중이다.

마) 비부(飛符)

근, 묘, 화, 실에서 벗어나서 날아간 것으로 이별, 사별, 헤어짐, 가출, 유학, 변동수를 말하며 떨어져 지내고 있는 것이다. 마음에서 멀어져 있는 것이다. 궤도를 이탈하였으니 비부 月에 여행수가 있으며 퇴직하거나 매도가 이루어진다. 비부 육친과는 인연이 없거나 마음에서 멀어져 있고, 운시가 비부살이면 어려서 아프거나 고생하고 안 좋았다.

일진과 三合이 비부살인데 삼합 띠에게 돈을 빌려주면 못 받는다. 그러므로 비부 띠와는 동업을 하면 안 된다. 비부살 띠의 궁합(三合)은 잘 싸우고 잘 산다. 일진 기준 비부의 식구(띠)는 가출, 방탕 등 문제가 있다.

❶ 연지 비부

* 좌불안석, 마음이 들떠있다, 어디론가 떠나고 싶다.(여행수)

* 생활이 안정이 안 되어 있는 사람이다.

* 일상과 다른 일이 생긴다.

* 땅이 있으면 가격을 내려서라도 급히 팔고 싶다.

❷ 월지 비부

* 직장생활을 안 하고 있다. 하더라도 그만 둘 상황의 사람이다.

* 곧 팔아야 될 집. 주택 파는 것이 시급하다

❸ 일지 비부

* 배우자 궁이 비부로 날아갔다. 그러므로 주말부부, 기러기아빠, 각방 쓰는 사람, 별거, 이혼 등으로 혼자 사니 정상적 부부생활이 힘들다.

* 미혼이면 애인이 있던 사람인데 헤어진 상태이다.

❹ 시지 비부

* 사업을 안 하고 있다.

* 사업하고 있다면 정리, 업종변경 등으로 적자운영 상태다.

* 유학, 군대, 결혼 등으로 자식과 멀리 떨어져 있다.

❺ 대운 비부

* 해외출장, 이민, 이주 등으로 이동수, 변동수가 있다.(역마)

* 동분서주하여 정처 없는 인생으로 불편하다.

* 비부 인자의 관련 사건이 발생하여 고통을 겪는다.

바) 병부(病符, 暗失)

병부는 병이 난 것으로 쳐다보기 싫고 빨리 치료하고 싶은 것이다. 병부는 과거의 의미로 원국에 있으면 잘 돌아다녔음을 의미한다. 女命은 병부에 官이 있으면 결혼했어도 독신과 같고 이혼녀이면 나쁜 모습으로 헤어졌으며 재혼할 생각이 없다. 남자편력이 있고 미혼 시절에 남자관계가 있었던 사람이다. 병부는 과거에 잘 먹던 것인데 현재는 안 먹는 것(음식 등)이며 과거에 고생이 많았고 해당하는 육친은 능력도 없다. 병부는 암실살(暗失殺)로 원국에 있으면 피해를 당한 것이며 과거에 병부 인자의 배신 등으로 속 썩는 일이 있었다.

❶ 연지 병부

* 어제같이 사는 사람, 시대에 뒤쳐진 사람, 한 박자 늦은 사람.
* 과거를 회상하기도 싫은 사람, 고생을 많이 하며 살았다.
* 역학공부를 했거나 점술 상담을 많이 다녔던 사람, 순응 잘 안 함.
* 땅이 있으면 땅 때문에 고생하여 빨리 팔고 싶다.
* 조상이나 선산문제로 고생을 한다.

❷ 월지 병부

* 두 번 다시 직장생활 하기 싫다. 직장을 그만두어야 한다.
* 집이 있으면 집 때문에 고생하여 집을 빨리 팔아야 한다.
* 집에 들어가기 싫다.
* 학생은 편입이나 전과, 유학 등 학교문제가 있다.

❸ 일지 병부

* 좋지 못한 모습으로 애인과 헤어진다.
* 강간당했던 여자가 왔다, 추억을 떠올리기 싫다.
* 배우자가 밉다, 헤어졌다면 나쁜 모습으로 헤어졌다.
* 재혼할 생각이 없다.
* 이성 경험이 많다.

❹ 시지 병부

* 사업을 안 해야 한다. 한다면 조만간 폐업할 가게이다.
* 시대에 뒤쳐진 사업(업종)이다.
* 적자운영으로 조속히 처분하고 싶다, 꼴 보기 싫다.

* 자식이 병 들었다, 자식이 원수다.

❺ 운시 병부
* 어려서 잔병치레가 많았다.

사) 조객(弔客)
조객은 문상객을 의미하므로 상부상조하며 수입이 생기는데 계약직, 임시직, 아르바이트 등과 같이 부업 조건부 거래이다. 그러므로 조객은 지속력이 약하며 차후에 대가를 지불해야 한다.

❶ 연지 조객
* 땅(동업투자, 은행융자)값이 이자보다 더 많이 올라간다.
* 세상에 공짜가 없다고 생각한다, 조건부 인생관이다.
* 조건부 경제적 이득이 발생한다.(육친으로 인수면 부모덕으로 소득 발생)
* 학생은 포상조건의 학습효과가 있다.

❷ 월지 조객
* 직장(임시, 계약직)의 경제적 도움을 받고 있거나 갈 곳이 있다.
* 집값이 올라간다, 집(임대, 하숙, 집값 상승) 때문에 수입이 발생한다.
* 역모기지 주택연금 등을 의미한다.

❸ 일지 조객
* 연애할 때 조건부로 한다, 선물하면 더 큰 보답을 받는다.
* 내가 베푼 사랑보다 더 큰 은혜를 받는다.
* 미혼자는 조건부 정략결혼을 한다.
* 배우자가 파트타임 근로로 경제적 소득을 얻는다.

❹ 시지 조객
* 사업(가게)이 잘되고 있다, 조건부 은행융자나 계약기간이 있다.

* 지출(비용)보다 수입이 많다.
* 못난 자식이라 생각하나 괜찮다.

사례연구 노회찬(壬寅대운 말, 戊戌년, 己未월, 丙辰일 투신사망)

시	일	월	년	일진
庚 辰	庚 午	丙 申	丙 申	丙 辰
사업, 가계, 자식	배우자, 이성 관계	집, 가정, 직장	토지, 선산, 큰 부동산	

〈丙辰일 명반작성〉

특성	비부	목적	상문	양인	일진	병부	조객	목적충	상문충
진	申	未	午	巳	辰	卯	寅	丑	子
의미	이별 출장	이유 욕망	최악 곤란	긴장 욕심	갈등 두마음	무기력	조건부 이익	실망	해결 인자

❶ 무슨 사연일까? (목적이 없다 = 아무도 그 이유를 알 수 없다)

❷ 어려움을 해결해 줄 사람은? (상문 충 = 子생, 아무도 없다)

❸ 배우자와의 관계는? (일지 상문 = 최악 곤란)

❹ 직장, 사회적 관계는? (월지 비부 = 인연이 없다. 이별한다)

❺ 국가, 사회, 선조와의 관계는? (년지 비부 = 인연이 끝났다, 이별했다)

❻ 하는 일은? (시지 일진으로 장래문제, 사업문제에 갈등과 두마음)

4장. 행운론 및 일년신수감정법

✦ 1. 운명이란?

일간은 나이고 사주의 십성들은 일주가 태어나서 살아가며 가용 할 수 있는 정신적, 육체적, 인적, 물적인 모든 자원요소를 말한다. 여기에 더하여 대운은 사주 주인공의 그 시기별 환경이나 인생행로의 큰 흐름을 말하는 것이며, 세운은 해마다 일어나는 구체적인 사안의 사건과 사고들을 말한다. 대운이 일간의 활동무대로서 그 시기의 환경과 여건이라면 세운은 그 당시의 선택과 행동으로 그곳에서 만나는 사람들을 말한다. 궁극적으로 일간이 살아가는 활동무대는 대운의 지지요, 해마다 살아가며 만나는 사람들은 세운의 천간이다. 우리가 사주를 분석하며 궁구하는 목적은 그 사주의 주인공이 어떠한 사회적 유형(격국)과 성공의 조건(용신), 그리고 강점요소(강한 오행과 십성)를 가지고 태어나 얼마나 그 능력을 잘 발현하며 살아가는가를 알고자 하는 것이다.

그러기 위해서는 우리는 사주를 잘 분석한 후 대운과 세운의 흐름에 따라 어떠한 길흉의 영향을 받으며 살아가는가를 정확하게 살펴보아야 한다. 사주팔자와 대운, 즉 命과 運을 따로 논하고, 더불어 그 둘을 일치하여 조화를 판단하니 이를 운명감정이라 한다. 이처럼 명과 운은 논함이 다르지만 절대로 나눌 수 없는 불가분의 관계이다. 흔히 말하기를 "팔자만 좋으면 뭐해, 운이 좋아야지." 하거나 "뭐니 뭐니 해도 우선 팔자가 좋고 봐야해!" 하는 말들이 있다. 하지만 둘 중 하나만 좋다고 해서 좋은 것은 아니다. 한 사람이 인생을 살아가며 최대한 체감행복 지수가 높은 성공적인 인생을 살아가기 위해서는 命과 運이 조화가 이루어져야 하는 것이니 그러기에 우리는 行運法을 심도 있게 연구해야 할 것이다.

✦ 2. 行運이란?

행운이란 10년마다 바뀌는 대운과 매해마다 오는 세운, 그리고 월운과 일진을 말한다. 선천적인 사주(命)와 후천적인 시간(運)을 보고 일간의 상태를 예측할 수 있는 것으로서 행운은 명주의 길흉화복을 판단하는 중요한 기준이 된다. 사주가 나무의 종류를 아는 것이라면 행운은 꽃이 피고 열매가 맺는 시기를 아는 것이다. 행운은 사주의 주인이 처한 환경이요 행운의 길흉 여하에 따라 명주의 행, 불행이 좌우된다. 사주가 행운의 흐름에 따라 조화를 잘 이루고 좋은 운을 만난다면 성공하고 행복하겠지만, 사주가 아무리 좋다 할지라도 나쁜 운을 만난다면 실패와 불행의 연속이 되겠고, 비록 사주가 조금 나쁘다 할지라도 행운의 흐름이 좋다면 큰 고생을 하지 않고 안위할 수 있는 것이다. 대운은 월주에서부터 연속하는데 이는 만물이 사계절의 기후변화에 따라서 영고성쇠하는 이치 때문이며 세운은 매년 흐르는 기운의 영향을 받는 것이다. 대운은 운로의 10년을 지배하고 관장한다. 그러기에 사주와 대운을 합하여 소위 五柱라 부르기도 하는데, 이는 운명을 감정하는 데 있어서 대운의 비중이 그만큼 중요하다는 이야기이다.

✦ 3. 大運 보는 법

하나의 대운으로 10년 동안의 길흉을 판단하는데, 보통 천간을 先 5년으로 보고 지지는 後 5년으로 본다. 하지만 10년 동안의 간지의 비중을 나눈다면, 천간 대 지지가 보통 3 : 7 정도의 작용력을 가진다고 본다. 전체적으로는 대운은 지지가 더욱 중요하므로 지지를 잘 보아야 하는데 천간을 볼 때도 항상 지지의 영향이 미치고 있음을 생각하고 지지도 천간의 영향을 받고 있음을 생각해야 한다. 즉 대운의 간지가 상생하느냐 상극하느냐 또는 비화하느냐를 따지는 개두절각론을 참고해서 판단해야 된다.

대운 천간이 凶한데 지지에서 생하면 길함이 더욱 커지고, 천간이 길해도 지지에서 剋하면 길함은 감소되며, 또 천간이 凶해도 지지에서 극하면 흉함이 덜하며 반대로 천간이 흉한데 지지에서 생하면 흉함은 더욱 가중된다. 지지도 이와 마찬가지로 보면 된다.

대운이 사주의 격국을 刑, 沖, 破할 때는 흉운이 되고 生, 助할 때는 길운이 된다. 4길격이 財, 官, 印, 食 등의 길신 운을 만나고 일간의 기세가 있으면 개운하나, 4흉격이 다시 殺, 傷, 梟, 刃과 刑, 沖을 만나면 재액이 생긴다.

운의 흐름을 볼 때 가장 중요한 것은 전체 대운이 길운으로 흐르는가 흉운으로 흐르는가 하는 점이다. 대운이 길운이라면 아무리 나쁜 세운을 만나도 서서히 발전하는 쪽으로 삶이 진행될 것이고 대운이 흉운이라면 서서히 실패하는 쪽으로 기울어져 갈 것이다. 사주의 격국과 용신이 뚜렷하고 좋은 사람은 어지간한 흉운을 만나도 재액이 경미하고, 사주가 불안정한 사람은 흉운을 만나면 크게 실패하고 심하면 생명의 위험까지도 생긴다.

천간은 하늘의 기운이라 변화가 빠르고 외형적이며 심리 등의 변화나 효과나 빨리 나타나지만 지속력이 떨어지고, 지지는 땅의 기운이라 변화는 느리지만 내실이 있고 실질적으로 느끼기가 쉽고 지속력이 있어 영향력이 오래간다.

대운을 논할 때 지지가 중요하다 함은 사주 일간의 기세 및 격국용신과 관련한 희신, 기신 등의 기세는 물론 육친의 기세 여부도 巳午未 남방 火運이니, 亥子丑 북방 水運이니 하는 대운의 지지에 의하여 결정되기 때문이다. 그리고 大運을 볼 때 大運의 天干은 오행자체의 기운으로 보지만 대운의 지지는 寅卯辰은 東方木局, 巳午未는 南方火局, 申酉戌은 西方金局, 亥子丑은 北方水局으로 계절로 봐야 한다. 반면, 년운의 지지는 오행자체의 기운으로 보고 월운의 지지는 계절로 보고 일운의 지지는 오행자체의 기운으로 봐야 한다. 예를 들면 대운의 戌土와 년운의 戌土는 분명히 작용력이 달리 나타난다. 오행자체의 기운인 火氣를 머금은 강력한 土의 작용이 대운보다 년운에서 훨씬 더 강력하게 나타나는 것이다.

또한 장남(長南)의 동정설에 의하면 운을 볼 때 대체적으로 천간은 사주의 일간 등 천간과 대조하여 운을 파악하고, 지지는 사주의 지지와 대비하여 보는 것도 한 요령이 되겠다.

1) 개두란 대운의 천간에서 지지를 극하는 것을 말한다

예를 들어 甲戌, 癸巳, 己亥처럼 대운지지가 喜用神이 되더라도 개두가 되면 지지의 역량이 떨어진다. 즉 甲戌의 경우, 土가 희용신이 된다하더라도 제대로 희용신 운이 못 되고, 土가 忌仇神에 해당되더라도 기구신의 흉이 반감된다. 특히, 천간 甲木의 뿌리가 되는 오행이 사주원국에 있을 때는 이 甲木의 역량은 매우 증가된다.

2) 절각이란 대운의 지지가 천간을 극하는 것을 말한다

예를 들어 甲申, 丙子, 庚午처럼 대운의 천간이 희용신이 되더라도 절각이 되면 천간의 역량이 떨어진다. 즉 甲申의 경우처럼 木이 희용신에 해당하더라도 완전하게 희용신의 역량을 발휘하지 못하고, 木이 기구신에 해당되더라도 역시 흉은 현저하게 반감된다. 단, 사주원국에 木의 뿌리, 즉 같은 오행의 지지가 있으면 甲木의 역량은 다시 증가된다. 개두절각은 정확히 몇 %라고 할 수는 없지만 영향력은 확실히 반감된다.

3) 干支生이란 干支가 서로 相生작용을 하는 것을 말한다

예를 들어 甲午, 己酉, 乙亥, 壬申처럼 천간이 지지를 생하면 지지의 역량이 증대, 지지가 천간을 생하면 천간의 역량이 증가된다.

4) 干支同이란 干支가 같은 오행일 때를 말한다

예를 들어 甲寅, 乙卯, 丙午, 丁巳처럼 간지가 같은 오행일 때를 말하는데 이때에는 10년 동안 가장 강한 대운의 작용력이 발생된다. 특히, 사주원국에 같은 오행이 干과 支에 동시에 있다면 그 영향력은 배가 된다.

5) 천간의 合, 沖 작용

천간합에는 甲己, 乙庚, 丙辛, 丁壬, 戊癸가 있는데 운에서 들어오는 천간의 합은 化하지 않으므로 喜用神의 경우에 있어서는 合이 沖보다 못하다. 천간이 合이 되면 묶여서 꼼짝을 못하고 해당 오행과 십성은 작용을 하지 못하기 때문에 운에서 희용신이 들어와서 좋다고 생각했다가 그만 예상치도 않은 엉뚱한 일이 발생한다. 반면에 沖은 깨어지더라도 오행과 십성 자체의 작용은 없어지는 것이 아니기 때문에 합의 작용으로 묶여서 꼼짝을 못하는 것 보다는 작용력이 더 크게 발생한다. 단, 합의 작용을 극하는 오행이 사주원국의 천간에 있다면 처음에는 합의작용이 나타나지만 점차로 합의작용은 반감되어진다. 운에서 들어올 때는 合이 먼저이고 그 다음이 生, 그 다음이 沖, 그 다음이 극의 작용 순서로 나타난다.(沖은 사건과 사고를 말하고 合은 사연을 말한다. 生은 분발과 개척을 말하고 剋은 제약과 후퇴를 말한다.)

6) 대운 지지와 사주원국 지지의 合沖作用

합이나 충은 해당오행이 사주에서 喜, 用, 忌, 仇, 閑神 중 어떠한 것에 해당하는지를 가린 다음 그에 따른 결과를 보아야 한다.

가) 合의 作用

육합(子丑, 寅亥, 卯戌, 辰酉, 巳申, 午未)은 천간의 합처럼 화하지 않으면서 서로 묶여버리는 기반 현상이 나타나므로 오행자체의 작용력은 반감이 된다. 단, 寅亥, 辰酉는 서로 相生관계에 있으므로 寅亥는 木이, 辰酉는 金의 작용이 더 크게 나타나지만 亥水와 辰土의 氣運이 절대 없어지는 것은 아니므로 각각의 오행의 작용이 동시에 나타난다. 또한 원국의 合보다는 運에서 들어오는 合의 작용이 더 강력하게 나타난다.

삼합(寅午戌, 巳酉丑, 申子辰, 亥卯未)은 子, 午, 卯, 酉가 사주원국의 月支에 있으면 三合의 작용이 가장 강력하게 나타나고, 三合에 해당하는 五行이 月支에 위치하고 있지 않더라도 작용력은 역시 육합보다는 강하게 나타난다.

단, 합하는 五行을 剋하는 五行이 사주원국의 地支에 있으면 합의 작용력은 반감된다. 주의할 점은 운에서 들어오는 오행으로 인해 三合이 될 때는 각각의 오행에 해당하는 기운들이 모여지는 것일 뿐 운에서 들어온 오행 자체의 氣運이 없어지는 것은 아니기 때문에 삼합으로 인한 결론은 들어오는 오행의 길, 흉에 따라 결과가 나타난다. 그래서 합으로 인해 좋을 수도 있고 나쁠 수도 있는 것이다. 반합(亥卯, 卯未, 寅午, 午戌, 巳酉, 酉丑, 申子, 子辰)이란 三合의 가운데 글자(子, 午, 卯, 酉)를 중심으로 合이 이루어지는 것인데 亥卯, 寅午, 酉丑, 申子는 서로 相生의 관계에 있으므로 寅亥나 辰酉의 合과 같은 현상이 나타나고 나머지 극합은 六合과 비슷하다고 보면 되겠다. 가합(亥未, 寅戌, 巳丑, 申辰)은 합의 작용력은 거의 없고 생극의 작용으로 보면 된다.

나) 沖의 작용

❶ 운에서 사주원국의 년지를 충할 때

과거사문제 조상과 가토의 문제 등이 발생하고 직업과 사회성 등에 변화가 온다. 忌仇神을 沖해주면 좋은 쪽으로 일이 진행이 되고 喜用神을 沖하면 나쁜 방향으로 진행이 된다.

❷ 운에서 사주원국의 월지를 충할 때

마음의 갈등과 불안 등이 발생하고 가정사 변동, 직장이동, 업종의 변환, 이사 등 현 위치에서 이동할 확률이 크게 발생한다. 물론 忌仇神을 沖해주면 좋은 쪽으로 진행이 되고 喜用神을 沖하면 나쁜 방향으로 진행이 된다.

❸ 운에서 사주원국의 일지를 충할 때

월지가 충을 당할 때보다 더 정신적으로 더 불안감을 느끼고 남과의 다툼, 시비가 빈번히 일어난다. 동업관계 및 남녀관계에 갈등과 다툼, 헤어짐이 발생한다. 일지는 내 자신의 몸이 되므로 해당하는 오행에 대한 길흉과 건강문제도 생각을 해보아야 한다. 특히 日支가 백호살(甲辰, 乙未, 丙戌, 丁丑, 戊辰, 壬戌, 癸丑)에 해당하는 경우는 교통사고 및 기타사고에 각별히 조심을 하면 좋을 것이다. 또 일지는 배우자궁에 해당되므로 부부사이에 갈등과 다툼이 발생하고 심한 경우(사주 원국에 통관해주는 오행이나 구해주는 오행이 없을 때)는 이혼, 사별 등도 발생할 수 있다.

❹ 운에서 사주원국의 시지를 충할 때

자식문제, 진로문제, 미래문제에 대한 불안과 변화가 발생한다.

7) 통관작용

사주에 천간의 충이 있는 경우에는 운에서 통관해주는 운이 들어올 때는 충이 어느 정도 해소가 되며 運에서 사주의 천간을 충할 때도 사주에 통관해주는 오행이 있다면 충이 어느 정도 해소가 된다. 사주에서 지지의 충이 있는 경우에도 운에서 통관해주는 운이 들어올 때는 충이 해소됨과 동시에 통관해주는 운이 喜用神에 해당이 될 때는 괄목할만한 비약적인 발전을 하게 된다. 또한 運에서 원국의 지지를 충할 때도 원국에 통관해주는 오행이 있다면 충이 어느 정도 해소가 된다. 하지만 그 오행 자체가 없어지는 것이 아니기 때문에 년운과 월운의 변화에 의해 위험할 수 있다.

운을 볼 때는 먼저 五行에 따른 십성의 작용을 먼저 생각하고 그다음 合沖 등 기타 관계를 보아야 한다. 合해서 化하지 않는 한 運에서 들어오는 오행이 없어지는 것은 절대 아니다. 예를 들면 財星이 凶인데 財星의 運이 들어오면 일단 財星의 凶이 먼저 나타나고 그다음 合沖하는 변화가 있으면 차차로 合沖에 따른 부차적인 작용이 난다.

✦ 4. 세운 보는 법

대운은 지지를 중시하고 세운은 천간을 중시한다. 세운은 천간을 위주로 하고 지지는 천간을 돕는 역할을 하는 것으로 본다. 그러므로 천간과 지지가 동일한 세운에는 그 길흉의 작용이 크게 나타난다.

세운을 볼 때는 먼저 격국용신과의 관계를 본 후 억부에 따른 일간과 세운 간지의 이해득실을 따져본다. 그 다음 대운과 세운의 상호관계를 살펴야 된다. 또 한편으로는 사주지지와 合, 刑, 沖, 空亡 관계 등을 자세히 보아야 한다. 대운과 세운은 刑沖剋害하는 것은 좋지 않으나 사주에 救神이 있으면 흉함이 완화되고 救神이 없으면 흉함이 크게 생긴다.

대운과 세운을 볼 때 당장 피부로 길흉을 느끼기에는 세운이 더 중요하므로 대운에서 세운을 충극하거나 사주에서 세운을 충극하면 흉이 크고, 세운에서 대운이나 사주를 충극하는 것은 흉이 약하다. 대운이나 사주에서 세운을 치면 내충이라 하고 그 반대는 외충이라 하는데 내충은 자신이나 내부에서 문제의 원인이 발생하고, 외충은 외부나 다른 사람에 의하여 문제가 발생한다.

세운과 일주의 간지가 서로 모두 충극이 될 때는 天剋地沖이라 하여 관재, 손재, 이별 등의 재해가 발생한다. 세운이 용신에 이로우면 좋고 세운이 용신에 해로우면 나쁘다. 세운이 길한데 사주의 타 육신에 合沖剋害를 당하면 좋다 해도 좋은 것이 아니며, 세운이 흉하더라도 사주의 타 육신에 합거되거나 충극되면 나쁘다 해도 나쁘지 않다.

세운이 吉한데 대운도 吉하면 아주 좋고, 세운은 吉한데 대운이 凶하면 凶中에 吉이 있다. 세운이 흉한데 대운도 흉하면 아주 흉하고 세운이 흉한데 대운은 길하면 吉 중에 凶이 생긴다.

세운의 천간이 용신에 이로우나 지지는 불리하면 길흉이 반반이며 세운의 천간이 용신에 불리한데 지지가 용신을 도와주면 역시 길흉이 반반이다. 대운이나 세운을 볼 때는 간지를 복합적으로 보아야 하며, 천간과 지지 하나만 가지고 희기를 단정하지 말아야 한다.

大運은 10년을 작용하고, 세운은 1년을 작용하므로 대운의 영향력이 훨씬 강하지만 매년 매년의 운세가 바뀌므로 실제 피부로 느끼는 것은 세운이 더 민감하게 느껴진다.

예) 운세통변

辛 甲 己 甲 坤
未 申 巳 辰

辛 壬 癸 甲 乙 丙 丁 戊
酉 戌 亥 子 丑 寅 卯 辰

- 甲木 일주가 己巳月에 출생하여 정재격을 이루었다.
- 정재격의 사주가 時干에 정관 辛金으로 재생관을 이루니 成格을 이룰 기반은 갖추었으나 巳月의 신약한 甲木이 인성 水를 보지 못해 행운에서 도와주지 않으면 사회성을 갖지 못하고 어려움을 겪을 수 있다.
- 甲己合을 하였으나 辰 중의 乙木과 未中의 乙木에 통근하여 화기격이 될 수는 없으며 년간의 甲木을 억부용신한다. 巳申合과 申辰假合을 이루고 있어 행운에 따라서 발복할 수 있는 가능성을 가지고 있는 사주이다.
- 다행히 초년부터 대운이 동방 木運과 북방 水運을 달려 희용신운을 왔으므로 재격으로 성격하여 중국수출관계 일을 하며 잘 살아왔다.
- 甲子대운에 대운의 도움으로 크게 성공할 수 있었다.
- 55세 子대운 丙申년을 맞아 모 단체의 이사장자리와 모 기업의 북경본부장자리로 스카우트 제의를 받았다.
- 이는 첫째, 대운에서 子水가 사주원국과 申子辰合水를 이루어 신약한 일간을 도와 크게 발전할 수 있는 운이 왔기 때문이며 둘째, 세운에서 丙申년을 맞아 대운

과 세운이 합세하여 申子辰合水를 더욱 견고히 해주며 인수국을 이루어 큰 문서를 잡고 진급을 하는 운이기 때문이다.

- 丙申세운은 時干의 정관과 丙辛合水로 새로운 청출을 하며 사회성에 변화를 겪게 되는데 지지의 申金 편관이 월지 巳火와 巳申合을 하니 외부에서 새로운 회사 申金이 나의 기술과 노하우인 월지 식신 巳火를 필요로 하여 변화가 오는데 전체적으로 대세운의 작용력이 길하니 영전을 하게 되는 운이다.

✦ 5. 세운의 적용 및 작용

歲運의 영향력은 기본적으로 천간이 상반기 6개월, 지지가 하반기 6개월로 각각 작용한다고는 하나 그냥 천간은 원국의 천간에 지지는 원국의 지지에 영향을 미친다고 보아도 된다. 천간의 작용은 빨리 나타나고 지지의 작용은 천천히 나타난다.

大運이 환경이라면 歲運은 피부로 느끼는 현실이다. 사람들이 체감으로 민감하게 느끼고 반응하는 것이 바로 세운이다.

大運이 만약 여름이라면 세운은 그 여름 동안 비가 오거나, 바람이 불거나 하듯이 매일 변화되는 날씨에 비유할 수 있다. 환경이 여름이기 때문에 얼어 죽을 일은 없지만 폭풍이나, 태풍, 천둥과 비의 피해가 없으라는 법은 없다.

여름이 喜用神에 해당하더라도 좋은 날만 있는 것이 아니라 궂은 날도 있는 것이다.

월운은 비가 오는 날 실내에 있느냐 실외에 있느냐의 차이와 같고 일진은 옷을 입고 있느냐 벗고 있느냐의 차이와 같이 생각하면 된다.

반대로 大運이 만약 凶運에 해당하는 겨울이라면 歲運은 역시 매일의 일기에 비교할 수 있다. 추운 겨울에도 따뜻한 날이 있고 한파가 몰아칠 때도 있는 것이다.

大運은 10년간 연속적이지만 歲運은 吉凶이 연속적이지 않고 한 해로 끝이 난다. 환경, 즉 大運이 나쁘면 처음에는 힘들어도 시간이 지날수록 적응할 수도 있지만 歲運이 나쁘면 사람들은 그 당시의 고통을 힘들어한다. 그래서 사람들이 체감하기는 세운의 길흉을 더욱 현실적으로 느끼는 것이다.

위에서 말한대로 대운이 좋다고 해서 大運이 끝날 때까지 무조건 좋은 것이 아니다. 그러므로 運을 볼 때는 반드시 年運을 중요하게 감정을 해야 하는 것이다.

대운과 세운이 동시에 凶하다면 그야말로 최악이 되고 반대로 大運과 歲運이 같이 吉하다면 최상이 된다.

大運의 환경이 급격히 바뀌는 시점에서는 반드시 큰 변화가 일어난다. 그리고 凶運이 물러가는 마지막 시기에는 반드시 뭔가 사건·사고가 발생한다. 이때 年運도 凶運일 때는 각별히 조심을 해야 한다.

특히 이러한 작용은 접목운(大運의 地支가 辰, 未, 戌, 丑으로 봄, 여름, 가을, 겨울의 계절이 바뀌는 시점이 되는 때)에 더 발생하므로 각별히 조심해야 한다. 이러한 현상은 급격한 운의 변화, 즉 巳午未 火局에서 申酉戌 金局으로 넘어가면서 길흉이 상반될 때나 기신운에서 용신운으로 넘어갈 때, 용신운에서 기신운으로 넘어갈 때 등의 시점에서 작용력이 강하게 나타난다.

통상적으로 吉大運을 앞두고 마지막 凶大運 年運을 보낼 때 예상치 못한 사고가 나는 것을 많이 보게 된다. 하지만, 凶大運 중 마지막 年運이 吉運이 될 때는 다소간 凶이 반감되기도 한다.

大運은 좋은데 歲運이 나쁘면 환경은 좋은데 실속이 없음이며 大運은 나쁜데 歲運이 좋으면 환경은 나빠도 실속이 있는 것이다.

자영업자를 예로 들면 대운이 좋으면 하는 일의 성장은 계속 된다. 하지만 흉운의 歲運에는 수금이 안 된다거나, 돈을 떼인다던지, 직원이 말썽을 부린다던지 등의 사고가 발생해서 손실을 입게 되는 것이다.

환경이 좋으므로 치명적이진 않더라도 그해에는 손실이 생길 수밖에 없는 것이다.

大運은 나쁜데 歲運이 좋으면 환경은 나빠서 일의 연속성장은 기대할 수가 없지만 그해만은 톡톡히 재미를 볼 수가 있다.

하지만 주의를 해야 할 것은 환경이 좋지 않기 때문에 좋은 歲運은 세운 그 자체로 만족을 해야지 욕심을 내서 확장한다면 흉대운의 영향을 받아 결국은 실패로 돌아간다.

보통 사람들은 흉대운인 것을 잊어버리고 세운에서 재미를 본다면 무리하는 것이

人之常情이기 때문에 흉대운의 결론은 흉한 것이다.

이럴 때 대응하는 방법은 세운 별로 치고 빠지는 방안을 구사해야 한다. 그렇게 하면 아무리 흉대운이라도 최대한 무난히 넘어갈 수 있을 것이다.

✦ 6. 일년신수감정법

일년신수란 새해를 맞이하여 한 해 동안에 일어날 수 있는 여러 가지 일들을 예측하여 피흉취길하고자 하는 것이 목적이다.

일년신수를 보는 방법은 각자 나름대로 여러 가지 방법을 사용하고 있는데 상담자들마다 적중률에 조금씩 편차가 있으나 무엇이 좋다 나쁘다 할 수는 없다.

그동안 본인은 주로 명리학의 근본인 음양오행의 생극제화에 의한 육친십성의 작용력으로 판단하여 왔는데 다른 방식에 비해 그 세밀함과 활용성이 상대적으로 매우 높았다.

그러기에 아래와 같이 육친십성의 기본적인 작용력을 감안한 신수감정 방법을 정리한다.

1) 비겁세운 - 실물수

인간관계, 조합, 모임, 형제자매, 친구, 동창생, 동업자, 배우자, 부친문제, 시댁문제, 이성문제, 동업, 창업 등 발생

비견	사안 : 형제, 친구, 동창생, 배우자문제, 동업문제, 분가, 분리 등의 길흉사 심리 : 경쟁심리, 협동심, 자신감, 추진력, 창업욕구
겁재	사안 : 재산손실, 이성문제, 배우자 건강, 이별, 언쟁, 구설 등의 길흉사 심리 : 자만심리, 경쟁심, 위반, 배신, 탈재, 도벽심, 고집

2) 식상세운 - 구설수

외부활동, 새일의 시작 생산, 판매, 유통, 개발, 위법, 출산, 자식, 할머니, 장모, 후배, 아랫사람 등의 문제 발생

식신	**사안** : 자손, 사위, 할머니, 유흥, 매출, 업무, 기술, 사업, 생산 등의 길흉사 **심리** : 희생심, 스트레스 해소, 감정, 여유, 부지런함, 성실
상관	**사안** : 자녀, 장모, 할머니, 객식구, 상해, 모략, 유흥, 발명, 기술 등 길흉사 **심리** : 창조심리, 활동력, 자만심, 위법, 친화력, 호기심, 유흥

3) 재성세운 - 횡재수

투기, 투자, 금전, 은행, 세무, 적금, 물욕, 부동산, 이성, 부인, 부친, 시어머니 등의 문제 발생

편재	**사안** : 부친, 시모, 재물, 신용, 파산, 이성, 투기, 투자 등의 길흉사 **심리** : 과욕심리, 탐재욕, 이성욕, 초과목표설정, 의욕적
정재	**사안** : 처, 부친, 시모, 재물, 신용, 명예, 적금, 현금, 결혼 등의 길흉사 **심리** : 성실한 관리, 욕심, 신용, 이성욕, 재물욕

4) 관성세운 - 관재수

직장, 취직, 건강, 승진, 사고, 구설, 관공서, 자식, 남편, 이성, 시댁 등의 문제 발생

편관	**사안** : 아들, 며느리, 이성, 관재, 사고, 이별, 수술, 명예, 직장 등의 길흉사 **심리** : 명예심리, 권위의식, 허풍, 위선, 절제, 결단력, 강압
정관	**사안** : 딸, 남편, 며느리, 명예, 신용, 승진, 창업, 취직, 결혼 등의 길흉사 **심리** : 명분심리, 도덕심, 인내심, 분별력, 명예욕, 모범심

5) 인성세운 - 이동수

공부, 시험, 문서, 보증, 신용, 자격증, 학위, 소식, 여행, 모친, 조부, 장인, 손윗사람 등의 문제 발생

편인	**사안** : 조부, 장인, 모친, 학술, 여행, 매매, 문서, 보증, 계약 등의 길흉사 **심리** : 허무심리, 불면증, 상상공상, 꿈, 정신욕구, 아이디어
정인	**사안** : 모친, 조부, 사위, 학업, 명예, 표창, 자격증, 계약 등의 길흉사 **심리** : 회귀심리, 명예욕, 에너지 재충전, 귀인, 희망, 생각

예) 세운에 따른 종합판단 〈여자, 27세, 기혼〉

甲 甲 壬 戊　　　　　甲
戌 寅 戌 午　　　　　申 년
乙 丙 丁 戊 己 庚 辛　3대운
卯 辰 巳 午 未 申 酉

❶ 일간 대비 세운의 천간

甲 + 甲 = 친구문제, 사람문제, 동업, 욕심, 창업, 추진력 발생

❷ 일간 대비 세운의 지지

甲 + 申 = 관재구설, 건강문제, 사고수, 이성문제, 직장문제

❸ 세운의 지지와 년지의 대비

申 + 午 = 傷官制殺, 편관역마, 연초(年初)에 남편(이성)문제, 직장문제 발생

❹ 세운의 지지와 월지의 대비

申 + 戌 = 財生殺로 지출, 명예상승, 전출, 이성에게 잘함, 부친은 건강

❺ 세운의 지지와 일지의 대비

申 + 寅 = 寅申沖, 심신불안, 부부다툼, 돌발사고, 자리변동

❻ 세운의 지지와 시지의 대비

申 + 戌 = 새직장(편관) 안정, 남편과 화합, 官에게 상납, 지출확대

✦ 7. 월별 사건사안의 예측

일반적인 십성의 작용은 이미 위에서 이해하고 있는 바와 같다. 그러나 월별 운세 감정은 일반적인 십성의 작용과는 다르게 보아야 한다. 즉 정편에 의한 기초적인 육신의 작용 자체가 기본적 판단이라면 육신의 상대성의 원리를 적용하여 그 뒤의 연계

적 작용을 파악하고 그에 관계되는 사안을 유추하면 된다.

1) 비견, 겁재(실물수)

- 주변에 사람이 모인다. 용기, 사업, 자신감, 의욕이 앞선다.
- 능동적으로 활동하고 과감히 도전하고 앞장서서 진행한다.
- 오버액션, 욕심이 발동하여 투기 한탕주의에 실패한다.
- 부친과 처는 아프고, 어머니는 잔소리에 바빠진다.
- 학생들은 친구들과 돌아다니며 공부하기 싫어진다.
- 실물수가 발생하고 계획에 없던 돈 쓸 일이 생긴다.
- 여학생이나 남학생 - 이성친구 간에 삼각관계 발생한다.

2) 식신, 상관(구설수)

- 활동이 바빠진다, 능력을 발휘하며 매출이 늘고 신기술을 익힌다.
- 부친과 처, 여자를 비롯한 상대들에게 친절하며 명랑하고 활발하다.
- 규정을 무시하고 상사나 직장에 불만이며 허풍과 유흥에 빠진다.
- 즐거움을 느끼고 지출이 심하며 멋 부리고 방황한다.
- 아랫사람과 후배들로 인한 문제가 발생하고 무리한 행동으로 구설과 스캔들에 휘말린다. 명예를 훼손할 일이 생긴다.
- 남편과 다툼, 남편건강문제, 직장구설문제 발생, 애인과 다투고 이별한다.
- 일시적 가출과 방황, 절제심 상실, 자제력을 상실한다.

3) 편재, 정재(횡재수)

- 돈이 들어오고 사업이 확장된다, 능력을 인정받고 승진한다.
- 투자성공, 유산상속, 남자는 여자와 연애한다.
- 신용불량, 시험낙방, 위조서류, 식중독, 분실, 과소비와 유흥이 발생한다.
- 투자실패, 계약파기, 공부저하, 학교가기 싫고, 아르바이트를 한다.
- 부친과 처가 고집을 부리고 모친건강이 흉하다.

4) 편관, 정관(관재수)

- 정관은 승진, 당선, 취직된다. 직책, 권위가 높아지고, 표창을 받는 일이 생긴다.
- 정관은 계약 성사, 명예상승, 감투 및 높은 곳 초대, 자리가 생긴다.
- 편관은 재물은 지출되고, 형제, 친구들이 흉사를 겪으며 비관하고 난폭, 강압적이다.
- 편관은 폭행, 구속, 감금, 사고, 수술, 형액, 이혼 등의 흉사가 발생한다.
- 감기, 몸살, 과로, 스트레스와 형액발생, 밤길사고, 모함과 훼방이 발생한다.

5) 편인, 인수(이동수)

- 계약성사, 시험합격, 자격증과 학위 취득, 건강을 회복한다.
- 성적상승, 여행, 유학가고 능력 인정받으며 승진 표창을 받는다.
- 자식 건강문제, 부하나 후배의 사고, 생산 중단, 배달사고 등이 발생한다.
- 편인은 공상, 상상이 많아지고 불면증, 무기력, 권태, 명예훼손, 망신이 따른다.
- 기다리던 소식을 받게 되고 부모님 길흉사 발생, 이사, 여행 등을 한다

예) 월별 운세 〈여자, 기혼, 2010년〉

癸 辛 甲 丁　　庚　　(겁재) 친구와 금전관계 발생
巳 酉 辰 巳　　寅 년 (정재) 모친 건강악화 발생

월간	월지	월별 사안 예측
戊	寅	기다리던 소식 듣고, 계약성사, 시험합격, 문서수
己	卯	공상, 상상, 불면증, 권태, 부모문제, 이동수, 자녀건강문제
庚	辰	용기, 사업, 자신감, 의욕, 이성문제, 친구관계, 모친 잔소리
辛	巳	오버액션, 욕심 발동, 한탕주의, 부친과 처의 건강문제
壬	午	구설, 스캔들, 명예훼손, 남편 건강문제, 유흥과 지출, 큰소리
癸	未	즐거움 기쁨, 식복, 생산과 매출증대, 활동량증가, 자제력상실
甲	申	재물과 돈 들어옴, 투자성공, 남자는 여자와 연애
乙	酉	횡재수, 신용불량, 위조서류, 식중독, 과소비와 유흥
丙	戌	승진, 표창, 취직, 직책, 권위, 계약 성사, 명예상승

丁	亥	폭행, 구속, 사고, 수술, 감기, 몸살, 과로, 스트레스
戊	子	기다리던 소식 듣고, 계약성사, 시험합격, 문서수
己	丑	공상, 상상, 불면증, 권태, 부모문제, 이동수, 자녀건강문제

* 월운은 천간을 중점적으로 감명한다. 지지는 매년마다 반복되는 라이프 사이클이므로 자신들이 더 잘 알고 있다.

✦ 8. 세운에 따른 십성의 작용력

1) 比劫年運

자신감과 욕구가 왕성해져서 추진력과 에너지가 발동하고, 성욕이 왕성해지며 자존심이 강해진다. 창업, 동업, 결탁, 단체가입, 건강문제, 재물, 인간관계, 여자문제 등이 발생한다.

가) 비견운
● 吉運
- 일간이 약하고 인성이 없는데 재관살이 강한 경우이거나. 재다신약인 경우 주변친구나 형제의 도움이 있으며 동업으로 사업이 번창할 수 있다. 용기와 행동력이 생기고 그동안 주저했던 일을 실행에 옮기게 된다.
- 그동안 男便이나 妻의 억압으로부터 해방되려 과감히 이혼할 수도 있다. 직업도 새롭게 바꿀 수 있으며, 퇴직을 과감히 단행할 수도 있다.
- 천간으로 오는 비겁은 주변사람과 환경의 덕이요. 지지로 오는 비겁은 나의 노력이다.
- 식상을 용신하는 사주가 비겁운이 오면 주변 사람, 친구, 형제들과 협조하여 사업하는 운이다. 추진력, 활동력이 생기고 대인관계가 넓어져 장사를 하면 소문이 나서 손님이 많아진다.

- 凶運
- 형제, 동료와 재산 분쟁이 생기거나 장사하는 사람은 주변에는 경쟁자가 생겨서 손재수가 발생한다. 따라서 절대 타인과 금전거래나 투기를 주의하고 남의 그럴듯한 제안을 받아들이지 말아야 한다. 그러나 반대로 자기 생각과 고집을 너무 부려서 결국에는 손해를 자초한다. 절대 자중하라. 자신감으로 망하기 십상이다.
- 천간으로 오는 비겁은 주변사람과 환경의 탓이요. 지지로 오는 비겁은 내 탓이다

나) 겁재운
겁재가 비견과 다른 점은 비견은 나의 행위로 대부분 일어나는 일이지만 겁재는 나의 생각과 행동보다 외부적, 즉 타인, 친구, 형제나 주변사람. 특히 가까운 친구의 영향으로 나의 길흉이 생긴다. 겁재는 재물을 분탈 당하는 현상이므로 대부분 손재수가 발생하고 주변으로부터 내 것 주고도 욕먹고 망신당한다.

- 吉運
- 새로운 일, 직업이 변화하거나, 경쟁자로부터 승리한다. 재물을 취득할 수 있으나. 나가는 것이 많아 그만큼 대가를 지불해야 한다. 독식하지 못하고 분배의 원칙을 따르게 된다.

- 凶運
- 남자는 처가 외도를 하거나 본인도 외도를 하게 되어, 이혼, 송사, 가정파탄을 하게 된다. 특히 애정관계에 무책임한 일을 벌여서 패가망신한다.
- 친구나 주변의 권고에 의해 자기와 관계없었던 새로운 일에 투기를 하거나 동업 제의를 받게 된다. 재다신약 사주에 겁재를 용신하는 경우를 빼고는 거의 흉하다.

2) 食傷年運
새로운 변화를 모색하게 되고, 생산, 판매 등 외부활동이 왕성해져서 에너지 소모로 인해 체력이 약해지는 반면 식욕이 왕성할 수 있다. 연구, 생산, 발명, 활동, 배달, 점포확장, 자식문제, 아랫사람에 관한 일들이 발생한다.

가) 식신운

식신은 길신이므로 활동, 사교, 교육, 연구, 준비, 나눔, 객식구가 늘어난다. 식신은 대체로 신왕하여 재관이 없을 때 설기하는 용도와 일간이 유근하고 인성이 없으면서 살이 태왕 할 때 제살의 용도로 쓰이며 일간이 강하고 재성이 미약할 때 식신생재의 용도로 쓰인다.

- 吉運
- 재산증식, 신규사업 번창, 생산활동 증대, 토지매입(부인명의), 득자, 승진, 명예상승 등.

- 凶運
- 일간이 약하고 관인상생된 命이나. 일간이 강하여 칠살을 用하는데 식상이 지나치게 극하고 있을 때 다시 식상을 보면 흉한 것이다.
- 또 일간이 약하여 인성을 용신하는데 재성이 인성을 억제할 때 다시 식상이 오면 일간의 기운을 빼앗아 재성을 생하니 강해진 재성이 인성을 극하는 재극인이 심화되어 공부, 자격증, 문서 등에 흉한 일이 생긴다.
- 나타나는 현상은 나를 지나치게 드러내거나 무리한 의욕 등에 의한 흉한 작용으로서 사업가는 부하직원이나 자신의 언행, 새로운 진로 변경이나 확장으로 인한 손재, 도난, 좌천, 실직, 사기, 바람 등이 생긴다.

나) 상관운

상관은 정관을 극제하는 흉신으로서 상관의 길흉 관계는 식신과 대동소이하나 발생 현상은 매우 신속하게 나타나므로 상관운에는 외적으로는 똑똑해 보인다.

- 吉運
- 예능이나 학문 발전, 개혁, 변화, 확장, Two - job, 수리, 새로운 진로 개척, 교섭, 장사나 영업의 획기적 발전, 소송승소, 중개, 소개.

- 凶運

- 싸움, 다툼, 치명적 손실, 망신, 사기, 조급, 모사, 다침, 사고, 배신, 소송패소, 신용하락, 직장해고, 좌천, 실직으로 갈등, 부도, 어려움이 생기며 재물손상이 심하다. 특히 관재수가 발생한다.

- 여자는 재산을 늘리는 데는 성공하나, 남편을 미워하고 남편과 다툼, 이별, 사별로 가정이 불안해진다. 연애 중이라면 트러블로 헤어질 수도 있다. 무슨 일이든지 끝장을 보려한다.

- 학생들은 공부를 안 하고 반항, 가출이나 사고, 임신, 낙태 등으로 부모 속을 썩인다.

3) 財星年運

가) 정재운

정재는 현금이며 자산이다. 실속주의, 안전제일, 부지런, 성실, 근면, 꼼꼼해지며 투자나 투기에 대한 욕구가 발동하여 알뜰한 결과를 얻으려 한다.

- 吉運

- 일간이 강하고 관성이 약할 때 재생관이 되면 명예상승, 승진한다.

- 일간이 신강하고 식상을 용신할 때 재성을 보면 대발하여 사업이나 장사가 매우 잘되고 종업원도 헌신적이여 눈먼 돈이 들어온다.

- 일간이 강하고 인성이 강하여 관성을 지나치게 설기할 때 재성으로 관을 돕고 인성을 극제하면 자신의 노력과 근면 또는 처의 도움으로 직장에서는 승진하며 주변사람들, 귀인의 도움이 있다.

- 사업가는 투자확장 설비증설로 발전한다. 남녀 모두 연애 중이면 결혼으로 발전한다.

- 凶運

- 일간이 약한데 재성이 많아 재다신약일 때 재성을 또 보면 그야말로 욕심 때문에 스스로를 망친다. 그래서 얻어지는 돈은 내 것이 아니고 남 좋은 일만 시킨다. 병치레를 한다.

- 財剋印이 되니 그동안 나를 돕던 사람들이 등을 돌린다. 돈을 빌려주면 거의 받지

못한다. 받아도 찔끔찔끔 쓸모없이 받는다.

- 일간이 약하고 관살이 강할 때 재성을 보면 사업이 잘될 것 같아 투자하는데 고생만 하고 망한다. 관재를 당하거나 몸이 아파서 사업 감당이 안되고 결국 망하거나 손을 놓게 된다.

- 여자, 투기, 유흥, 오락, 도박 등으로 패가망신한다. 여자는 남자에 돈 주고 몸 주고 뺨맞는 일이 생긴다. 남자가 돈만 뜯어가고 딴 짓을 한다.

나) 편재운
편재는 투기, 투자, 과소비, 활동분주, 역마성, 이성교제, 무역, 아버지, 애인 등이다.

● 吉運
- 일간이 강하고 관이 약할 때 편재로 관을 생해주면 최상이다. 무역이나 부동산 투기나 투자로 인하여 횡재수가 있다.

- 직장인은 상사에게 뇌물을 쓰고 승진하며 신임을 얻어 직책이 높아지고 월급이 오른다.

- 애인이나 첩으로부터 큰 도움을 받을 수 있다. 여자는 남편이 출세한다. 남편에게 보약 먹여 건강이 회복되어 남자구실을 한다. 남편명의로 부동산을 취득하여 대박 난다.

- 인성이 旺하여 모왕자쇠일 때 재성이 인성을 극제해주면 아주 좋다. 나태하고 게으르고 일거리 없이 빈둥거리다 일거리가 생기고, 자격증과 배운 것을 써먹게 되며, 주변에 신임을 얻고 명예도 상승한다.

- 일간이 신왕하고 관성이 없거나 미약하고 식상만 있을 때 재성운이 오면 대박의 운이다. 그동안 벌려 놓은 일들이 결실을 본다. 내 밑에 수하들이 일을 잘하고 돈을 벌어준다. 적극적 투자로 큰돈을 번다. 부모로부터 유산분배도 가능하다.

● 凶運
- 일간이 약한데 인성은 없고 칠살이 극하고 있을 때 편재가 칠살을 생하면 잘 될지 알고 한 무리한 투자·투기로 인하여 사업이 망하며 뇌물먹고 수뢰죄로 관형과 망신을 당한다. 타향객지에서 돈 벌려다 몸 망치고 병만 얻는다. 본처를 두고 바람피우

다 패가망신한다.

- 일간이 약하고 살이 강하여 약한 인성에 의지하는데 편재를 보게 되면 투자 목적으로 문서를 잡았는데 사기 당하고 휴지조각이 된다. 주식투자해서 쪽박 찬다. 그동안 나를 돕던 지인들이 모두 다 등을 돌리고 인맥이 끊긴다.

- 어머니가 아프시거나 돌아가신다, 아버지가 바람피우고 엄마와 이혼한다.

- 재다신약인데 또 편재운이 오면 무리한 욕심으로 망한다, 자기 딴에는 잘하려고 하지만 과욕으로 패가망신하게 된다, 주위로부터 급전 등을 빌려서 사업한답시고 일 벌리고 쫄딱 망해서 신용불량자가 되기 쉽다.

4) 官星年運

가) 정관운

일간이 세력이 있으면 정관이 길신으로 책임감이 발동하고, 모범적인 심리가 발동하여 명예를 중시하게 된다. 정관은 법, 질서, 규율, 명예, 권위, 사회적 위치, 직위, 직책, 취직, 신용, 남자에게는 자식에 대한 일, 여자에게는 남편에 대한 일 등이 발생한다.

● 吉運

- 일간이 旺하면 관성이 용신이니 남녀불문하고 나에게 직위, 직책이 주어진다, 명예 상승, 승진, 선발, 희망하는 학교에 합격, 일이 생겨 바빠지며 신용이 상승하고 목적을 달성한다.

- 일간이 약하고 인성도 약한 중 재성이 왕할 때 정관이 개입하면 신분이 상승하고 상관으로부터 신임을 받는다, 득남한다.

- 일간도 약하고 인성도 약할 때 정관이 개입하면 매사가 순조롭게 진행된다, 건강이 회복된다, 정신이 좋아진다, 투기는 금물이고 매사에 순응하면 관청사에 길하다, 부인의 일이 잘 되고 내조가 있다.

● 凶運

- 일간이 태약할 때는 비록 정관이라도 칠살과 같다. 직장에서 해고당한다, 관재, 질병이 생긴다, 구병이 악화된다, 스트레스와 정신병을 얻는다, 재물, 신용, 모든 것에 문제가 생긴다, 남자는 자식문제로 근심이 생기고 부인이 악쓰며 덤빈다, 여자는

남편 문제로 근심이 생긴다.

- 편관이 있는데 다시 정관운 오면 여자는 부부 불화가 생긴다, 바람기가 동한다, 직업변동이 생긴다, 남편이 고집 부리고 밖에서 사기 당한다.

- 사주에 관성이 없고 식상을 쓰는데 정관운이 오면 여자는 부부 불화 이혼, 사별, 남편이 공연히 밉고 다른 남자와 비교된다, 남자는 관재, 투옥, 형액, 불의의 사고 등이 생긴다.

나) 편관운

편관은 대체로 흉함이 많다, 깜짝 놀랄 일, 사고, 횡액, 폭력, 투옥, 개혁, 변화, 재난, 도둑, 성급, 암, 질병, 다침, 죽음

- 吉運
- 일간이 태왕할 때나 羊刃이 득세할 때 편관운이 오면 직업에 변화오고 고속승진한다.

- 스스로 혁신적인 사고와 과감한 결단력으로 발전한다, 직장상사에게 인정을 받는다. 실권부서로 영전하거나 발령받는다, 금전출납이 순조롭고 신분이 상승하며 권위를 얻는다.

- 여자는 여기저기서 혼담이 들어온다, 상대를 만나면 상대가 적극적으로 나와 갑자기 결혼도 할 수 있다.

- 凶運
- 일간이 약할 때 七殺운이 오면 불안, 초조한 마음이 생기고 가정적으로는 이사할 수 있고, 사는 근거지에 변화가 온다, 집주인이 갑자기 세를 터무니없이 올려달라고 한다거나 시설물이 갑자기 고장이 난다거나 하여 할 수 없이 이사하게 된다.

- 타의에 의해 직장을 옮기거나 힘든 부서이동이 생긴다, 좌천되거나 해고의 염려가 있다. 사업자는 취급 물품을 바꾸어야 할 상황이 생긴다.

- 모든 일을 내 뜻대로 할 수 없고 타인의 압력이나 장애로 인하여 변동한다, 관재, 손재, 질병, 조난으로 고생한다, 시비, 다툼, 싸움, 폭력으로 편할 날이 없다.

- 여자는 부부불화, 별거, 이혼, 애인생김, 외도가 들통날 수 있다, 특히 건강과 질

병을 조심하지 않으면 사고가 생겨 부러지고 깨진다.

 - 학생들은 일진에게 맞고 다니며 처녀는 밤길에 강간 등을 당한다, 여자는 상대를 만나면 상대가 강압적으로 나와 의도하지 않는 억지 결혼도 하게 된다.

5) 印星年運

가) 정인운

자기중심적이 되며 생각을 많이 하고 사려 깊게 되고, 안정, 편안, 문서, 학문, 연구, 자격증, 세밀, 성찰과 고심 등에 관련된 일과 어른에 대한 봉사하는 마음이 생긴다.

● 吉運

 - 자신의 실력을 다져 내실을 도모하는 해로서 사회적이거나 외부적 활동성은 결여된다.

 - 官殺이 강하여 인성이 化殺하여 살인상생할 때 인성운이 오면 편안하고 귀인의 도움을 받고 만인의 도움을 얻는다.

 - 직장에서는 승진이 되고 새집을 장만하며 학생은 합격의 기쁨이 있고 아픈 사람은 치유가 된다, 부모로부터 유산상속도 받는다.

 - 일간이 약하고 식상이 강하여 인성으로 식상을 제화할 때 인성운이 오면 그동안 벌려 놓은 일이 완성되고 결실의 기쁨을 누린다, 실력을 인정받고 대중의 인기를 얻고 재물도 생긴다.

 - 사업가는 계약과 주문이 쇄도하고 투자, 문서취득, 재산증식, 초청장을 받고 승진한다, 멀리 떠난 사람으로부터 기다리던 소식을 받는다.

● 凶運

 - 일간이 旺하고 관성이 미약한데 인수운이 오면 일거리가 없어지고 인생무상 허무해지고 외로워지며 스트레스, 우울증, 불면증이 생긴다.

 - 남편의 월급이 줄고 사업이 안 되며 자금 압박으로 부도난다, 남편이 사업을 핑계로 집을 나가고 가출한다.

 - 마음이 복잡해지고 사색에 잠겨 갈대가 되니 유혹에 잘 넘어가 부정한 일에 빠질 수 있다.

- 식상을 쓰는데 인성운이 오면 사업가는 주문이 끊기고 수표가 부도나며 배달사고가 나며 생산라인에는 고장이 생긴다.
- 신중하게 세운 계획이 잘못되어 손재하고 파산하니 개점휴업으로 점포를 내놓게 된다.

나) 편인운

공연한 근심과 걱정, 번뇌와 불안, 인생고뇌, 수행, 자기만의 세상, 유산, 사기, 변덕, 재치와 순발력, 눈치, 질병, 실직, 학문성, 예술성, 종교성, 의술성, 자기만의 내면적 인생탐구, 지적 호기심 등에 빠지고 스스로 고립을 자처한다.

● 吉運
- 공부와 학문으로 새로운 것을 추구하나 사회성이나 외부적 활동성은 결여된다.
- 官殺이 강하여 인성이 化殺로서 살인상생할 때 편인운이 오면 편안하고 생각지 않은 도움을 얻고 새로운 기회가 오고 직장에서는 승진이 되며 월급이 오르고 갑자기 이사를 하며 특이한 자격증과 학위를 취득하고 합격의 기쁨이 있고 부모로부터 갑자기 유산상속도 받는다.
- 일간이 약하고 식상이 강하여 인성으로 식상을 제화할 때 편인운이 오면 그동안 벌려 놓은 일을 수정하여 새로운 계기를 만든다, 갑자기 좋은 소식을 받고, 사업가는 계약과 주문이 쇄도하고 투자, 문서취득, 새로운 아이디어로 히트를 친다.
- 일간이 약하고 殺이 旺하고 인수도 旺한 중 편인운이 오면 환경에 억매여 불만스러워도 순응하고 산다, 큰 발전은 없지만 그런대로 스트레스를 참으며 인내하고 산다, 여자는 남편의 가장역할에 기대어 안주한다.

● 凶運
- 偏印倒食이 되면 아주 흉운이다, 만사불성으로 죽을 수도 있다, 음독자살, 사고, 부도, 좌천, 낙방, 질병이 발병한다.
- 관이 약한 중 다시 편인이 설기하면 사회적 지위손실, 휴직, 소득이 없어짐. 집안에 틀어박혀서 인생을 고뇌하는 등 불면증이 생긴다.
- 여자는 남편이 사업 핑계로 집나가고 가출을 하거나 바람을 피우고 도박을 한다,

마음이 약해지고 사색에 잠기곤 하여 갈대가 되니 환상과 몽상의 세계에 빠져 유혹에 잘 넘어가 부정한 일과 외도에 빠질 수 있다.

✦ 9. 행운론 종합

- 대운은 그 기간 동안의 주변환경과 심리변화에 따른 인생행로의 큰 줄기이며, 세운은 당면하여 구체적으로 나타나는 사안이다. 대운이 일주의 활동무대라면 세운은 그곳에서 만나는 사람이다. 활동무대는 대운의 지지요, 사람을 만난다는 것은 주로 세운의 천간이다.

- 대운이 10년간의 사회적 성공과 실패를 말한다면 세운은 1년간의 개인적 행복과 불행을 말하고 월운은 1개월간의 희비를 말하며 일진은 매일 일어나는 가십거리와 같다.

- 대운과 세운은 반드시 같이 보아야 한다. 대운만을 보고 또는 세운만을 보고 당해 년도의 길흉화복을 논할 수는 없다.

- 대운과 세운이 천충지충되는 것을 꺼리는데 특히 대운이 세운을 충하면 흉하다. 그러나 원국에서 구함이 있으면 무방하다.

- 대운과 세운도 원명과 같이 생극제화, 한난조습, 형충회합, 공망, 神殺 등을 살핀다.

- 사주에서 격국용신이 뚜렷하고 建旺하면 흉운이더라도 크게 흔들리지 않고, 격국용신이 미약하면 운에 따라 길흉화복이 크게 엇갈린다. 신약한 명조는 더욱 심하다.

- 개인의 신상이나 건강, 가정, 가족문제 등의 길흉을 볼 때는 억부용신을 위주로 하고, 직장이나 직업, 권위와 명예 등 사회적인 측면을 간명할 때는 格局用神을 위주로 간명한다.

- 행운에서의 통변은 그 육신의 생극제화의 관계에 따라 통변한다. 이것은 통변의 妙用을 나타내는 아주 중요한 것이다. 예를 들자면 財星이 喜用神인데 재성운이 온다고 다 좋은 것은 아니다. 내담자가 만약 "직장상사가 나의 진급을 도와준다고 약속했는데 그 도움으로 진급되겠습니까?"라고 물었다면 직장상사의 도움으로는 진급을 못 한다. 財運이 와서 財生官하는 명조라면 자신의 노력으로 진

급한다. 또 官이 喜用神이라 하더라도 官運에는 형제의 도움은 받지 못한다. 비록 형제가 도와준다고 약속을 하였다고 하더라도 어느 한순간 잘못되는 수가 있다. 比劫이 희용신이라 하더라도 비겁운에는 처나 부친의 도움을 기대해서는 안 된다. 子女 갖기를 원하는 여자가 비록 용신이 편인이더라도 편인운에는 소원을 이루기에는 장애가 많다. 하지만 喜用神운이기에 발복은 한다.

✦ 10. 사주예문

예1)

乙 丙 甲 戊
未 寅 寅 午
丙丁戊己庚辛壬癸 10대운
午未申酉戌亥子丑

- 곤명 36세
- 격국 - 편인격(印比食 구조의 전문가유형 사주, 편인도식)
- 용신 - 식신 戊土(火土金 吉, 水木 凶)
- 가족관계 - 30세(丁亥년)결혼, 아들, 딸 있음(유약함)
- 직업 - 감정평가사
- 학력 - 부동산학 석사, 부동산학 박사 중
- 木火土로 조열한 체질이나 대운에서 金水운을 가지므로 체질적으로 조후에 따른 문제는 발생하지 않고 있음
- 亥대운 임진 계사년에 직장상사와의 부적절한 관계로 가정적 문제가 발생했음

예2)

戊 庚 甲 戊
寅 申 子 午
丙丁戊己庚辛壬癸 5대운
辰巳午未申酉戌亥

- 곤명 36세
- 격국 – 상관격(편재격)
- 용신 – 편인 戊土(火土 吉, 金水木 凶)
- 가족관계 – 전남편과의 사이에 2남 1녀 있음, 불화로 별거 중 전남편과 현재 이혼이 정리되지 않았음. 壬辰년 새 남자를 만나 동거하여 癸巳년 癸亥월 癸卯일 丁巳시에 유복자(아들) 낳음
- 직업 – 현재 유흥업소 종사
- 학력 – 고졸
- 동거남이 룸살롱과 음료수 대리점을 운영했으나 사업부진과 사채의 늪에 빠져 庚申대운 癸巳년 辛酉월 낚시터에서 음독자살했음

5장. 월지 통변술

우주 만물은 모두 그 모체가 있으니 인간의 모체는 어머니이다. 어머니는 陰이므로 陽이 있어야 생명을 잉태하는 법이니 아버지는 곧 태양(해)이 되며 어머니는 태음(달)이 된다. 한 사람이 탄생하기 위해서는 아버지와 어머니로 부터 X, Y 염색체에 의한 DNA를 물려받고 그 유전자에 따라 두뇌구조와 인체장부를 형성하게 되는 것이다. 어머니는 나를 잉태하기 위해서 월경을 하는 것이니 그로 인하여 새 생명이 시작되는 것이다.

이렇듯이 사주에서 인간의 모체에 해당하는 일간의 뿌리와 근거는 월지가 되는 것이다. 잉태의 조건이 모체의 월경이듯이 일간의 본성은 월지와의 밀접한 관계에 의해서 오장육부는 물론 기본적 성격과 스타일도 결정됨을 알 수가 있다.

태양과 지구의 공전과 자전에 의하여 시간이 흐르므로 사주에서 年柱는 먼 과거요, 月柱는 가까운 과거이고, 日柱는 오늘의 현재이며, 時柱는 그 시점부터 출발하는 미래이다. 그러므로 사주에서 시간의 흐름의 연속성 속에 인간의 세대를 이어가는 과정을 대입한다면 年柱는 日柱가 존재하기 위한 먼 과거이므로 조부모를 의미하고 月柱는 부모를 의미하며 日柱는 현재의 나와 배우자를 의미하며 時柱는 나로부터 미래로 이어지는 자녀를 의미한다.

오늘의 내가 있기 위해서는 부모가 있었으며 위에서도 밝힌 바와 같이 나는 부모가 물려준 유전자대로 생기는 것이니 일간과 월지와의 관계에 의하여 근본적으로 그 사람이 어떤 격(스타일)인가를 감정을 하는 것은 당연하다.

사주에서 월지의 힘은 단지 몇%로 논할 수도 있지만 월지는 사실 사주 내의 간지를 종합적으로 지배하고 통솔하는 生, 剋, 助, 洩, 分의 작용력을 지녔다.

日干을 대비하여 月支가
* 인수(生)이면 인수와 편인의 조화력과 이론구성이 우선된다.
* 관성(剋)이면 정관과 편관의 절제와 통제능력이 우선된다.
* 비겁(助)이면 비견과 겁재의 자기 본위와 본능이 우선된다.
* 식상(洩)이면 식신과 상관의 희생과 봉사와 재능이 우선된다.
* 재성(分)이면 정재와 편재의 소유 및 관리와 욕망이 우선된다.

그러므로 일간과 월지의 작용에 의해 한 사주의 기본적인 구조를 분석하여 성격 및 직업, 가정환경, 사고체계 등을 다각적으로 분석할 수 있는 것이며 그와 함께 사주 내 육친으로 구성되는 혈연관계에 대한 각자의 선천성의 근본과 바탕을 알 수 있고, 기타 간지를 대입하여 포괄적인 내적, 외적 성향을 추정하여 사회적 능력관계를 살피고 또, 일간에게 어떤 영향을 끼치는지 알 수 있는 것이다.

✦ 1. 월지 통변의 원리

일간은 월지에서 출생하니 사주에서는 월지의 작용력이 제일 우선시 된다. 일간 이외에 사주에 있는 모든 육친은 혈연관계이며 이를 월지에 대입하는 것으로 그 혈연의 근본적인 성향에 대한 패턴을 파악할 수 있다.

천간에 투출되어 있는 육친들을 월지에 대입하여 해당 육친의 근본적 성향을 파악하는데 참고할 것은 천간에 투간되지 않은 육신이라도 천간에 투간되어 있는 것으로 가정하고 월지에 대입한 다음 그에 따른 십성의 관계로 근본을 파악하면 된다.

예1) 女命
辛 丁 丙 丁
亥 卯 午 未

위 사주는 정화일간이 오월에 출생했으니 비견이 자신의 근본이며 바탕이다. 그러므로 자기주도적인 힘과 財를 지배하는 능력을 우선적으로 부여받았다. 누가 간섭하거나 통제하기 이전에 자신이 능동적으로 개척하려는 성향이며 그러기에 오히려 관성의 통제를 필요로 한다.

일반적으로 볼 때 위 사주에서 부친이 되는 편재는 辛金이다. 辛金에게 월지의 午火는 편관이니 부친(辛金)의 근본은 편관(午火)에 있게 된다. 부친의 입장에서는 왕한 官星의 지배를 받고 있으니 관살격으로 연지 未土 偏印이 필요하니 학위를 취득해야 하고, 시지 亥水로 水剋火해야 하니 식상을 사용하는 직업일 것이다. 즉 관성은 직장인, 인성은 학문, 식상은 교육, 기술, 어문학 등 말을 하는 교육자 등으로 추정할 수 있다.

모친은 甲木으로 사주 명식에 투간되지 않았다. 이럴 때는 甲木이 있는 것으로 가정한 다음, 월지에 대입한다. 甲木 인수 모친은 월지 午火를 바탕으로 하면 상관격이며 인성 亥水가 필요하다. 甲木 입장에서 亥수가 필요한 용신으로 학문을 하고 식상이 旺하니 상관패인이 된 경우이다. 그러므로 전문직으로 교육계이거나 예능계일 것이다.

남편은 정관 壬水가 되니 월지 午火를 근본바탕으로 대입하면 정재격이 된다.

자식은 戊己 土가 되니 午火를 근본으로 대입해 본다면 인수격이 되니 이 사람은 자식의 교육에 집착하여 공부를 많이 시키게 될 것이다.

예2) 男命

乙 戊 庚 甲
卯 申 午 申

위 사주는 戊土 일간이 월지 午火로 인수격이 된다. 戊土는 인수의 조화력과 이론구성의 능력을 바탕으로 태어났다. 인성은 학문과 전통 예절과 고지식함이 있으며 자상한 품성이 기본이다.

이 사주에서 모친을 본다면 정인 丁火가 투간되지 않았으나 丁火가 있다고 가정을 하고 월지 午火에 대입하면 비견격이 되니 모친은 생활력이 강하고 주관이 강하며 집안의 가사를 책임지고 자식에게 희생적 사랑과 교육을 하였을 것이다.

부친을 본다면 편재 壬水가 투간되지 않았으나 壬水가 투간하였다고 가정하고 월지午火와 대입하니 정재격이 되므로 안정된 급여생활자로 검소한 노력형이며 성실한 사람일 것이다.

자식은 木 관성이니 연간의 甲木 偏官은 아들로 월지 오화를 근본으로 대입하면 상관격이며, 시간의 乙木 正官은 딸로 월지 午火와 대비하면 식신격이 된다.

아내는 정재 癸水로 투간되지 않았으나 癸水가 투간하였다고 가정하여 월지 午火에 대입하면 편재격이 되니 사업가 집안에서 성장하였고 수완 요령이 좋으며 재물에 관심이 많을 것이다.

이처럼 하나의 사주에서 일간뿐만 아니라 모든 육친관계를 설정하여 그 육친이 사주의 월지와 대비하여 무슨 격에 해당하는가를 고찰한 후 통변하는 것을 월지 통변술이라고 한다. 즉, 혈연관계의 오행을 추출하여 월지와 대입하여 설정되는 십성의 형태에 따라 그 대상 혈연의 근본적 스타일과 성정 사회적 활동관계를 가늠하여 보는 것이다.

월지 통변술은 육신의 상호관계와 작용력을 숙지함을 제일 필요로 하게 되니 비겁은 재를 극하되 비견은 정재와는 유정의 극이며, 겁재는 정재와는 무정의 극이고, 甲木 일간이 戊土 편재를 보면 음양이 같으니 무정의 극이며, 甲木일간이 己土 정재를 보면 유정의 극이 되는 것이다.

이와 같이 열 개의 천간이 열두 개의 지지를 바탕으로 할 때, 음양에 따라서 각기 그 바탕이 달라지며 生, 剋, 助, 泄, 分의 조화와 지배의 능력이 다르게 나타나는 것을 잘 이해하여 추론하여야 한다.

〈참고사항〉
육친대입 시 성별에 따라 음양을 다르게 대입해야 한다.
* 甲木의 남자라면 형제가 甲木이고, 누이는 乙木이 된다.
* 乙木의 남자라면 형제가 乙木이고, 누이는 甲木이 된다.
* 남자가 양간으로 태어났을 경우, 혈연관계의 모든 남자는 양간으로, 여자는 음간으로 대입한다.
* 남자가 음간으로 태어났을 경우, 혈연관계의 모든 남자는 음간으로, 여자는 양간으로 대입한다.
* 여자가 음간으로 태어났을 경우, 혈연관계의 모든 남자는 양간으로, 여자는 음간으로 대입한다.
* 여자가 양간으로 태어났을 경우, 혈연관계의 모든 남자는 음간으로, 여자는 양간으로 대입한다.

그러나 사주 내에 있는 오행의 작용은 양간이라도 음간의 작용을 대신하고, 음간이라도 양간의 역할을 대신하게 되는 일반적인 이치는 잊지말아야 한다.

✦ 2. 남녀의 육친 관계

1) 남자의 육친 관계

- 모친 = 정인 – 자식을 기르고 희생한다.
- 부친 = 편재 – 자식은 아버지를 극하여 힘들게 한다.
- 형제 = 비견 – 서로 돕지만 나누어 가지게 된다.
- 자매 = 겁재 – 출가외인으로 도둑이다.
- 처 = 정재 – 내가 다스리나 유정하다.
- 장모 = 상관 – 나는 장모에게 애교를 떨고 좋아한다.
- 장인 = 편인 – 사위에게 잘해 주려 한다.
- 아들 = 편관 – 내가 아버지를 극하듯 아들도 나를 극한다.
- 딸 = 정관 – 나를 극하나 유정하다.
- 자부 = 겁재 – 며느리는 나와 비슷하나 도둑이다.
- 사위 = 식신 – 나는 사위에게는 양보하게 된다.
- 조부 = 편인 – 할아버지는 나를 귀여워해 주신다.
- 조모 = 상관 – 나는 할머니 앞에서 재롱을 잘 떤다.
- 손자 = 식신 – 손자도 내 자손이니 모두 다 양보한다.
- 손녀 = 상관 – 손녀는 애교를 잘 부리니 키울 때는 예쁘다.
- 고모 = 정재 – 아버지와 같은 항렬이다.
- 처재 = 정재 – 처와 같은 오행이다.
- 처남 = 편재 – 처가 정재니 처남은 편재가 된다.
- 외조부 = 식신 – 언제나 편안히 모신다.
- 외조모 = 정관 – 엄마를 힘들게 하지 말라고 나를 다스린다.

2) 여자의 육친 관계

- 모친 = 편인 - 나를 기르고 양육한다.
- 부친 = 정재 - 내가 부친을 극하나 유정하다.
- 자매 = 비견 - 서로 돕지만 나누기도 한다.
- 남매 = 겁재 - 남매지만 성별이 달라 출가 후 다르게 산다.
- 남편 = 정관 - 나를 극하며 소유하나 유정하다.
- 조부 = 정인 - 손녀를 예뻐한다.
- 조모 = 식신 - 할머니에게 사랑받고 또 거든다.
- 시부 = 겁재 - 나와 같은 오행이라 친하다.
- 시모 = 편재 - 아들과 떼어놓기 위해 내가 극한다.
- 시숙 = 정관 - 제수에게 예의를 잘 갖춘다.
- 시누이 = 편관 - 나를 극하여 힘들게 하는 것이 올케다.
- 아들 = 상관 - 아들 키우느라 남편 눈치를 보게 된다.
- 딸 = 식신 - 정을 주지만 내 힘을 빼간다.
- 며느리 = 편관 - 며느리가 아들을 차지하기 위해 나를 극한다.
- 사위 = 인수 - 사위도 자식이나 웃어른처럼 백년 손님과 같다.
- 친손자 = 인수 - 손자가 상전이다.
- 손녀 = 편인 - 손녀는 새롭게 배우며 살게 된다.
- 외조부 = 상관 - 애교 떨어 용돈을 탄다.
- 외조모 = 편관 - 자기 딸(엄마)을 힘들게 할까봐 째려본다.

3) 음양에 따른 육친 관계의 설정

앞에서도 설명했지만 일반적인 사주통변은 음양의 존재와 성패 여부에 따라 자연적인 해석이 된다. 그러나 월지를 통한 이기통변에서는 아래 원칙을 준수하여야 정확성이 높다.

가) 남자일 때

성별이 같은 때는 언제나 음양이 같다. 예로 할아버지, 아버지, 장인, 아들, 손자, 사위, 형제 등은 모두 남성이므로 육신은 달라도 언제나 음양이 같은 간이 된다. 예를 들어 甲일간의 남자일 때, 장인이라면 아내가 정재로서 己土이고 己土의 재성 水가 장인이 되는데, 장인은 남자이니 음양이 같은 壬水가 되는 것이다.(陽일간이면 陽干)

반대로 같은 성별이 아닐 때는 육신은 달라도 반드시 음양이 다른 간이 된다. 어머니, 할머니, 누이, 고모, 이모, 처, 딸, 손녀 등은 일간과 음양이 반대되는 간이 된다.(陽干이면 陰干)

나) 여자일 때

친인척이 동성일 때는 陰일간이면 陰干이 되고 陽일간이면 陽干에 해당하는 육신이 된다. 예를 들어 辛일간의 딸은 음양이 같은 癸수이다. 또 癸水의 딸은 乙木이니 乙목은 辛일간에게는 외손녀가 된다. 庚일간에게 딸은 壬水이다. 또 壬수의 딸은 甲목이니 庚일간에게 甲목은 외손녀가 된다.

✦ 3. 월지의 분석

월지를 기준으로 사주 명식을 분석하는 기법과 통변을 위한 기본법을 익히도록 하자.

- 사주 내의 어떠한 혈연관계의 육신이라도 월지에 대입하여 본다.
- 천간으로 투간하지 않았거나 없는 干은 있다고 가정하고 월지에 대입하여 보도록 하라.
- 천간에 투간된 육신은 일간과 곧바로 월지에 대입하여 본다.
- 지지에만 있는 육신은 천간으로 투간되었다고 가정하고 보라.

예) 男

丙 癸 乙 辛
辰 亥 未 卯

❶ 투출된 육신의 예

* 시간의 丙火는 정재로 처다. 처의 입장에서 월지 未土는 상관이다.
* 월간의 乙木 식신은 사위다. 사위의 입장에서 未土 편재이다.

* 연간의 辛金은 편인이니 조부다. 조부의 입장에서 월지 未土는 편인이다.

❷ 투출되지 않은 육신의 예
癸水 일간의 부친 – 편재 丁火

○	丁	○	○
○	○	未	○

위 사주 癸水일간의 부친은 丁火다. 丁火가 투간되어 있지 않으니 癸水일간의 자리에 丁화가 있다고 가정을 하고 보면 丁火의 입장에서는 월지 未土가 식신이 된다. 즉 부친의 근본이 식신이니 온후하고 식록이 풍요로운 사람이었다는 것이다.

癸水 일간의 딸 – 정관 戊土

○	戊	○	○
○	○	未	○

위 사주 癸水일간의 딸은 정관 戊土다. 戊土가 투간되어 있지 않으니 일간 癸水의 자리에 戊土를 대치한다면 월지 未土는 겁재가 된다. 즉 딸은 겁재를 근본으로 한 사람이니 저돌적이고 자존심이 강한 사람이다. 또 관성이 필요한 용신으로 직장생활에 알맞겠다고 판단할 수 있다.

癸水 일간의 모친 – 인수 庚金

○	庚	○	○
○	○	未	○

위 사주 癸水일간의 모친은 庚金이다. 庚金이 투간되어 있지 않으니 일간 癸水의 자리에 庚金이 있는 것으로 대치하면 월지 未土는 인수이다. 모친은 인수를 근본으로 전통과 예절을 중시하고 매사 순리에 부응하도록 하는 교육자적 기질이 있는 분이다. 다만, 인수격은 자식에게 엄격하고 냉정한 면도 함께 한다.

〈육신 대입 연습〉

연습1) 男

丙　癸　乙　辛

辰　亥　未　卯

아버지의 월지육신	(丁 : 식신)	어머니의 월지육신	(庚 : 정인)
자매의 월지육신	(　　)	형제의 월지육신	(　　)
아내의 월지육신	(　　)	손녀의 월지육신	(　　)
장모의 월지육신	(　　)	아들의 월지육신	(　　)
딸의 월지육신	(　　)	자부의 월지육신	(　　)
사위의 월지육신	(　　)	손자의 월지육신	(　　)
외조부의 월지육신	(　　)	외조모의 월지육신	(　　)
외숙의 월지육신	(　　)	외숙모의 월지육신	(　　)
이모부의 월지육신	(　　)	외손녀의 월지육신	(　　)
자부의 부의 월지육신	(　　)	자부의 모의 월지육신	(　　)
딸의 시부의 월지육신	(　　)	딸의 시모의 월지육신	(　　)

연습2) 女

甲　乙　己　庚

申　巳　卯　子

아버지의 월지육신	(戊 : 정관)	어머니의 월지육신	(癸 : 식신)
자매의 월지육신	(　　)	남매의 월지육신	(　　)
남편의 월지육신	(　　)	시누이의 월지육신	(　　)
시숙의 월지육신	(　　)	시부의 월지육신	(　　)
시모의 월지육신	(　　)	아들의 월지육신	(　　)
딸의 월지육신	(　　)	자부의 월지육신	(　　)
사위의 월지육신	(　　)	손자의 월지육신	(　　)
손녀의 월지육신	(　　)	시조부의 월지육신	(　　)

시조모의 월지육신　　（　　　）　　시누남편의 월지육신 （　　　　）
외조부의 월지육신　　（　　　）　　외조모의 월지육신　（　　　）
외숙부의 월지육신　　（　　　）　　외숙모의 월지육신　（　　　）
이모부의 월지육신　　（　　　）　　외손녀의 월지육신　（　　　）
자부의 월지육신　　　（　　　）　　자부의 모의 월지육신 （　　　）
딸의 시부의 월지육신 （　　　）　　딸의 시모의 월지육신 （　　　）

✦ 4. 월지 육신에 따른 근본 특징

1) 월지 비견

- 월지 비견은 장남·장녀이거나 차자라도 장자역할을 한다.
- 민가출생으로 자수성가하는 형이다.
- 여자 월지 비견은 식상을 생하니 자식은 착하고 잘 된다.
- 자존심이 강하고 승부욕이 강하다.
- 대립관계와 경쟁이 많이 따른다.
- 공부하는 데 장애가 있다. 인성의 간섭을 싫어한다.
- 사람이 많이 모이고 거느리는 형이다.
- 사람을 끌어들이는 매력이 있다. 특히 비견 도화가 될 때.
- 자유업에 종사하며 직업의 변화가 많다.
- 여자는 남편에게 잘못을 비는 법이 없다.

2) 월지 겁재

- 장남, 장녀의 역할을 하게 된다.
- 반드시 자수성가한다.
- 여자는 똑똑한 자식을 둔다.
- 승부욕이 강하다.
- 남자 월지 비겁은 자식을 낳으면 일이 풀린다.(官용신)
- 암투가 많고 시기와 경쟁이 많다.(뺏고 빼앗기는 일)

- 비견과 비슷하며 도벽심과 이질감이 많게 된다.
- 월지 겁재의 남자 재를 극하여 부모와 인연이 박하다.
- 돈을 벌어도 나누어 쓰게 되며 재물관리가 잘 안 된다.
- 여자 월지 비겁은 여자들과 거래가 많고 전화요금도 많이 나온다.
- 여자는 고부갈등이 잠복해 있다.

3) 월지 식신

- 인품이 수려하고 후덕하며 어질다.
- 식신생재를 하면 식복과 재물복이 좋다.
- 여자는 음식 솜씨가 좋고 명랑한 형이다.
- 풍류를 즐기고 사람을 잘 다룬다.
- 월지 식상의 여자는 남편 덕이 부실하고 키가 작다.
- 월지 식상의 남자는 자식이 부실하고 효도받기 어렵다.
- 남자는 육영사업 공부를 하면 좋고 아내는 돈을 벌어야 한다.
- 월지 식상이면 관에 예속되기 싫어한다.
- 남자 월지 식신이면 장모 덕이 많다.
- 할머니가 가권을 주도하고 조부는 풍류를 즐긴다.
- 초년 할머니 밑에서 자란다.

4) 월지 상관

- 월지 식상이면 인물이 예쁘다. 멋을 부린다.
- 월지가 상관인 사람은 머리회전이 빠르다.
- 매사 호기심이 많고 싫증을 빨리 느낀다.
- 제멋대로 하고 말썽을 잘 부린다.
- 말솜씨가 뛰어나며 애교가 있고 변덕이 심하다.
- 월지 子·午·卯·酉는 이중성을 가지고 있다.
- 남자 월지가 상관이면 관을 치니 자식 얻기가 어렵다.
- 남자 상관생재로 자식을 극하고 돈을 만들려고 한다.
- 남자 자식에게 신경을 안 쓰니 효도를 바라지 마라.

5) 월지 정재

- 여자는 남편의 내조를 잘한다.
- 언행이 단정하고 근면성실하며 검소한 형이다.
- 구두쇠형이고 인색하다.
- 안정을 추구하며 노력의 결과를 보람있게 여긴다.
- 남자 정재격이면 현모양처를 얻고 처가 가권을 주도한다.
- 부모에게 유산을 받을 수 있다.
- 월지 재가 인수를 극하니 모친은 허약하다.
- 재성을 통치하면 인수를 극하니 공부와는 인연이 없다.
- 월지 정재는 부친이 자수성가하며 모친은 순종적이다.

6) 월지 편재

- 사업가 출신이나 장사기질이 강하다.
- 내·외국출입으로 돌아다니며 활동하는 사람이다.
- 재물집착이 남다르게 강할 수 있다.
- 여자는 남편을 출세시키려는 욕망이 강하다.
- 여자는 친정보다 못한 집으로 출가한다.
- 여자는 잘 살아도 재가 인수를 극하여 친정이 발전을 못한다.
- 모친을 극하여 모친이 병약하거나 부친이 재혼, 외도하게 된다.
- 편재는 집 밖의 여자니 바람둥이 소질이 다분히 많다.
- 인수를 극해서 공부하는데 문제가 잘 따른다.
- 재가 인수를 극하니 글씨를 잘 못 쓴다.
- 배운 지식을 널리 활용하기 어렵다.
- 의외의 횡재수가 잘 따른다.

7) 월지 정관

- 월지 정관은 명문가 출생이 많다.
- 가정교육이 훌륭하고 부모에게 효도한다.
- 정직하고 법을 준수하고 명예로움을 우선한다.

- 여자는 결혼 전 직장생활 한 사람이다.
- 비겁을 극하니 친구를 잘 안 만든다.
- 주어진 일에 책임을 완수하고 절제력이 있다.
- 월지 관성인 여자는 자식을 낳아야 돈이 들어온다.(식상제살)
- 월지 정관인 사람의 부친은 직장을 잘 그만둔다.(편재에게 상관)
- 재물보다 명분과 명예를 중시한다.
- 생활이 단조롭고 규칙적이며 보수적이다.

8) 월지 편관

- 감투를 좋아하고 권력에 집착한다.
- 공직이나 무관, 정치나 종교계 지도자형이다.
- 생각보다 수단이 좋고 권모술수에 능하다.
- 월지 편관의 여자는 성격이 강하고 냉정하다.
- 언제 어디서나 자신이 대장 노릇을 하려고 한다.
- 월지 편관인 여자는 갑작스럽게 결혼한다.
- 자신의 명예에는 목숨을 건다.
- 비겁을 극하니 형제가 성공해도 덕을 못 본다.
- 비겁 친구를 극하니 성공과는 상관없이 항상 외롭다.
- 자식이 극성스럽고 재물에 관심이 많다.
- 허세를 잘 부리고 허풍이 심한 사람이다.
- 타인을 잘 윽박지르고 억압하는 타입이다.

9) 월지 정인

- 도덕성을 앞세우며 존경받는다.
- 예의 바르고 인자하며 엄격하다.
- 모든 일을 순서대로 정확하게 하며 보수적이다.
- 마음 속으로도 나쁜 것을 생각을 하지 않는다.
- 월지 인수의 여자는 자식에게 거부반응이 있다.
- 인수가 많은 여자는 자식에게 매정하다. 잘 안아주지 않는다.

- 남자사주 월지가 인성이면 자식이 머리가 좋다.(자식에게는 식상)
- 남자사주 월지에 인수면 성장 시 모친의 힘과 영향이 절대적이다.
- 인수는 너무 완벽함을 추구하여 일을 그르치는 경우도 있다.
- 인수는 남에게 잔소리와 훈계를 잘 한다.

10) 월지 편인

- 수단가이며 기술이 좋다.
- 모친 운이 불리하고 남의 집에서 상장할 수 있다.
- 재치가 있고 순간발상이 뛰어나며 임기응변에 능통하다.
- 싫증을 잘 내고 변덕스러우며 괴팍하다.
- 여자 월지 편인은 남자를 애기 다루듯이 한다.
- 남자들이 어머니 같이 좋아한다.(인성은 어머니 같아서)
- 인성이 旺하면 자식에게는 냉정하며 무정하다.
- 공상과 상상이 많고 밤에 잠을 안 잔다.
- 월지가 인성이면 할머니를 힘들게 한다.(상관을 인성이 극하여)
- 야행성으로 밤에 활동한다.(연예계)
- 잡기에 능하고 도박을 즐긴다.

✦ 5. 월지로 본 친인척들의 본성

위에서 예시한 대로 투간한 干과 투간하지 않은 干까지 혈연관계를 월지와 육신을 대입하여 그 근본과 본성을 논하여 보도록 하라.

예1) 월지 정재의 남자

癸 癸 辛 乙
丑 巳 巳 未

- 처 (丙) : 월지 비견으로 가권을 쥔다. 주장이 강하다.
- 아들 (己) : 공부를 잘 하고 착하고 반듯하며 어머니에게 순종한다.

- 딸 (戊) : 문학예술에 소질이 있고 밤에 잘 안 잔다.
- 부친 (丁) : 의지가 강한 사람으로 초년에 고생하고 자수성가한다.
- 모친 (庚) : 칼칼한 성격이며 포용력이 있으나 냉정하다.
- 조부 (辛) : 인품이 고결하고 정직하며 공직계이고 참을성이 많다.
- 조모 (甲) : 어질고 중후하며 아름답다. 건강은 약하다.
- 장모 (甲) : 아량을 베푸는 후덕한 사람이나 남편 덕은 부실하다.
- 장인 (辛) : 명예를 존중하는 가문의 출생으로 모범적인 사람이다.

예2) 월지 정재의 여자

庚　庚　乙　癸
辰　申　卯　亥

- 남편 (丁) : 교육, 기술계이며 임기응변에 능한 사람일 것이다.
- 부친 (乙) : 의지가 강하고 건강하며 직업 변화가 많다.
- 모친 (戊) : 명문가 출생으로 바른 사람이며 남편에게 복종하는 형이다.
- 아들 (癸) : 머리가 좋고 명랑하며 인품이 좋은 교육자 기질이다.
- 딸 (壬) : 아름답고 여우같으며 변덕스럽고 머리가 좋다.
- 조부 (己) : 명예를 중시하고 성깔 있고 억압하는 형이다.
- 조모 (壬) : 외모가 아름답고 언변이 좋고 변덕스러운 사람이다.
- 시부 (辛) : 호걸의 기질의 사업가로 풍류가의 면이 있다.
- 시모 (甲) : 의지가 강하고 지기 싫어하며 자식에게는 헌신적이다.

* 자신의 사주로 월지대비 친인척들의 본성을 설명하라.

時	日	月	年

* 처　( ) :

* 아들 ( ) :

* 딸　　( ) :
* 부친 ( ) :
* 모친 ( ) :
* 조부 ( ) :
* 조모 ( ) :
* 장모 ( ) :
* 장인 ( ) :

6장. 사주에 따른 성정과 심리[3]

이 시대는 심리의 시대이다. 인간사의 모든 문제는 심리에 기인한다 해도 과언이 아니다. 일간의 감정과 성정 및 심리를 십성을 통하여 파악하면 내담자를 좀 더 정확히 알 수 있다. 십성은 사주 명조를 분석하는 세밀한 자료로서 이를 통하여 내담자의 생각과 행동하는 것이 무엇인가를 정확하게 알 수 있으며 대세운에 따른 행보를 파악하여 과거의 행적 및 미래의 선택을 알 수 있다.

✦ 1. 십성의 성정과 심리

(비겁) 본능계 영역, 육체미, 자아의 욕구, 인간관계가치 중시, 체력

자신감이 있고 의욕적이다.	소유욕과 의심이 많다.
판을 벌이고 싶어 한다.	財를 자기 마음대로 하려 한다.
시작하고 싶은 마음.	능동적인데 조급하다.
책임감이 강하고 당당하다.	질투심이 많다.

(식상) 감정계 영역, 세련미, 친화의 욕구, 활동가치 중시, 기술력

알고 싶고 원하는 마음이다.	남에게 간섭이나 참견을 잘 한다.
감각으로 느끼고 싶어 한다.	사치성과 소비심리가 있다.

---

3) 김배성, 『사주심리치료학』, 2004, 도서출판창해, pp.199-227, 333-355 참조.

서비스하는 마음이다. 버릇없고 말을 함부로 한다.
활동적이고 적극적이다. 싫증을 잘 느낀다.

(재성) 욕망계 영역, 노련미, 실현의 욕구, 재산가치 중시, 재력

소유욕구로 인한 목표가 생긴다. 물질로 해결하려 한다.
활동하고 싶은 마음이다. 재운에는 돌아다닌다.
손익 계산을 할 수 있다. 화나면 부인에게 화풀이한다.
느껴야 되는 욕망의 마음. 돈을 쓰며 스트레스를 푼다.
관리하고자 한다. 부드럽고 유연하다.

(관성) 통제계 영역, 절제미, 안정의 욕구, 명예가치 중시, 권력

자기 성찰력이 발현된다. 완장 차는 것을 좋아한다.
생산성의 에너지가 발현된다. 뻐기고 으스대나 절도가 있다.
판단력과 분별력이 뚜렷하다. 권위의식이 강하게 있다.
인내심이 강하게 된다. 대장 노릇을 하려 한다.

(인성) 사고계 영역, 지성미, 생리적 욕구, 실적가치 중시, 학력

교훈에 잘 따르며 받아들인다. 고지식하여 답답할 수 있다.
사고력이 확연하다. 융통성이 부족하여 진행이 늦다.
교양과 양식을 소유한다. 원리원칙을 고수한다.
전통을 지키고 계승한다. 심리적 반발심이 내재되어 있다.
자상하다.

1) 비견 – 동질과 독립성

비견은 자신감과 성취욕이 강하여 추진력이 좋은 반면, 자존심이 강하여 승부욕이 매우 강하고 타인에게 지기를 싫어한다. 고집이 세서 남의 말을 듣지 않고 자기주관 대로 일을 처리하며 상대를 무시하는 성향이 강하다. 그러기 때문에 종종 타인과 불화, 쟁론을 초래하는 일이 잦다.

命에 비견이 많으면 재성을 극하는 기질로 형제·자매와 불화하고 배우자와도 불화가 많고 이별하는 수가 있다.

비견격은 재물에 대한 의욕이 많으니 남에게 주기보다는 내 것으로 만들어야 직성이 풀리는 근성이 있지만 비견이 왕하면 탈재현상으로 재물의 지출도 매우 심하게 된다. 하지만 신왕하고 식신과 재성이 생조를 이루면 사업수완이 대단히 좋아서 큰 부를 이루기도 한다.

2) 겁재 – 이질과 독단성

겁재는 자신감이 넘치고 강자에게는 강하고 약자에게는 약하며 독립정신이 강하다. 신약한 사주는 비견보다 더 좋은 역할을 하고 길성이면 의학계, 기자, 사업 등으로 성공한다.

겁재격의 기질은 남을 시기하고 질투하며 처를 극하고 구속하는 것을 좋아한다. 재물에 대한 욕심이 지나쳐 다른 사람의 것은 물론, 부모 형제의 것을 가리지 않고 탐한다. 사주의 구성이 나쁘면 사기성이 농후하며 도벽심이 강하고 한탕주의가 있어 도박이나 투기로 패가망신하는 경우도 생긴다. 비견과 동일한 성향이 많다.

3) 식신 – 희생과 창조성

식신은 신체가 풍만하고 성품은 명랑하며 예의가 바르고 활동력도 왕성하니 모든 사람에게 호감을 주는 형으로 대인관계가 원만하다. 미식가로서 풍류를 즐길 줄 알며 부지런하고 사교술과 외교술은 물론 처세술이 좋아 어려운 업무가 주어져도 능히 헤쳐나가는 스타일이다. 식신격은 봉사와 희생정신이 강하니 인간적 자산이 넓고 안정되어 폭 넓은 사회 활동을 한다. 그러나 식신이 과다하면 허황된 꿈을 쫓거나 편굴, 편협하게 되며 경솔한 행동을 남발하여 실수를 하기 쉽다.

4) 상관 – 예술과 모방성

상관은 멋쟁이고 미인이며 재주가 비상하고 예술적 성향이 강하니 문장력이 뛰어나 문예가로 성공하여 명성을 얻게 되고 길운에는 신속히 발전하는 경우가 많다. 상관은 감정의 기복이 심하여 매우 변덕스럽고 항상 새로운 것을 추구하는 성향이 강하여 직업변화가 많다. 구속과 억압을 싫어하기 때문에 반항심이 강하니 종종 하극상을 일으키기도 한다.

상관격은 다재다능하고 총명하며 지적인 면도 갖춘 동시에 호기심이 많아서 새로운 것을 보면 알아야 속이 풀리고 즉흥적인 행동을 잘하며 그러기에 싫증도 빨리 느낀다. 상대방을 무시하는 기질도 강하며 비판과 혹평을 서슴지 않으니 타인과 화합, 타협하기보다 일방적인 이론과 논리로 상대에게 자기주장을 관철시키려고 하는 것이 단점이다.

5) 편재 - 탐재와 유동성

편재는 수완과 요령이 좋고 사업수완이 비범하여 기업을 경영하는 능력이 우수하고 투기를 좋아하며 계산이 빠르고 인간관계 처세술이 능하다. 통이 크고 배짱이 있어 돈을 잘 벌고 잘 쓰는 스타일이며 남자는 호색가로 여자에 대한 염문도 종종 있게 되어 부부간 불화가 잦게 된다.

편재격은 활동적이고 유동적인 성질이 있어 밖에 있는 재물로 표현하며 그 흐름이 크고 거칠어서 호운을 맞으면 크게 횡재하거나 사업을 성공시켜 대부가 되는 사람도 많다. 즉흥적이며 통 큰 성격으로 봉사료 및 기부금 등 남을 돕는 일에도 후한 기질이 있다. 한편 편재는 정관에게는 인수역할을 해주기 때문에 귀성의 작용을 하기도 한다.

6) 정재격 - 노력과 실리성

정재는 경영능력이 좋고 기획한 일을 정확하게 수행하며 인품이 고귀하여 언쟁과 투쟁을 싫어한다. 가식과 꾸밈을 싫어하고 거짓을 모르는 정직하고 순박한 기질을 지니고 있다. 정재는 정확한 재산, 흔들리지 않는 재산, 부동산과 같은 재산으로 사주에 정재가 잘 자리 잡고 있는 사람은 그 재력이 견실하게 되고 재산 관리 능력이 좋아서 안정된 부를 이룬다.

정재격은 천성이 꼼꼼하고 치밀하여 실언과 실수를 하지 않으니 이해득실은 정확하지만 민첩하지 못하니 결론을 내리는 적기를 놓치는 경우가 종종 발생한다. 숫자에 정확성이 있어 경리업무, 은행업무, 회계업무, 기획 등의 일에 종사하는 사람이 많다.

7) 편관 - 결단과 행동성

편관은 결단력이 있고 대범한 면을 갖추고 있으므로 신강할 경우 군인이나 경찰, 교도관, 사법관 등에 몸담아 국가의 충신이 되는 경우가 많게 되며 맡은 업무를 훌륭하게 수행하고 대사에 과감한 추진력을 보인다. 많은 사람을 다스리거나 선봉에서 무리를 이끄는 형으로 권위 의식이 강하여 과격한 행동을 서슴지 않으며 사사로운 관용을 베풀지 않고 권력를 행사하여 처벌을 내리는 행동적 스타일로 시작한 일은 결론을 내고 마는 스타일이다.

편관격은 권모술수에 탁월한 기질이 있고 허풍과 위협, 허세 등으로 작은 기회라도 목적을 달성하기 위해서는 수단과 방법을 가리지 않는다. 신약사주라면 성정이 고요하지 못하고 여유가 없어 불안과 의심, 의타심이 많게 된다.

8) 정관 - 규범과 정직성

정관은 정직, 근면, 성실하여 항상 타의 모범을 추구한다. 반듯한 용모에 귀기가 있으며 품위와 절제를 지키는 정도의 표상으로서 강자나 약자의 시시비비를 공정하게 가리며 중용을 지키는 스타일이다. 반듯한 언행을 갖추고 있으며 경거망동하지 않고 공명정대하게 매사를 추진하고 정직하기 때문에 항상 존경과 칭송을 받는다. 자신이 官을 주재하고 있어 길운에 승진이 잘되고 시험합격 등의 행운이 따르게 된다.

정관격은 정직성과 성실성이 요구되는 정부기관의 행정부, 사법부, 교육계 등과 일반 공무원 또는 국영기업체나 금융계, 대기업 등의 직업에 종사하는 자가 많고 시비와 언쟁, 폭행 등을 싫어하며 윤리와 도덕심이 강하여 공중도덕을 잘 지킨다.

9) 편인 - 재치와 추구성

편인은 순간의 재치와 발상을 따를 자가 없으며 임기응변이 뛰어나 어떠한 상황에서라도 능숙하게 극복해 나갈 수 있는 재능이 있다. 특히, 코믹프로, 오락프로, 토크쇼 등 순발력이 요구되는 곳과 찬스에 강한 예능 계통과 기획, 발명, 마케팅, 디자인 등에서 그 진가를 발휘하며 자신의 명예를 높이는 경우가 많고 또 의사, 변호사, 평론가, 매니저, 역학계 등의 직종에 종사하며 전문가로서 인정을 받거나 명성을 날리는 사람이 많다.

편인격은 두뇌 회전이 빠르기 때문에 기획력과 창조적인 면에 탁월하며 재치와 순간의 발상이 뛰어나다. 단점으로는 남의 일에 참견을 잘하고 나서기를 잘하며 조급하게 시작을 잘하나 명확하게 맺고 끊는 면이 부족하니 이것이 큰 결점 중 하나다.

10) 정인격 - 명예와 학문성

정인은 마음이 어질고 생각이 깊으며 이해심이 많으니 넓은 아량으로 주변을 포용해 나간다. 고귀한 성품과 인품을 갖추고 자신의 주위를 항상 깨끗하게 유지하는 학자의 풍이다. 그러나 정직한 반면, 너무 고지식하여 융통성이 부족한 면이 단점이 되기도 한다. 또한, 자존심이 강하여 재물보다는 명예로움을 추구하고 군자지도의 길을 가고자 한다.

인수격은 글 읽기를 좋아하니 문필가로 성공하거나 학문을 지도하는 교육자의 길을 걷고 또한 그와 관련된 일을 추구하게 된다. 학생의 경우, 인수운이 되면 스스로 공부하려는 마음이 찾아들어 학업 성적이 오르게 되나 인수가 너무 많으면 오히려 게으르고 나태하게 된다.

✦ 2. 사주와 성격심리

1) 음양에 따른 성격심리

가) 음양 체질 구분방법

❶ 일간의 음양(甲丙戊庚壬 = 陽, 乙丁己辛癸 = 陰)

❷ 월지기후조건의 음양(寅卯辰巳午未 = 陽, 申酉戌亥子丑 = 陰)

❸ 신강 신약에 따른 음양(신강 = 陽, 신약 = 陰)

❹ 사주의 구조에 의한 구분(官印比구조 = 陰, 比食財구조 = 陽)

❺ 正偏에 의한 구분(비견, 식신, 정재, 정관, 정인 = 陰, 겁재, 상관, 편재, 편관, 편인 = 陽)

❻ 사주전체의 간지에 의한 구분(양팔통 = 陽, 음팔통 = 陰)

나) 음양에 따른 성격차이

(陰)	(陽)
내향적 소극적 수용적	외향적 적극적 주도적
객관적 수동적 물질적 사색적	주관적 능동적 정신적 율동적
실리적 분석적 내밀성 방어적	명분적 단순적 분산성 공격적

2) 오행에 따른 성격심리

가) 木 = 仁 사고와 정신력의 근원, 진취적(생동과 활기)

나) 火 = 禮 정열과 표현력의 근원, 열성적(정열과 흥분)

다) 土 = 信 수용과 생성력의 근원, 포용적(수용과 중용)

라) 金 = 義 결단과 추진력의 근원, 분석적(의리와 결단)

마) 水 = 智 적응과 탐구력의 근원, 변화적(지혜와 순응)

3) 간지의 심리

가) 천간 = 객관적, 사회적, 흥미와 관심, 외면적 심리, 정신적 추구

나) 지지 = 주관적, 개인적, 취미와 재주, 내면적 심리, 물질적 실행

4) 정편에 따른 성격심리

가) 正(비견, 식신, 정재, 정관, 정인)

순서와 원칙, 내면의 가치화, 순수, 순박, 정직, 보수, 자연적, 고정적, 정확성, 합리적, 객관성, 이성, 분석적

나) 偏(겁재, 상관, 편재, 편관, 편인)

응용과 변화, 외면의 가치화, 세련, 인위, 거짓, 혁신, 인위적, 활동적, 포괄성, 감성적, 주관성, 감정, 직관적

5) 사주구조에 따른 성격심리

가) 전체적인 사주구조

❶ In course - 官-印-比 = 내향적 수용 심리

❷ Out course - 比-食-財 = 외향적 표현 심리

❸ Fool course - 官-印-比-食-財 = 내·외향 유용 심리

나) 상생구조

❶ 食傷生財 = 외향적 가치추구 심리(능동적 실천, 자율성, 활동성)

❷ 官印相生 = 내향적 구조화 심리(사회주체, 구조성, 수행성)

❸ 財生官 = 외적가치의 내적구조화 심리(사회성, 활동성, 권력성)

다) 상극구조

❶ 比剋財 = 제화된 군겁쟁재 심리(목표의식, 동기부여, 추진력 발현)

❷ 財剋印 = 제화된 탐재괴인 심리(기획력 부여, 가치판단력 발현)

❸ 官剋比 = 제화된 관극비 심리(조직력 수행력 부여, 책임의식 발현)

❹ 食剋官 = 제화된 식상제살 심리(구조화능력 부여, 도전과 변화 발현)

❺ 印剋食 = 제화된 편인도식 심리(전문능력부여, 기술과 실행력 발현)

6) 십성 상호관계에 따른 심리

가) 십성의 生과 泄氣 관계에 따른 심리

❶ 印生比 = 차례와 순서 중시, 전통성 중시, 지식의 탐구, 보수적, 수용적, 계획적

❷ 比生食 = 활동과 과정 중시, 다양한 인간관계 추구, 표현과 감성지향, 신체감각 우수

❸ 食生財 = 외향적, 활동적, 미래지향적, 자유와 물질 가치 추구, 진보적, 실험적, 창조적

❹ 財生官 = 논리적, 결과 중시, 물질과 명예 추구, 뚜렷한 방향설정 심리

❺ 官生印 = 내향적, 권위·명예 추구, 보수적, 책임감, 의무감, 참모적 업무수행, 공적 심리

나) 십성의 剋과 制化 관계에 따른 심리

❶ 財剋印 = 자산의 가치 상승, 정보활용 능력 우수, 신속한 발상의 전환, 다변적 사고

❷ 印剋食 = 정보 수집과 활용, 과정 중시, 감성과 논리를 겸용하는 자기전문성 심리

❸ 食剋官 = 개혁적, 도전적, 개인적, 자립적, 명예 추구, 적극적, 설득력, 고정관념 탈피

❹ 官剋比 = 규칙과 질서 추구, 명예 추구, 결단과 행동, 공명심, 대의명분 중시 심리

❺ 比剋財 = 자기영역 추구, 물질적 가치 추구, 현실적 만족감 중시 심리

다) 십성의 편중에 따른 심리

❶ 印星旺 = 주관적, 이기적, 암기력, 인식능력 우수, 자기체면 중시, 명분과 사유에 관점

❷ 比劫旺 = 주체적, 개인적, 경쟁력, 신체활동 우수, 자기존재감과 우월성에 관점

❸ 食傷旺 = 이타적, 희생적, 타인이해 우수, 직관적 활용성, 비교와 차별성에 관점

❹ 財星旺 = 열성적, 공개적, 공간활용 우수, 수리력 우수, 구성과 충족에 관점

❺ 官星旺 = 사회적, 공익적, 판단능력 우수, 인내와 절제, 책임감, 규칙과 규범에 관점

7) 하워드가드너의 미래마인드와 십성의 상관관계

가) 창조하는 마인드 - 참신한 사고 = 인성

나) 존중하는 마인드 - 이타적 사고 = 비겁

다) 훈련된 마인드 - 전문적 사고 = 식상

라) 종합하는 마인드 - 종합적 사고 = 재성

마) 윤리적인 마인드 - 공익적 사고 = 관성

8) 십성의 충극관계에 의한 변화현상

가) 財剋印 = 사고의 변화(발상의 전환)가 이루어져 길흉이 발생한다.

나) 印剋食 = 언행의 변화가 이루어져 길흉이 발생한다.

다) 食剋官 = 사회성의 변화가 이루어져 길흉이 발생한다.

라) 官剋比 = 자아의식의 변화가 이루어져 길흉이 발생한다.

마) 比剋財 = 목표의식의 변화가 이루어져 길흉이 발생한다.

9) 십성에 따른 남녀의 사랑하는 방식

가) 여자

❶ 관성 = 희생하는 마음(수동적 사랑)

  - 본능적 욕구(比劫强)가 강한 남자를 만난다.

❷ 인성 = 사랑을 받고자 하는 마음(이기적 사랑)

  - 헌신적(食傷强)인 남자를 만난다.

❸ 비겁 = 본능적 욕구에 의한 사랑(육체적 사랑)
- 욕정(財星强)이 강한 남자를 만난다.
❹ 식상 = 필요에 의한 선택(조건부적 사랑)
- 사회성(官星强)이 강한 남자를 만난다.
❺ 재성 = 내조의 마음(헌신적 사랑)
- 지적능력(印星强)이 강한 남자를 만난다.

나) 남자
❶ 관성 = 여자의 필요에 의한 선택(수동적 사랑)
- 까다로운(食傷强) 여자를 만난다.
❷ 인성 = 여자의 내조와 헌신(이기적 사랑)
- 헌신적인(財星强) 여자를 만난다.
❸ 비겁 = 본능적 욕구에 의한 사랑(육체적 사랑)
- 희생심이(官殺强) 강한 여자를 만난다.
❹ 식상 = 외조의 마음(헌신적 사랑)
- 이기적인(印星强) 여자를 만난다.
❺ 재성 = 욕망의 마음(욕정적 사랑)
- 본능적 욕구(比劫强)가 강한 여자를 만난다.

10) 이성에 대한 剋, 泄, 生, 助, 分의 관계

가) 여자는
❶ 관성으로 관을 조력한다.
❷ 인성으로 관을 설기한다.
❸ 비겁으로 관을 분산시킨다.
❹ 식상으로 관을 극제한다.
❺ 재성으로 관을 생해준다.

나) 남자는
❶ 관성으로 재를 설기한다.
❷ 인성으로 재를 분산시킨다.
❸ 비겁으로 재를 극제한다
❹ 식상으로 재를 생해준다
❺ 재성으로 재를 조력한다

✦ 3. 사주 내에 없는 십성의 반사적 심리작용

사주에 없는 십성은 일단 그 사람에 콤플렉스로 나타나고 상대적으로 허무한 심리상태를 낳게 된다. 이 심리를 인간관계에서 확대되는 상대적 심리로 살펴보면 없는 오행은 결국 반사 심리가 없다는 결과가 나온다. 이러한 심리가 나타나게 되는 이유를 상극의 관계로 살펴보자.

1) 상극관계의 상호 행동 자극 순환체계에 대한 고찰

가) 일간(我)은 재성(인적 물적 자원요소, 재산)을 요구한다

일간은 재성을 보면 실현의 욕구와 욕망으로 의욕이 생기고 소유욕을 발동한다. 내가 먹고 살기 위해서는 상대적으로 합당한 재물을 보유하기를 요구한다. 나는 무엇을 보고 행동욕구와 충족감을 느끼는가? 바로 재성이다. 비겁, 즉 나와 내 주변 사람들과 동료들, 그리고 나의 건강과 체력과 자신감과 추진력, 도전정신 등은 그 결과물, 즉 내 것, 재산, 소유물 등을 만들어 낸다.

나) 재성(재물, 목표의식)은 인성(공부, 실력, 자격증)을 요구한다

목표의식(재성)은 소유와 욕망을 달성하려면 실력을 쌓고 공부하여서 합당한 자격을 갖추도록 요구하고 유도한다. 재물을 확보하기 위해서는 그 지식과 방법을 알아야만 하는 것이다. 위와 같은 논리에 의하면 재성은 인성을 보아야만 행동 욕구를 느끼고 만족과 충족감을 느끼게 되는 것이다. 재성, 즉 내 돈과 재물과 소유물들은 나의 인성, 즉 부동산, 집, 안정감, 명예, 실력, 안락함 등을 만들어 낸다.

다) 인성(공부, 지식, 자격증)은 식상(기술과 노하우)을 요구한다

공부한 지식과 자격증은 기술과 노하우를 사용하여 일을 할 것을 요구한다. 역으로 말하여 지식과 자격증을 취득하려면 연구하고 실습하여 기술과 노하우를 쌓아야 한다. 그러므로 인성은 식상을 보아야만 행동 욕구와 만족과 충족감을 느끼게 되는 것이다. 인성, 즉 나의 정신세계와 지식과 자격증과 공부와 학문과 실력 또 윗사람으로부터 배운 것들은 나의 식상, 즉 표현력과 손재주와 말재주와 개인기와 전문성과 아랫사람에게 가르쳐주는 재주 등을 만들어 낸다.

라) 식상(활동, 기술, 노하우)은 관성(직업, 단체, 국가)을 요구한다

일을 하고 활동하고 연구하려면 직업과 직장이 있어야 하고 학교, 단체, 국가, 정부 등의 시스템이 갖추어져 있어야 한다. 식상의 입장에서는 내가 일하고 활동하고 연구하고 노력한 결과가 관(명예, 직업, 직장, 단체)으로 나타나게 된다. 동일한 논리에 의해서 식상은 관성을 보아야만 행동 욕구와 만족감을 느끼게 되는 것이다. 나의 남다른 기술과 노하우와 실력은 그로 인한 권위와 자리와 감투와 벼슬을 만들어 내게 되는 것이다.

마) 관성(직장, 단체, 국가)은 비겁(군중, 사회 구성원)을 요구한다

사회와 단체, 국가를 구성하려면 사람과 구성원, 국민이 있어야 하고 추진력도 필요하고 자기책임감도 있어야 한다. 사람들을 컨트롤하고 지휘하려면 법과 질서가 꼭 필요하고 권위와 명예가 있어야 한다. 직장, 직업, 명예가 있어야만 내가 빛나고 존재 가치가 있는 것이다. 곧 관은 비겁을 보아야만 행동 욕구와 만족과 충족감을 느끼게 되는 것이다. 관성, 즉 자리와 감투와 벼슬은 비겁, 즉 자신감과 추진력과 도전정신과 주변에 많은 사람들이 꼬이게 만들어 준다.

이와 같이 상극관계의 상호행동 자극 순환체계에 의하면 사주팔자상의 "없는 오행"에 대해서는 부족감, 허무감 등의 콤플렉스를 느끼게 되는데 그 없는 오행을 극하는 입장에 있는 오행과 육친 십성에게는 상대적으로 결과물(財)이 없는 것이 된다. 그래서 상대적으로 더욱 더 허무감, 부족감, 박탈심리를 느끼게 되는 것이다.

2) 없는 십성의 반사적 심리작용사례

가) 재성이 없는 경우

재성을 극하는 입장에 있는 비겁(나, 동료, 형제, 자매 등)은 재성이 없으면 허무심리로 나타난다. 바로 돈이 없으면 허탈한 것과 같은 심리이다. 재성이 없다는 것은 그 사람에게 소유욕과 실현의 욕구, 욕망, 의욕이 부족하다는 것인데, 비겁의 입장에서는 그만큼 해당하는 재성에 대해 허무감, 공허감, 콤플렉스 등 무엇인가 채워지지 않는 2%를 느끼게 되는 것이다. 재성이 없는 사람은 그 자신이 위와 같은 심리상태를 가지며, 그 자신과 같은 입장인 비겁(형제, 자매, 동업자 등)은 허무한 결과를 낳게 되며, 늘 수고만 많고 결과가 잘 안 나온다고 느끼게 되는 것이다.

예) 男

戊 辛 戊 丙
戌 酉 戌 午

재성이 없는 사주이다. 그의 형제들은 평소에 괜히 뭔가 부족하다고 느끼고 있었는데 이러한 심리를 통해 이해할 수 있었다.

나) 인성이 없는 경우

인성을 극하는 입장에서의 재성(육친상으로 부친이나 부인)은 상대적으로 항상 허무감, 허탈감이 있을 수 있으며 그가 일한 것에 비해 결과가 적고 만족감을 느끼지 못하게 된다. 그러므로 인성이 없는 사람의 재성에 해당하는 육친은 그가 극하는 財가 없는 것이 되므로 그만큼 만족감을 못 느끼게 되는 것이다.

예) 男

甲 己 乙 戊
子 酉 丑 戌

인성이 없는 사주이다. 그 부인(子)은 평소에 괜히 뭔가 부족하다고 느끼고 있었는데 이러한 심리를 통해 이해할 수 있었다.

다) 식상이 없는 경우

식상을 극하는 인성(어머니)의 입장에서는 그 결과물인 財가 없는 것이 되므로 위와 똑같이 허무감과 부족감의 심리가 나타나게 된다.

예) 女

甲 甲 己 癸
戌 戌 未 卯

인성(엄마)이 극하는 財가 없는 것이 된다. 그녀의 어머니는 그녀를 보면 늘 뚜렷한 이유도 없이 허전하고 공허함을 느끼신다고 한다.

라) 관성이 없는 경우

관성을 극하는 입장에 있는 식상(여명에서 자식)은 그 결과물인 財가 없는 것이 되므로, 부족감 허무감 등을 느끼게 되고 식상(자식)은 내가 해준 것보다 실제로 마음의 풍족감을 못 느끼는 심리가 나타난다.

예) 女

丙 乙 己 甲
子 卯 巳 甲

관성이 없는 사주로 그 자식인 丙火는 엄마에게 위와 같은 심리를 느낄 수 있다. 내 자식은 남편 없는 엄마(나)만 보면 짠하고 불쌍하고 허무하고 허전해진다.

마) 비겁이 없는 경우

비겁을 극하는 관의 입장에서는 먹이가 적고 결과물, 즉 재가 없는 것이므로 없는 것에 대한 불만이 생기게 되고, 허전함을 느끼게 되는 것이다. 여자의 경우 남편은 상대적으로 그 여자에게 부족감 내지 허무감 등의 심리를 갖게 되는 것이다. 상대적으로 여명에 비겁이 많은 경우는 그녀의 남편은 당신은 강한 여자니까 잘 이겨낼 수 있어 하며 다른 여자에게 부담 없이 가버리게 되는 결과를 낳게 되는 것이다.

예) 女

丁 乙 癸 戊
丑 巳 亥 申

비겁이 없는 사주로 그 남편인 申金은 그녀에게 위와 같은 심리를 느낄 수 있다. 그녀의 남편은 친구 없이 외톨이인 그녀만 보면 이유 없이 짠하고 불쌍하고 허무하고 허전함을 느끼게 된다.

위와 같은 논리에 의해서 사주상의 오행과 십성 간에는 상극관계에 의해 뚜렷한 상호작용이 나타나고 있다. 상극의 관계는 멸하거나 沖剋하여 상호 간에 망가트리는 관계 이전에 서로 발전적 자극을 주고 행동에 대한 동기 유발을 하게 만들어 상호 보완 발전관계를 유지한다는 것을 알 수 있다. 이처럼 인간관계에서 나타나는 상대심리를 사주에 없는 십성으로 규명하여 볼 수 있고 그럼으로써 그 사람의 주변과 가족들을 더 이해할 수 있게 된다.

* 사주에 없는 십성의 작용은 타 십성이 이를 대행하게 된다. 그러나 타 십성이 대행하는 정도와 그 능력에는 한계가 있다.

7장. 사주구조에 의한 재운관리법

✦ 1. 사주와 재운관리능력의 구조적 관계

1) 재물관리능력이란?

사람이 풍족하고 여유로운 삶을 살기 위해서는 안정적인 경제활동이 이루어져야 한다. 안정적인 경제활동은 그 사람의 직업의 안정성과 밀접한 관계를 가지고 있다. 사주에서는 격국과 용신을 포함하여 그 구조편성상 직업으로 연결되어지는 특정한 십성을 구할 수 있는데 그 특정한 십성은 한 사람이 경제활동을 수행해 나가는 데 중요한 역할을 하게 된다. 그러기에 이 십성이 궁극적으로 그 사주의 주인공이 재물을 취득해 나가는 이재신(理財神)이 되며 또 이재신을 극하는 십성은 탈재신(奪財神)이며, 탈재신을 제화하는 십성은 관리신(管理神)이 된다. 용신을 극하는 오행이 병신(病神)이고 병을 제하는 오행을 약신(藥神)으로 보는 이치와 같은 방법이다.

이를 이용하여 보면 한 사람이 가진 사주의 재물에 대한 관리능력 정도를 알 수 있는 것은 물론, 대운을 통하여 인생 전반에 대한 재물의 득재안정시기와 탈재위험시기를 세밀하게 알 수 있다. 그뿐 아니라 이를 인간관계에도 적용시켜 자신의 사주에서 탈재작용에 해당하는 오행이 상대방의 사주에 많은가, 적은가의 여부를 판단하여 자신에게 도움이 되는 배우자나 동업자 등이 되는지도 분별할 수가 있다.

2) 재물관리능력의 구조적 원리

사주에서는 격국과 용신으로 적합한 직업적성을 갖게 되고 그에 따라 사회적인 활동을 하게 되며 이를 통하여 재물을 취하게 된다. 그러나 좀 더 구체적으로 본다면 일단 격국용신에 앞서 사주의 구조에 따라 먼저 직업의 근본적 형태가 구별되어짐을 알 수 있다. 크게 분류하여 官印相生의 수직구조 직장형과 食傷生財의 수평구조 자영업형, 印比食의 전문구조 프리랜서형, 官印比食財로 이루어진 복합구조의 선택적 유용형 등의 네 가지 유형으로 대별할 수 있다. 이에 따라서 직업군이 크게 직장형과 자영업형 프리랜서형의 세 가지로 대별되는데, 官印比食財로 이루어진 복합구조의 선택적 유용형의 경우에는 그중 사회성이 드러나는 천간의 구성조건을 우선하며 천간에서 일정한 코스가 이루어지지 않았을 경우에는 지지의 구성상황을 따라가게 되며, 연월의 구성상황에 우선하고 일시의 구성상황은 차선으로 한다.

사주가 위의 구조 중의 하나를 정확하게 이루고 있다면 이를 통하여 사회적인 직업특성을 띠게 된다. 그런데 만일 한 사주가 두 가지 체계를 모두 갖추었다면 두 가지의 직업능력을 가졌다고 볼 수 있으며, 또 두 개의 직업을 갖게 될 수 있는 가능성도 높다.

사주에서 직업적 사회성을 나타내는 것은 사주의 구조적 체제이지, 신강, 신약 등으로 구분되어지는 것은 아니다. 사주의 신강, 신약 등으로만 분류해서 사회성을 논한다는 것은 별로 타당성이 없다. 사회성의 체계에 대한 특징적인 면을 살펴보면 다음과 같다.

- 천간으로 관인상생이 이루어졌는데 그 뿌리가 약하면 직업적 사회성은 뚜렷하나 크게 성공할 수는 없다.
- 지지로 이루어진 관인상생이 천간으로 투출하지 못했다면 직장생활을 선호하는데 반해서 사회성은 저조할 수 있다.
- 천간으로 식상생재가 이루어져 있고 지지의 뿌리가 약하다면 생산 및 자영업을 하나 크게 성공을 못한다.
- 지지로 이루어진 식상생재가 천간으로 투출하지 못했다면 사업적인 성공을 하더라도 사회적인 공헌에는 인색하고 사회성이 떨어진다.
- 위의 두 구조 중 하나가 천간과 지지로 유기상생되어 확실하게 구성되어 있다면 사회적응능력과 활동성이 뛰어나 어느 한 분야에서 확실한 능력을 발휘할

수 있다.

- 두 구조가 명확하지 못하고 비합리적으로 구성되었을 때에는 직업적 특성이 불분명하여 육체노동 등의 단순 직업이나 혹은 비교적 사회성이 떨어지는 직업을 갖게 될 수 있다.

✦ 2. 재물관리능력 검사방법

사주에서 격국을 이루며 직업과 연계되어 재물을 획득해 나가게 되는 구조적 편성이 바로 그 사주의 재물관리능력을 말해주는 것이다. 직업은 재물과 직접적인 관계를 형성하고 있다. 사주에서는 격국 및 사주구조에 따라 재물을 취득(理財)하는 체계(격국 용신과 억부용신)가 성립되고 있는 것이니 이때, 이재신(理財神)을 깨트리는 탈재신(기신)이 있다면 반드시 관리신(희신)이 있어야 일생동안 큰 문제 없이 안정적으로 재물을 관리할 수 있는 것이다. 만일 사주에 탈재신(기신)이 없을 경우에는 일생 재물관리에 큰 어려움을 겪지 않게 되고 관리신(희신)이 없다 해도 커다란 어려움에 처하지는 않으나 관리신이 있다면 더욱 더 안정적인 재물관리가 된다. 그러나 만약 사주에 탈재신이 있는데 관리신이 없다면 일생 동안 언젠가는 크게 재물관리에 실패를 하게 되거나 혹은 수입이 지출을 감당하지 못하여 경제적 어려움을 겪게 된다.

이러한 관점에서 사주를 분석함에 주의할 점은 앞서 설명했듯이 사주의 구조에 따라 이재신이 결정되는 관계를 충분히 이해하고 습득해서 理財神을 규정하고 그에 따라 탈재신과 관리신의 유무 여하를 분석하여 재물관리능력 여부를 파악해야 한다.

1) 비겁이 理財神인 경우

- 官星이 탈재신(奪財神)이다.
- 食傷이 재물의 관리신(管理神)이다.
- 印綬가 官印相生으로 재물의 보호신(保護神)이다.

가) 재물관리가 잘되는 유형

甲 甲 己 癸
戌 戌 未 卯 (재다신약, 득비이재의 명)

위 사주는 甲木일간이 재다신약 사주로 財星 土를 다스릴 비견으로 이재한다. 탈재신인 관성 金이 없으니 무탈하여 일생 재물의 안정이 보장된 경우다. 비록 탈재신인 金이 온다 해도 인성(보호신) 癸水가 金을 설기하여 일간과 이재신인 비겁 木을 도우니 인생에서 재물로 인한 큰 고초를 겪지 않을 명이다. 그러나 사주구조가 식신생재나 관인상생이 정확히 이루어지지 않았으므로 사회성은 약하다. 위 사람은 가정주부로 시부모에게 많은 재산을 상속받은 남편 덕으로 안정된 생활을 하고 있다.

丙 丙 丙 丙
申 辰 申 戌 (편재격, 신신생재의 命)

丙火일간이 천간을 모두 장악했으나 지지에 뿌리가 없어 신약하다. 편재격이 식신 土로 이재한다. 탈재신인 인성 木이 없어 다행이며 더욱 좋은 것은 관리신인 申金이 있는 것이다. 가정주부로 자신의 노력으로만 수억대의 재물을 모았다.

나) 재물관리가 안되는 유형
庚 辛 庚 甲
寅 卯 午 寅 (편관격, 재생살의 命)

위 사주는 辛金일간이 약하고 재성 木이 강하여 木을 다스릴 겁재 庚金으로 이재한다. 탈재신인 관성 火가 강한 중, 관리신인 식상 水가 없으니 재물관리능력에 큰 문제가 있다. 더욱이 인성 土가 없으니 탈재신인 火를 설기하여 비겁을 보호할 수도 없다. 용신대운의 힘을 얻어 소방 공무원이 되었으나 경제적인 문제에는 어려움이 많은 사람이다.

癸 戊 甲 癸
亥 戌 子 巳 (정재격, 재생살의 命)

戊土일간이 財星이 강한데 식상도 없고, 인성 巳火도 水剋火로 탐재괴인되어 쓸 수 없으므로 비겁 土로 理財를 해야 한다. 탈재신(奪財神)인 偏官 甲木은 득령하여 강한데 관리신인 식상 金이 없으므로 문제이다. 정재격의 특징으로 건실한 생활 자세나 철저한 자기관리능력은 뛰어나지만, 경제적으로는 어려움이 많은 사람이다.

2) 식상이 理財神인 경우

- 인성이 탈재신이다.
- 재성이 관리신이다.
- 비겁은 인성을 설기하여 식상을 보호한다.

가) 재물관리가 잘되는 유형

丁　庚　丁　乙
丑　申　亥　卯　(식신생재격의 사주)

이 사주는 식신생재격으로 식신 亥水로 이재한다. 탈재신은 印星 土로 時支에 丑土가 있다. 이를 관리하는 신은 재성인데 亥卯合 木局을 이루고 乙木이 건재하게 투출되어 관리가 잘된다. 故 정주영 회장의 사주이다.

丁　乙　己　乙　女
亥　亥　丑　巳　(편재격, 식신생재의 命)

편재격의 사주이다. 時上 丁火 食神으로 이재한다. 탈재신이 인성 水이므로 어려움이 있는 중 재성 土가 관리신인데 월지가 己丑으로 관리가 잘되고 있다. 사주의 주인공은 30대부터 자기 주택을 소유하고 경제적 어려움 없이 잘살고 있는 명리상담가의 사주이다.

나) 재물관리가 안되는 유형

戊　庚　己　癸　男
子　亥　未　丑　(정편인 혼잡격, 편인도식의 命)

인수격으로 신강하나 食傷 水도 旺하여 중화를 이룬 구조라고 볼 수 있다. 식상 水

로 이재를 하게 되나 탈재신인 土는 강하고 관리신인 財星 木이 없어 문제이다. 운수업에 종사하며 부지런히 일은 하나 재물 복이 없는 사람의 사주이다.

丙 乙 壬 庚
子 亥 午 子 (식상격, 편인도식의 命)

乙木일간이 식상격에 실령했으나 인성 水가 많아 신강사주가 되었으니 시상의 상관 丙火로 이재하는 구조이다. 탈재신인 인성 水가 강한 중 水를 다스릴 관리신인 土가 없으니 재물관리가 어렵게 되었다. 이 사람은 사업을 하여 한때 많은 돈을 벌기도 했으나 결국 모든 재산을 탕진하고 가정도 파탄에 이르렀다.

3) 재성이 理財神인 경우

- 비겁이 탈재신이다.
- 관성이 재물의 관리신이다.
- 식상이 비겁을 설기하여 재성을 보호한다.

가) 재물관리가 잘되는 유형
己 乙 戊 乙
卯 丑 寅 酉 (겁재격, 재자약살의 命)

乙木이 寅月에 신강하여 재성 土로 이재하게 된다. 탈재신인 비겁 木이 강하여 문제일 것 같으나 관리신인 酉금 관성이 年支에 있으니 문제없다. 대학을 졸업하고 금융업에 종사하며 상당한 부를 축적하여 안정된 생활을 하고 있는 사람이다.

癸 己 己 己
酉 酉 巳 丑 (巳酉丑三合으로 식상격으로 변함)

己土일간이 신강하여 時上의 편재 癸水로 이재한다. 탈재신인 비견 土가 重重하나 지지로 巳酉丑 食傷局을 이루어 문제없다. 사주의 주인공은 많은 재산을 소유하고 안정된 생활을 하고 있다.

나) 재물관리가 안되는 유형

丙　癸　庚　丙
辰　丑　子　申 　(비견격, 丙火로 조후용신을 하는 명)

위 사주는 癸수가 子월생으로 신강하다. 丙火 정재로 理財를 해야 한다. 탈재신인 비겁 水가 申子辰 水局을 이루어 강한데 관리신인 官星은 습토로서 合變하여 水로 변하니 재물관리가 잘 안 되고 있다. 또한 식상 木이 있어야 비겁을 설기하여 財를 보호할 수 있는데 보호신인 식상 역시 없다. 사업에 실패 후 경비원으로 매우 어려운 생활을 하고 있는 사람이다.

甲　甲　戊　戊
子　子　午　午 　(상관격, 상관생재의 命)

위 사주는 甲목이 강한 중에 상관생재를 하나 상관이 子午 沖으로 깨져서 戊토 재성으로 理財해야 한다. 탈재신이 비견 木인데 관리신인 관성 金이 없으니 문제다. 사주의 주인공은 도서판매업을 하다 실패하여 금전적인 어려움을 겪고 있는 중 심장 수술까지 받는 건강상의 어려움이 겹쳐 지극히 고통을 겪고 있다.

4) 관성이 理財신인 경우

- 식상이 탈재신이다.
- 인성이 관리신이다.
- 재성이 식상을 설기하여 관성을 보호한다.

가) 재물관리가 잘되는 유형

甲　庚　丙　戊
申　午　辰　戊 　(편인격)

庚金이 신강하여 官星 火를 용신하니 관성 火가 곧 이재신이다. 탈재신인 식상 水가 없고 관리신인 인성 土와 보호신인 재성 木이 잘 갖추어져 있으므로 일생 재물에 어려움이 없다.

辛　庚　辛　戊
巳　寅　酉　午　(양인격, 신강사주 관성용신의 命)

庚金 일간이 득령 하고 겁재가 월·시간으로 투출하여 신강하다. 겁재 金을 다스리는 관성 火로 이재하는 구조다. 탈재신인 식상 水가 없고 관리신인 연간의 戊土가 좌하에서 힘을 얻고 있으니 평생 재물에 어려움이 없다.

나) 재물관리가 안되는 유형
丙　辛　乙　甲
申　巳　亥　辰　(편재격, 탐재괴인 상관견관의 命)

위 사주는 편재격으로 신약사주다. 신약한 일간은 인성을 필요로 하나 인성 辰土는 연지에 무정하고 강한 재성 木의 극을 받고 있으니 유정한 관성 火로 조후용신하여 이재함이 타당하다. 탈재신인 상관 水가 월령을 장악했으니 탈재의 확률이 높다. 관리신인 인성 辰土는 습토이며 甲木에 억눌려 있으니 무력하게 되어 재물관리가 될 수 없다. 이 사람은 많은 돈을 가지고 사업을 하였으나 수많은 빚을 지고 말았다. 식상을 활용한 것은 탈재신을 사용한 것이다.

乙　庚　壬　丁
酉　申　寅　酉　(편재격, 관성용신 丁壬合으로 합거된 命)

위 사주는 庚금 일간이 비겁 多하여 강해졌으니 비겁을 다스리는 관성 火로 이재하는 구조이다. 탈재신인 식신 壬水가 월간에 자리 잡고 있어 불미한 중 관리신인 土가 없어 재물관리가 어렵다. 다만 월지의 寅木 재성이 식상 水를 설기하여 관성 火를 보호하고 있는 점은 다행이다. 유도를 전공한 후 체육교사로 재직했으나 재물 및 건강과 인간관계까지도 불안정하다.

5) 인성이 理財神인 경우

- 재성이 탈재신이다.
- 비겁이 관리신이다.
- 관성이 재성을 설기하여 인성을 보호한다.(관인상생)

가) 재물관리가 잘되는 유형

丁　己　己　丁
卯　亥　酉　酉　(식신격, 식신생재의 명)

위 사주는 식신격의 신약사주로 인수 火가 용신이자 곧 인수로 이재를 취하는 사주다. 탈재신은 재성 水이나 관리신인 己土가 월간에 있고 연간의 丁火의 생을 받으니 문제가 없다. 또 한편 시지의 편관 卯木이 탈재신인 亥水를 설기하여 이재신인 시상의 丁火를 보호까지 하니 일생 재물의 어려움이 없다. 사주의 주인공은 서울대를 졸업하고 변호사와 국회의원을 지냈으며 100억대의 재산가이다.

辛　壬　甲　壬
丑　寅　辰　寅　(식신격)

위 사주는 壬水 일간이 식신이 태왕한 신약의 명이니 시상의 辛金 인성으로 이재해야 한다. 탈재신인 재성 火가 투출되어 있지 않고 寅木의 지장간에 있으며 관리신인 비견 水가 연간에 있어 재물의 관리가 잘되는 유형이다. 사주의 주인공은 대학을 졸업하고 사업을 하여 수십억 원의 재물을 소유한 사람이다.

나) 재물관리가 안되는 유형

壬　丁　戊　庚
寅　丑　申　子　(정관격)

위 사주는 丁火일간이 申월에 壬水가 시상으로 투출하여 정관격이다. 식·재·관이 왕한 신약사주로 시지 정인 寅木으로 이재를 해야 하는 사주다. 탈재신인 재성 金이 월지를 장악하고 있는 중 관리신인 火가 없어 탈재신인 金을 다스리기가 벅차다. 위 사람은 결혼 후 일찍 장사를 하였으나 실패하였다.

丁 己 壬 丁
卯 丑 子 亥

위 사주는 己土가 亥子丑 방국을 이루고 壬水가 투출하여 재다신약사주이다. 일지 丑土가 水局으로 배반하니 시상의 편인 丁火로 이재해야 한다. 탈재신인 水가 강한 중 관리신인 비겁 土가 무력하여 재물관리가 어렵다. 이 사람은 여자문제로 방탕한 생활을 하다가 현재는 택시운전을 하며 하루하루 어렵게 생활하고 있다.

8장. 인연법(因緣法)

　세상만물은 억겁의 인연으로 공존·공생하며 살아가고 존재할 수 있다. 어느 여름날 한줄기 소나기가 내리는 것도, 길을 가다 누군가와 옷깃을 스치는 것도 인연이며, 풀 한 포기 꽃 한 송이 아무리 미약한 것이라도 모두 다 전생의 인연으로 맺어지는 것이다. 그러기에, 우리는 태어나서 죽을 때까지 만나는 모든 사람들이 하늘의 인연에 의해서 만나고 헤어지는 것이라 당연히 생각할 수 있다.

　사주를 통해서 그 인연의 법칙을 모두 알아낼 수는 없겠으나 음양오행에는 생극회합에 따른 인연의 이치가 있으니 이를 예측할 수 있는 방법이 바로 인연법이라 한다. 음양은 태초에 우주의 탄생과 함께 배합의 원리에 기초하여 함께 하였으므로 사람으로 본다면 남녀 간의 만남에 대한 당연한 이치가 있게 마련이니 이것이 궁합이라는 것으로 활용되고 있다.

　그러나 우리는 궁합 이전에 불행한 만남이든 행복한 만남이든 당연히 인연이 앞서는 고로, 그 인연에 의한 남녀 간의 만남에 대하여 생각해 볼 수도 있다.

　여기서 논하는 인연법은 명리학의 위상을 높인다거나 학문적인 이치에 따른 정도는 아니지만, 상당히 흥미 있는 부분도 있다. 남녀 간에 어떤 배우자를 만날 가능성에 대하여 예측해 본다는 것은 매우 흥미로운 일이 될 수 있으며 좋은 인연을 선택할 수 있는 방법이기도 하다. 이에 따라 先學으로부터 전해 내려오는 인연법을 간략하게 정리하여 소개하는 바이다.

✦ 1. 인연법

1) 日柱無根이면 正祿으로 배성한다.

庚 癸 癸 壬
申 未 卯 午　　男　　6세 연하 戊子生 妻

2) 配星이 無根이면 祿으로 配星한다.

丙 己 癸 壬
寅 巳 丑 午　　男　　6세 연하 戊子生 妻

3) 春秋 乙木은 開花로 配星한다. - 丙生

丙 乙 辛 癸
戌 卯 酉 卯　　女　　7세 연상 丙申生 夫

4) 日柱가 入庫하면 開庫로 배성한다.

庚 庚 己 乙
辰 寅 丑 酉　　男　　10세 연하 乙未生 妻

5) 配星 入庫하면 開庫로 定配한다.

庚 壬 壬 己
戌 寅 申 卯　　男　　1세 연하 庚辰生 妻

己 庚 戊 甲
卯 戌 辰 辰　　女　　동갑 甲辰生 夫

6) 座下 配星이면 透出시켜 定配한다.

庚 庚 丙 庚
辰 寅 戌 戌　　男　　4세 연하 甲寅生 妻

7) 地支 配星은 투출로 정배한다.

```
庚 己 甲 戊
午 巳 寅 申    男    4세 연하 壬子生 妻
                    (配星貴人은 婚後成家)


丙 戊 己 庚
辰 申 卯 子    女    5세 연상 乙未生 夫
                    (配星貴人은 婚後成家)
```

8) 配星이 天干에 透出하면 지지의 緣으로 배성한다.

```
甲 壬 己 丁
辰 戌 酉 卯    男    3세 연하 庚午生 妻


戊 乙 丙 甲
寅 酉 寅 辰    男    1세 연하 乙巳生 妻
```

9) 여명 일지 식상이면 透出 定配한다.

```
丁 甲 壬 丁
卯 寅 子 酉    女    1세 연상 丙申生 夫
```

10) 辛 日干은 1)壬, 2)丁으로 定配한다.

```
辛 辛 壬 丙
卯 巳 辰 子    男    6세 연하 壬午生 妻
```

11) 지지 2자이면 合沖으로 定配한다.

```
己 辛 己 乙
亥 未 卯 未    女    6세 연상 己丑生 夫
```

12) 三合에 一虛이면 虛一로 定配한다.

乙 乙 乙 丙
酉 巳 未 申　女　7세 연상 己丑生　夫

己 戊 甲 壬
未 辰 辰 子　女　4세 연상 戊申生　夫

13) 時柱인연은 近則定配한다.

자신의 나이 5세 전후에 시주와 같은 띠가 있으면 인연한다.

丁 甲 乙 己
卯 子 亥 巳　男　2세 연상 丁卯生　妻

癸 丁 己 丙
卯 酉 亥 午　女　3세 연상 癸卯生　夫 (첫 남편)

14) 配星이 多逢하면 剋者로 定配한다.

丙 乙 庚 庚
戌 未 辰 辰　男　1세 연상 己卯生　妻

15) 配星 공협(共挾)이면 引用해서 定配한다.

乙 庚 庚 丙
酉 辰 寅 子　男　3세 연하 己卯生　妻

16) 七殺 득세하면 合去 定配한다.

乙 己 丙 戊
亥 巳 辰 寅　男　2세 연하 庚辰生　妻

17) 七殺 득세하면 通關 定配한다.

己 丙 壬 壬
亥 辰 寅 申　　男　　3세 연하 乙亥生 妻

18) 羊刃 득세하면 透出 定配한다.

庚 壬 辛 辛
子 子 丑 丑　　男　　2세 연하 癸卯生 妻

19) 羊刃 득세하면 退神 定配.

甲 丙 丁 丁
午 午 未 丑　　男　　4세 연하 辛巳生 妻

20) 木일 風寒이면 丙丁 조후 定配한다.

甲 乙 辛 癸
申 酉 酉 未　　男　　3세 연하 丙戌生 妻

21) 木일 燥熱하면 癸子 조후 定配한다.

丁 甲 甲 丙
卯 戌 午 申　　女　　8세 연상 戊子生 夫

22) 乙日生은 甲을 만나면 成名定配한다.

丙 乙 戊 丁
子 卯 申 未　　男　　7세 연하 甲寅生 妻

23) 戊日干 見甲이면 成名定配한다.

丙 戊 壬 癸
辰 午 戌 未　　男　　11세 연하 甲午生 妻

24) 女命에 官星이 破傷되면 進神하여 인연한다.

丙 戊 庚 戊
辰 戌 申 寅　女　1세 연하 己卯生 夫

25) 庚日生 남녀는 丁, 癸生이 인연이다.

丁 庚 庚 乙
丑 辰 辰 亥　女　2세 연상 癸酉生 夫

26) 地支 길신은 透出 定配한다.

戊 癸 壬 乙
午 酉 午 亥　男　6세 연하 辛巳生 妻

27) 女命에 官星이 空亡이면 解空으로 定夫한다.

庚 庚 丁 癸
辰 子 巳 卯　女　4세 연하 己亥生 夫

28) 氣運停滯하면 流通(통관)하여 定配한다.

乙 丁 戊 乙
巳 巳 申 巳　女　1세 연상 甲辰生 夫

29) 配星을 불견하면 正引 定配한다.

丙 丁 丁 己
午 未 卯 亥　男　1세 연하 庚子生 妻

30) 大運 吉星이면 당해(當該) 定配.

戊 甲 庚 戊
辰 戌 申 子　男　癸巳生 妻 (癸亥대운에…)

31) 天乙貴人 독행(獨行)이면 同伴 定配.

庚 丙 辛 丁
寅 午 亥 丑　女　4세 연상 癸酉生 夫

9장. 택일법

✦ 1. 출산택일이란?

한 사람에게 있어 그 출생하는 년, 월, 일, 시가 자신의 운명이 정해지는 시점이 된다. 아이가 어머니의 뱃속에서 성장하여 약 10개월이 지난 후 어머니의 몸 밖으로 나와 탯줄을 끊고 첫 호흡을 하는 순간에 그 순간의 우주의 음양오행의 기를 호흡하여 한 사람의 체질과 심성, 적성 등이 운명적으로 결정되는 것이다. 그러나 같은 사주라 하여도 태어난 지역과 환경의 차이와 서로 다른 이름 등이 있기에 같은 운명을 사는 경우는 절대로 없는 것이다.

그렇다면 제왕절개라는 인위적인 분만은 어떤 작용을 하는가? 인위적인 분만도 결국에는 그 생명이 타고나는 운명인 것이다. 다시 말해서 탯줄이 끊기고 호흡을 하는 순간 그 순간의 우주의 기가 흡입되므로 그 순간의 음양오행의 기가 인체의 오장육부에 들어와 정신과 육체를 지배하며, 그 년, 월, 일, 시에 의한 사주가 구성되고 그 사주에 의한 인생의 행로가 시작되는 것이다.

사주의 구성이 중화를 이루고 음양오행이 균형이 맞아 청하며 생생유통하면 부귀한 명을 살게 되고, 음양오행이 편중되고 태과, 불급하면 그만큼 빈천한 운명을 살게 되는 것이다. 그러므로 출산택일을 하는 것은 한 운명을 새싹이나 묘목으로 본다면 그 성향에 맞는 양질의 토양에 좋은 시기를 잡아 옮겨 심는 것과 같은 것이다. 벼가 한 못자리에서 다 같이 크지만 일정기간이 되면 모내기를 통해 옮겨지게 된다. 좋은 논에 옮겨 심은 것은 잘 자라고 수확이 많고 튼실하지만 척박한 논에 옮겨 심은 것은 풍성하기를 기대하는 것이 뒤 떨어질 수밖에 없는 이치와 같은 것이다.

그렇지만 아이를 순산할 수 있는데도 일부러 제왕절개를 하는 것은 바람직하지 않다. 한 사람의 생명과 운명은 하늘이 주는 것이기 때문이다.

다만 수술분만을 하는데 택일을 하는 것은 기왕이면 다홍치마로 좋은 사주를 가진 아이를 출산하자는 노력의 일환인 것이다. 좋은 사주를 갖고 태어나는 아이가 많으면 작게는 집안이 번창하고, 나아가 나라에는 훌륭한 인재가 많게 되니 궁극적으로 바람직할 것이다.

그렇다면 우리는 출산택일을 통하여 인위적으로 한 사람의 운명을 얼마든지 조정하고 유도할 수 있는 것일까?

예전에 필자 주변에 명리학을 공부하는 여자 분 중에 다운증후군을 앓고 있는 자녀를 가진 사람이 있었다. 편인 도식된 그녀의 사주와 관살이 태왕한 자녀의 사주를 대하고 내가 처음으로 한 이야기가 자녀의 건강과 정서상의 문제였다. 그런데 그녀는 출산택일을 하여 제왕절개로 그 아이를 출산하였는데 지체장애자 아이를 낳았다며 그 당시에 택일을 하여준 사람에게 비난과 원망을 퍼붓는 것이었다. 과연 택일을 잘못하여 장애자 자녀를 낳게 된 것일까? 아니면 애당초 태중에 다운증후군을 가진 염색채 이상의 아이를 임신하였었기에 그 인연대로 편중된 사주를 부여받게 된 것일까? 이러한 문제로 인하여 우리는 신생아를 출산함에 인위적으로 택일을 하여 태어나게 된 아이는 과연 그 사주의 작용에 의한 삶을 살게 되는가에 대한 논의를 안 할 수 없다.

자주 경험하는 일이지만 필자가 누군가의 부탁을 받고 좋은 날짜를 택일을 하여 준다고 해서 꼭 그날 그 시간에 수술이 이루어져 출산하게 되지는 않는다. 불연이 되는 사람은 병원의 여러 가지 사정으로 인하여 수술 날짜와 시간이 뒤로 미루어진다든지 산모의 건강사정으로 인하여 택일한 날짜보다 앞당겨 출산을 하게 되는 것이다.

여기에 본인은 이렇게 결론을 내리고자 한다. 자연분만을 하든지 출산택일에 의한 제왕절개를 하든지 한 사람이 어떠한 사주를 가지고 태어난다는 것은 이미 정해진 인연에 따른 결과일 뿐이라 생각한다.

그러므로 나는 출산택일을 함에 있어 굳이 최고·최상의 사주를 만들려고 하지는 않는다. 다만 건강상으로나 심리적 정서상으로 심각한 문제가 야기되는 편중·편고한 사주가 되지 않도록 오행이 유기하고 중화를 이룬 평범하고 무난한 사주를 만들려고 노력한다.

여하튼 한 사람이 인위적인 출산택일에 의해 운명을 부여받든 오로지 천리에 따른 인연에 의해 출생을 하든 간에 우리는 출산택일은 함에 지극히 신중해야 한다. 명리학을 체계적으로 공부하지 않고는 좋은 택일이 불가능하다. 특히 음양오행의 왕쇠강약과 생극제화의 원리를 무시한 채 당사주 같은 것 등으로 택일을 하는 것은 큰 실수를 범하게 된다.

분명한 것은 출산시기를 잘 선택하여 그날에 출생한 아기는 분명 더 성공적인 삶을 살게 된다는 것이다.

✦ 2. 출산택일 방법론

1) 기본사항

가) 의사에게 반드시 출산 예정일을 확인하여 예정일로부터 10~20일 전으로 택일을 하는 게 좋다.

나) 병원으로부터 미리 수술 가능 시간을 확인하여야 한다.

다) 출생할 아이가 남아인지 여아인지 먼저 확인하여야 한다.

라) 출산 예정 년, 월을 쓰고 남녀에 따라 대운을 구성하여야 한다.

마) 남녀를 알 수 있을 경우 남아는 가급적 양간으로, 여아는 가급적 음간으로 하는 것이 좋다. 단 음양에 의하여 행불행과 성공실패가 결정되는 것은 아니니 크게 신경 쓰지 않아도 된다.

바) 대운의 흐름을 살펴 필히 대운이 사주의 용신을 도울 수 있도록 용신을 만들어 사주를 구성하도록 하라.

사) 일시를 선택할 때 사주전체에 오행을 두루 갖추도록 하고 신태강하거나 신태

약 하지 않도록 하라.

아) 조후에 문제가 생기지 않도록 한난조습을 잘 맞추어야 한다.

자) 사주의 격이 뚜렷하고 확실하게 되도록 하라.

차) 사주의 강약에 관계없이 반드시 일간과 용신이 지지에 통근하도록 하라.

카) 장래 직업을 위하여 관인상생이나 식상생재의 구조가 명쾌하게 되도록 사주를 구성하라.

파) 합충이 너무 많지 않도록 사주를 구성하라.

타) 사주를 구성하여 적은 후, 逆으로 사주를 분석하고 대운과 대입하여 풀어보고 문제가 없나 확인하라.

2) 세부사항

가) 사주 내의 생극합충을 조절하고 용신이 충극이나 합거 당하지 않도록 하라.

나) 사주에 양간지나 음간지를 편중되게 배합하지 말고 정과 편을 치우치지 않게 고루 배치하라.

다) 각종 흉살을 피하고 되도록 천을귀인, 월덕귀인, 천덕귀인 등이 오도록 사주를 구성하라.

라) 건강운, 재물운이 좋도록 사주를 구성하라.

마) 육친관계에 복덕이 오도록 사주를 구성하라.

바) 되도록이면 길성인 財, 官, 印이 합충되지 않도록 구성하라.

사) 되도록이면 정편관 혼잡, 정편인 혼잡, 식상혼잡 등을 피하라.

아) 이상과 같이 사주를 구성함에 최선을 다하고 안 되면 차선을 선택하도록 한다.

✦ 3. 사례와 실습

- 어머니 : 강명진씨
- 출산 예정일 : 양력 2010년 4월 3일경
- 성별 : 男

택일 : 양력 2010년 3월 23일 10시 30분

丙 壬 己 庚 (상관격, 상관생재, 상관패인의 命)

午 申 卯 寅

丁丙乙甲癸壬辛庚 4대운

亥戌酉申未午巳辰

택일의 취지

산모의 출산 예정일이 4월 3일경인바 예정일로부터 약 10일을 전후해서 수술의 일정을 잡는데 병원에서 수술 가능한 3월 22일부터 3월 26일까지의 오전 시간으로 날들을 모두 검토하고 출생한 이후의 사주들을 작성하여 비교·분석하여 본 결과 최선의 선택이고 좋다고 할 수 있는 날이 3월 23일 10시 30분으로 사료되기에 위와 같이 택일하였다.

〈 실습 〉

출산예정일이 2016년 12월 20일인 경우의 남아와 여아의 출산택일을 하시오.

✦ 4. 일반 택일법

1) 이사택일

가) 이사에 좋은 날

甲子, 乙丑, 丙寅, 丁卯, 己巳, 庚午, 辛未, 甲戌, 乙亥, 丁丑, 癸未, 甲申, 庚寅, 壬辰, 乙未, 庚子, 壬寅, 癸卯, 丙午, 丁未, 庚戌, 癸丑, 甲寅, 乙卯, 己未, 庚申, 辛酉, 乙酉, 癸巳, 丙辰, 丁巳

이상은 일반적으로 이사에 좋은 날이다. 위의 일진 중에서 생기일, 복덕일, 천의일에 해당하는 날로 택일하면 무난하다. 그러나 현재는 격국용신법에 기초한 현대명리의 시대이므로 위의 조건에 맞는 날 중에서 그 집안의 家長의 용신일로 택일하고 일지나 월지에 합이 드는 날이 좋다. 일지에 상충되거나 원진이 되는 날은 피하는 게 좋다.

나) 손 없는 날이란?

손 없는 날이란 태백살이 사방으로 아무데도 없는 날을 말하는데 음력으로 9, 10, 19, 20, 29, 30일을 말한다. 여기서 태백살이란 손실을 입히거나 해코지하는 귀신들을 말하는데 1, 2일에는 동쪽에 3, 4일에는 남쪽에 5, 6일에는 서쪽에 7, 8일에는 북쪽에 태백살이 드는데 그날에는 해당 방위로 이사를 하면 안 된다. 일반 전통 풍습에 의한 이론으로 명리학과는 상관없는 이야기이나 참고로 하여 불필요한 논쟁을 피하는 것도 하나의 요령이자 방법이다.

다) 이사할 때 꼭 참고할 사항

- 가능하면 아파트보다는 주택에 사는 게 좋다.
- 아파트에도 길흉이 있다.
- 가능한 산이 보이는 곳이 좋다.
- 서쪽이 약간 높고 동쪽이 약간 낮은 곳이 좋다.
- 집 앞의 도로를 물줄기에 대입해서 길흉을 보라.
- 집 뒤로 높은 물줄기나 길이 지나는 곳은 아주 흉하므로 피하라.
- 집 주변에 커다란 물탱크가 있거나 물이 고인 곳은 피하라.
- 송전선이 지나는 곳이나 송전탑 아래는 절대로 피하라.
- 삼각형으로 각진 대지는 피하라.
- 유래나 내력이 안 좋은 집은 피하라.
- 바위나 암반 위에 지은 집은 피하라.
- 지반이 약한 매립지는 폐를 약하게 하므로 피하라.
- 안개가 많이 끼는 호숫가나 강변은 피하라.
- 산과 산 사이의 골짜기에 지은 집은 피하라.
- 언덕 위 8부 능선이 넘는 곳에 지은 집은 되도록 피하라.
- 우물자리 옆집에 살면 여자에게 해로우니 피하라.
- 지붕이 너무나 우뚝 솟은 동네는 오래 살면 시비, 다툼, 구설이 생기므로 되도록 피하라.
- 동네 입구에 커다란 고목이 있으면 길하다.
- 학교 옆 동네는 자녀 교육에 도움이 되는 곳이다.

● 주변 환경과 여건을 꼭 세심하게 살펴보도록 하라.

2) 출행택일(여행을 가거나 장기 출타를 할 때)

甲子, 乙丑, 丙寅, 丁卯, 庚午, 辛未, 甲戌, 乙亥, 丁丑, 己卯, 甲申, 丙戌, 己丑, 庚寅, 辛卯, 甲午, 乙未, 庚子, 辛丑, 壬寅, 癸卯, 丙午, 丁未, 己酉, 壬子, 癸丑, 甲寅, 乙卯, 庚申, 辛酉, 壬戌, 癸亥

이상은 일반적으로 출행에 좋은 날인데 이 중에서 일진을 보아 생기일, 복덕일, 천의일을 선택하고 용신길일과 일지로 합이 드는 날이 좋다.

3) 제사, 고사, 개업택일

甲子, 乙丑, 丁卯, 戊辰, 辛未, 壬申, 癸酉, 甲戌, 丙子, 丁丑, 己卯, 庚辰, 甲申, 壬午, 乙酉, 丙戌, 丁亥, 己丑, 辛卯, 甲午, 乙未, 丙申, 丁酉, 乙巳, 丙午, 丁未, 戊申, 丁巳, 己酉, 庚戌, 乙卯, 丙辰, 戊午, 己未, 辛酉, 癸亥, 乙亥, 癸未, 壬辰, 壬子, 甲辰, 壬戌

위의 날들은 제사나 고사에 좋은 날들인데 이 중에서 생기일, 복덕일, 천의일 등에 해당하는 날을 잡아 택일하면 된다.

* 참고 - 본명일이란 북두칠성이 우리나라와 가장 가까워지는 날을 말한다. 이날은 칠성신께서 세상을 두루 살피러 나온다고 하는데 이날 정화수를 떠놓고 기도를 하면 선신께서 감응을 하여 각별히 효험을 보게 된다고 한다. 본명일은 일 년에 여섯 번 온다.

陰曆 - 2월 20일, 3월 3일, 5월 20일, 6월 8일, 8월 27일, 9월 18일

4) 결혼 택일

결혼에 좋은 날을 택일하는 방법은 여러 가지가 있다. 왜냐하면 남녀 두 사람이 평생 가정을 꾸려가야 하므로 다른 날의 택일보다 따져봐야 할 것이 더 많기 때문이다. 여기서 그 많은 방법을 다 설명할 수 없으므로 가장 많이 사용하는 방법을 소개하고자 한다.

가) 일반적으로 혼사에 좋은 길일

乙丑, 丙寅, 丁卯, 辛未, 戊寅, 己卯, 庚辰, 丙戌, 戊子, 己丑, 壬辰, 癸巳, 乙未, 戊戌,
辛丑, 壬寅, 癸卯, 甲辰, 丙午, 丁未, 庚戌, 壬子, 癸丑, 甲寅, 乙卯, 丙辰, 丁巳, 戊午, 己未

나) 여자의 생년을 기준으로 결혼을 피해야 하는 달

쥐띠 말띠	4월 5월 10월 11월
소띠 양띠	1월 6월 7월 12월
호랑이띠 원숭이띠	1월 6월 7월 12월
토끼띠 닭띠	2월 3월 8월 9월
용띠 개띠	2월 3월 8월 9월
뱀띠 돼지띠	4월 5월 10월 11월

※ (음력기준으로 일반적 참고사항임)

다) 택일방법

결혼은 한 가정을 이루는 행위이고 집안에 안주인을 맞아들이는 행사이다. 그러므로 결혼 택일을 할 때에는 두 사람 모두에게 다 좋은 날이면 금상첨화가 되겠지만 그렇지 못할 경우 남자보다 여자에 우선하고 기준하여 좋은 날을 선택해야 한다. 우선 여자의 생년에 따라 혼사를 꺼리는 달을 피하여 혼인에 좋은 길일을 살펴 본 후에 생기일, 복덕일, 천의일에 해당하는 날들을 골라낸다. 그중에서 용신이나 희신이 되는 날을 선택하면 된다. 일지에 합이 드는 날이면 더욱 좋고 상충되거나 원진이 되는 날은 피한다. 남녀 모두에게 희용신에 해당하고 남녀 사주의 일지나 월지에 삼합으로 들어오는 날이면 최고로 좋다.

10장. 궁합론

✦ 1. 궁합이란?

  우리는 세상을 살아가면서 사람과 사람 사이의 수많은 만남과 헤어짐을 겪어나간다. 그런데 어떤 사람하고는 특별히 정감이 가고 사이가 좋은 경우가 있는 반면에 누군가와는 별 특별한 이유도 없이 배짱이 맞지 않고 불화하거나 불협화음을 일으키게된다. 그 이유는 무엇일까? 서로 간에 소위 궁합이 잘 맞느냐 안 맞느냐에 따라서 그작용이 다르게 나타나기 때문인 것이다. 궁합만을 가지고 사람과 사람 사이의 관계의길흉을 판단한다는 것은 적지 않은 무리가 따르겠지만 만약 사주가 한랭하여 불의 기운이 절실히 필요한 사람에게 상대가 불의 기운이 강한 사람을 만난다면 굳이 말하지않아도 많은 도움이 되고 원만한 관계를 유지할 것이다. 하지만 반대로 상대가 金이나 水의 기운이 강한 사람을 만난다면 불균형이 심화되어서 서로가 무언가 맞지 않고도움이 되지 않으며 다투게 되거나 꺼리게 될 것이다. 이렇게 사람과 사람 사이의 좋고 나쁜 인연을 구별할 수 있는 궁합을 보는 방법에는 여러 가지가 있으나 그중에서가장 많이 사용하고 합리적이라 생각되는 방법을 소개하고자 한다.

✦ 2. 전래되는 궁합론의 종류와 특징

1) 고전궁합론

가) 구궁(九宮)궁합론

한나라 때 흉노가 황실에 청혼을 해오자 거절할 핑계로 여재(呂才)가 합혼개폐 궁합론과 더불어 구궁궁합론을 창안하였다고 한다. 상원갑자에 드는 남자는 구궁도의 칠(七)궁에 갑자를 붙여 구궁을 거꾸로 짚어 나가고 여자는 오(五)궁에 갑자를 붙여 구궁을 바로 짚어 나가고, 중원갑자에 드는 남자는 일(一)궁에 갑자를 붙여 거꾸로 짚어 나가고 여자는 이(二)궁에 갑자를 붙여 바로 짚어 나가며, 하원갑자에 드는 남자는 사(四)궁에 갑자를 붙여 구궁을 거꾸로 붙여 나가고 여자는 팔(八)궁에 갑자를 붙여 구궁을 바로 짚어 나간다. 이 궁합법은 생년을 기준으로 하기 때문에 간편하게 궁합을 볼수는 있지만 다른 요소를 고려하지 않기 때문에 너무 단편적인 단점이 있다.

나) 합혼개폐(合婚開閉)궁합론

당대에 여재(呂才)가 만든 궁합법으로 여자를 기준으로 판단하는데 子, 午, 卯, 酉생여자는 14, 17, 20, 23, 26, 29세에 혼인하면 대개(大開)하여 부부가 서로 뜻이 맞아좋고, 15, 18, 21, 24, 27, 30세에 결혼하면 반개(半開)하여 부부가 불화는 하지만 이혼은 하지 않으며, 16, 19, 22, 25, 28, 31세에 결혼하면 폐개(閉開)하여 부부가 이별한다고 본다.

합혼개폐론은 여자의 띠를 기준으로 하여 혼인의 길흉을 쉽게 판단하는데 寅, 申, 巳, 亥생은 13, 16, 19, 22, 25, 28세에 대개(大開)하고, 14, 17, 20, 23, 26, 29세에 반개(半開)하며, 15, 18, 21, 24, 27, 30세에 폐개(閉開)한다고 본다. 辰, 戌, 丑, 未생은 12, 15, 18, 21, 24, 27세에 대개(大開)하고, 13, 16, 19, 22, 25, 28세에 반개(半開)하며, 14, 17, 20, 23, 26, 29세에 폐개(閉開)한다고 본다.

다) 납음오행(納音五行)궁합론

납음오행으로 보는 궁합법은 과거에 쓰던 방법인데 상호간의 태어난 연도의 간지 납음오행을 찾아 서로 상생이 되느냐 상극이 되느냐에 따라 희기를 분별하는 방법이다.

생년간지의 납음오행이 남녀 간에 상생관계이면 좋고 상극관계이면 나쁘며 상극이라도 남자가 여자를 극하는 것은 무방하며 남녀 간에 납음오행이 서로 비화(比化)되는 경우 토(土)와 수(水)는 땅과 물은 합칠수록 넓어지고 큰 강물을 이루어 좋으나 금(金), 목(木), 화(火)가 비화(比化)되는 것은 쇠끼리 부딪히면 서로 싸우고, 나무끼리 부딪히면 서로 높이 뻗으려고 다투며, 불끼리 만나면 온 세상을 불사르니 나쁘다고 본다. 구궁궁합법보다 쉽고 간편하여 민간에서 널리 활용되던 방법인데 합리적이지 못하고 자평명리에서는 이용되지 않으므로 중요하게 생각되지 않는다.

- 납음오행을 쉽게 찾는 법
❶ 천간, 지지의 오행수

　　甲乙 : 1,　丙丁 : 2,　戊己 : 3,　庚辛 : 4,　壬癸 : 5

　　子午丑未 : 1,　寅申卯酉 : 2,　辰戌巳亥 : 3

❷ 납음오행수

　　木 : 1,　　金 : 2,　　水 : 3,　　火 : 4,　　土 : 5

❸ 천간과 지지의 오행수를 합하면 납음오행 수가 된다. 합한 수가 5를 안 넘으면 그대로 쓰고, 5를 넘으면 5를 뺀 나머지 숫자를 납음오행 수로 본다.

예)

己亥生이면 己는 3이고 亥도 3이므로 합하면 6이므로 5를 빼면 1이 남는다. 1은 木이므로 납음오행은 木이 된다.

- 납음오행에 따른 궁합법

납음오행 궁합법(納音五行 宮合法)은 태어난 출생년도를 가지고 보는 궁합법으로 남녀 각각 출생년도의 오납음행이 어느 것에 해당하는지 알아본 후, 서로 간에 상생과 상극을 따져보는 법이다. 생년의 간지를 기준으로 하는 궁합법으로 큰 의미를 두지는 않는다. 그러나 요즘도 일부 역술인이나 무속인들은 납음오행으로 궁합을 본다. 틀린 것은 아니지만 시대에 뒤떨어지는 궁합법이다.

남자가 여자를 극하거나 여자가 남자를 생하는 것은 좋고, 남자가 여자를 생하거나 여자가 남자를 극하는 것은 매우 나쁘다 남녀가 비화되는 것은 토, 수는 길하고 금,

목, 화는 나쁜 궁합으로 본다.

라) 신살궁합론

당나라 때 서역으로부터 황도 12궁의 개념이 유입되면서 중국의 12지지와 결합되어 사람이 출생한 해의 열두 띠를 중심으로 삼합, 육합, 방합 및 각종 신살을 적용하여 혼사의 길흉을 판단하는 법이다. 신살궁합론은 주로 년지를 기준으로 하기 때문에 띠 궁합법으로 알려져 있는데 남녀의 사주에서 년지를 기준으로 육합, 삼합, 방합 등이 있으면 좋고 반대로 형충파해, 원진살, 고란살, 고신살, 과숙살 등이 있으면 나쁘다고 본다.

2) 자평명리 궁합론

가) 육친궁합론

육친궁합론은 배우자성인 부(夫)처(妻)의 생과 합의 여부에 초점을 둔다. 여자에게 부성인 관성과 남자에게 처성인 재성이 서로 합이나 생의 관계이면 길하고 상대방의 재성과 관성이 서로 충극형파해가 되면 흉하다고 본다. 또한 관성과 재성이 배우자궁인 일지에 뿌리를 두고 천간으로 투출한 것을 길한 것으로 본다. 이러한 육친궁합론은 중국의 장남, 진소암, 임철초 등에 의해 이론적 배경이 완성되었다.

나) 궁위(宮位)궁합론

명리학 이론에서 육친과 더불어 중요한 이론이 궁위이론이다. 년주는 조상궁이요, 월주는 부모형제궁이며, 일주는 배우자의 자리요, 시주는 자녀의 자리이다. 궁위궁합론의 예를 들면 일지에 희용신이 있으면 배우자운이 좋고 기신이 있으면 배우자운이 나쁘다고 보는데 궁합을 살핌에 있어 부처궁이 중요한 역할을 한다. 궁위궁합론은 단독으로 사용되는 궁합법이라기 보다 육친, 용신궁합론과 함께 사용되며 자평명리 궁합론의 기초이론을 형성한다.

다) 용신궁합론

용신궁합론은 상대방이 자신에게 필요한 용신을 가지고 있는지의 여부로 부부길흉을 판단하는 궁합법이다. 용신궁합론은 장남의 육친궁합론을 비판하고 오직 용신오행으로만 길흉을 판단해야 한다는 원수산의 주장이 주요 개념이다. 용신궁합론은 기본적으로 남녀의 사주를 비교하여 서로에게 필요한 용신에 해당하는 오행을 가지고 있으면 길하고 반대로 서로에게 불필요한 기신에 해당하는 오행을 가지고 있으면 흉하다고 본다.

✦ 3. 일반적으로 보는 궁합법과 신궁합법

1) 태어난 연도를 비교하여 보는 법

일반적으로 가장 손쉽게 많이 보는 방법으로 남녀 상호 간의 띠를 가지고 비교한다. 서로 간의 년지끼리 삼합이나 육합이 되면 길하고 형, 충, 파, 해, 원진이 되면 흉하며 이 두 가지 이외는 보통의 관계로 본다.

년지는 조상궁을 나타내므로 년지의 합충으로 두 가문 사이의 근본적 화합과 대립의 관계를 규명하는 것이다. 현대는 집안보다는 개인의 삶을 중요시 하므로 요즘에는 제일 가볍게 보는 부분이다.

2) 태어난 달로 궁합을 보는 법

태어난 달로 보는 궁합은 서로 간의 월지의 상태를 비교하여 보는 법으로 월지끼리 합하면 길하고 충하면 흉하게 보는 것이다. 나머지의 관계는 보통으로 본다. 월지는 가정궁으로 월지의 합충의 상태로 두 집안 간의 화합과 대립의 관계를 가늠하여 볼 수 있다.

이 방법은 년지를 비교하여 보는 것보다 훨씬 더 잘 맞는다고 볼 수 있다. 태어난 달만을 가지고 궁합의 길흉을 따져볼 수 있으므로 간편함의 장점이 있다고 하겠다.

3) 태어난 날과 시를 비교하여 보는 법

태어난 날로 보는 궁합법은 속칭 겉궁합과 속궁합이 나쁜지 좋은지에 대한 분별법을 말하는데 겉궁합은 서로의 일간을 가지고 합이냐 충이냐의 관계로 서로 간에 외견상으로 성격이 잘 맞느냐 안 맞느냐를 분별하는 것이다. 일반적으로 생과 합의 관계는 길하고 상극과 충의 관계는 흉하다고 본다.

속궁합은 일지끼리 합이나 상생의 관계는 잘 맞는 것이며 형, 충, 파, 해, 원진이 되면 안 맞는 것으로 본다.

그리고 여기에 서로간의 時支끼리 비교하여 합이면 장래를 두고 길하고 충이나 원진이 되면 흉하다고 본다.

4) 사주 전체를 비교하여 보는 법

이렇게 일차적으로 서로 간의 년, 월, 일, 시를 비교하여 단식 판단을 하고 난 다음에 남녀 간의 사주를 분석하여 한 사람에게 부족하여 꼭 필요한 오행을 상대가 많이 가지고 있어 보완을 하여 준다면 좋은 궁합이 되고 그 반대일 경우에는 나쁜 궁합이라 할 수 있다. 또한 상대의 용신을 生助하여 주면 좋은 궁합이 되고 충극하면 나쁜 궁합이라고 본다.

5) 남녀雙방의 사주를 분석하여 가치관과 심리를 비교하여 보는 신궁합법

위와 같은 방법으로 궁합을 보고 좋은 궁합이라 하여 결혼을 하였다면 물어볼 것도 없이 백년해로하고 행복하게 잘 살아야 할 것이다. 하지만 아이러니한 점은 세계에서 거의 유일하게 결혼 전 궁합을 보는 우리나라가 OECD 회원국 중에서 이혼률이 1~2위에 올라있다는 사실이다.

이러한 현실에 비추어볼 때 위의 방법들을 통한 궁합을 과연 우리가 얼마나 신뢰할 수 있는가에 대한 의문을 제기하지 않을 수 없다.

과거 우리가 하루 세끼 주식을 걱정하던 시절에는 그저 여자는 의식주 문제만 해결되면 모든 심리적 고통을 감내하고 참고 살 것을 강요당하여 왔다. 그러나 지금은 사회적으로 경제적 문제가 해결되고 여권이 신장하여 여성상위의 시대가 되었으며 소위 말하여 배곯아 굶어죽는 사람이 없는 시대인 것이다. 과거에는 부부간 이혼의 사유가 주로 배우자의 부정과 경제적 문제였는데 지금은 성격과 가치관의 차이로 이혼하는 경우가 상대적으로 제일 많이 늘고 있는 추세이다.

지금은 문화적·사회적·직업적으로 다양성의 사회이며 사람들이 원하는 것은 육체적·경제적 문제를 넘어서 정신적·심리적 만족을 추구하는 것이다. 그러기에 최상의 궁합 여부를 알기 위해서는 기존의 궁합법에 따라 일차적으로 궁합을 본 연후에 두 사람의 사주를 분석하여 육친십성에 따른 기질과 속성을 살피고 서로의 성정을 비교하여 가치관이나 기호도의 공감대 형성 여부를 꼭 살펴보아야만 한다.

가) 남자 사주의 분석방법

- 식상생재의 관계를 보라 - 여자에 대한 사랑 표현의 매너가 좋고 자상하다. 식상이 없으면 사랑의 표현이 매끄럽지 못하다. 반대로 식상이 너무 태과하면 과도한 애정표현과 관심으로 상대를 질리게 할 수도 있다. 남자에게 식상은 소위 립서비스란 단어와 등식이 성립된다.

- 비겁과 재성의 관계를 보라 - 군겁쟁재가 일어난 사람은 여성을 사랑은 하나 집착하고 소유하려고 하며 상대의 의견과 인격을 무시한다. 사랑의 방식이 다분히 일방통행적이며 아름다운 꽃을 보면 일단 꺾고 보려는 심리가 강하다.

- 재관인의 상생 관계를 보라 - 재생관 관인상생이 된 사람은 여자의 마음과 사랑을 잘 받아들인다. 다분히 헌신적인 배우자를 만나 상대에게 모성애를 일으키게 하며 사랑의 흡입력이 좋다.

- 식상과 관성의 관계를 보라 - 식상과 관성이 적절히 제화를 잘 이루고 있다면 섹스환경에 지배를 받지 않고 자유로운 체위를 즐기며 매우 만족스러운 성생활을 즐긴다. 그러나 식상과 관성이 서로 심하게 상극하는 사주는 배우자와 습관의 차이나 문화적 차이, 가정적 환경의 차이로 서로 집안 간의 다툼과 성격갈등을 일으키는 수가 많다.

- 조후를 보라 - 조후가 안 맞거나 편중·편고한 사주는 건강과 정서에 문제가 생긴다. 이 경우 부부관계의 성생활에 문제가 발생하기 쉽다. 정신적인 섹스와 사랑을 추구하는 경우가 있어 상대의 성적 욕구가 강할 때는 심각한 불만족을 초래할 수 있다.

나) 여자 사주의 분석방법

- 식상과 관성의 관계를 보라 - 식상이 관성을 적절하게 극하는 여성은 남자에게 자신의 감정과 사랑을 적절하게 표현을 할 수 있다. 상대를 자신의 패턴대로 끌고갈 수 있는 능력이 있는데 사주에 재성이 없고 식상이 너무 태과한 경우에는 남성을 무시하고 함부로 대하는 심성이 있다.

반대로 식상이 없는 경우에는 사랑의 감정과 표현이 약하여 남자를 잘 다루지 못하고 그로 인하여 상대의 불만을 초래할 수 있다.

- 비겁과 관성의 관계를 보라 - 관성이 비겁을 적절히 극제하는 경우에는 배우자와의 관계에 균형을 이루나 약한 비겁을 강한 관성이 극제할 경우에는 상대의 억압적 행동에 수치와 모멸을 느끼는 억압심리가 있으며, 반대로 강한 비겁이 약한 관성에 대항하는 여명은 자신의 욕구를 충족시키지 못함에 남성을 존중하지 못하고 경시하는 심리가 있다.
- 관인상생의 관계를 보라 - 관인 상생이 잘 이루어진 여자는 남자의 사랑을 잘 받아들이며 상대 남성을 식상이 잘 발달하여 센스와 매너가 좋은 사람을 만나게 되나 사주에 인성이 없어 관인 상생이 안 되어 있으면 남성으로부터 사랑이 유입되는 코스가 약하여 사랑의 정서에 둔감한 경우가 생긴다.
- 재생관의 관계를 보라 - 재생관이 되는 여자는 한마디로 남자를 섬기고 편안하고 안락하게 모실 줄 안다. 남자에게 자신의 몸과 마음을 바쳐 정성을 들이고 존중하며 상대의 자존심을 높여주고 성공시키고자 하는 심성을 가진다.
- 조후관계를 보라 - 조후가 안 맞거나 편중·편고한 사주는 건강과 정서에 문제가 생긴다. 이 경우 부부관계의 성생활에 문제가 발생하기 쉽다. 정신적인 섹스와 사랑을 추구하는 경우가 있어 상대의 성적 욕구가 강할 때는 심각한 불만족을 초래할 수 있다.

다) 남녀 사주의 상대성 비교

위에 예시한 바와 같이 남녀 간에 사주에 따른 심리상태와 사랑의 유형이 적합도가 높으면 결혼 후 바람직하며 무난한 부부생활을 영위할 수 있으나 단순히 오행이 서로 보완관계만을 이루는 만남일 경우에는 일시적인 관심과 사랑으로 육체적 관계를 맺고 결혼을 한다 해도 정신적 육체적으로 서로의 부적합함을 극복하지 못하고 불만이 쌓여 불행한 결과를 초래할 가능성이 높다.

〈육친에 따른 남녀 사랑 방법〉

여자가 官을 다루는 방식	남자가 財를 다루는 방식
식상–관을 꺽는다. 소유한다.	식상–재를 양식 한다. 식상생재
재성–관을 양식 한다.	재성–재성의 유혹에 넘어 간다.
관성–관의 손길에 꺽인다.	관성–재를 유인한다.
인성–관을 유인한다.	인성–재성을 유혹한다. 홀린다.
비겁–관을 유혹한다. 홀린다	비겁–재를 꺽는다. 소유한다.

* 식상생재가 잘 된 남자는 지적인 여자를 원하고, 재생관이 잘 된 여자는 지적인 남자를 원한다.

* 사주에 없는 오행은 콤플렉스이다. 만약 사주에 재성이 없으면 비겁이 일간을 바라보는 마음은 공허롭고 헛헛하다. 결과·결실이 없는 상태이다.

예) 궁합측정 사례

남자(현직경찰)	여자(가정주부)
시 일 월 년 癸 癸 甲 乙 丑 卯 申 巳	시 일 월 년 乙 辛 丙 庚 未 巳 戌 戌
식상생재관계 : 매우 발달 비겁과 재성의 관계 : 균형 재관인의 관계 : 불미 식상과 관성의 관계 : 불균형 조후관계 : 무난	식상과 관성의 관계 : 불균형 비겁과 관성의 관계 : 균형 관인상생의 관계 : 매우 발달 재생관의 관계 : 안 됨 조후관계 : 난조함

위 두 사람은 사주의 오행상으로 상호 보완관계가 이루어져 연애, 결혼을 하였다. 남자는 식상생재가 잘 되고 비겁과 재성의 관계가 무난하여 상대를 존중하며 사랑하는 감정이 발달하였으나 식상과 관성의 균형이 안 맞아 섹스 행위에 있어서의 자유로움과 변형적 체위의 요구 등으로 상대의 거부 반응을 일으킬 수 있다. 재관인의 상생이 불미하여 상대의 모성애적이며 헌신적인 사랑을 유도하지 못하며 여자의 마음과 사랑을 잘 받아들이지 못한다. 조후관계에는 문제가 없다. 여자는 식상이 없어 사랑의 감정과 표현이 약하여 상대의 불만을 초래할 수 있다. 비겁과 관성의 관계는 균형

을 이루나 관인상생이 너무나 발달하여 남자들의 사랑을 너무 잘 받아들이며 상대 남성들을 식상이 잘 발달하여 센스와 매너가 너무나 좋은 사람을 만나게 된다.

그러나 재생관의 관계가 없고 조후가 난조하여 남자를 편하게 섬길 줄 모르고 정신적인 섹스와 사랑의 추구로 상대의 심각한 불만을 초래하게 된다. 여자가 사랑에 대한 이상추구심리로 외도를 하여 庚寅년 癸卯월 현재 이혼 소송 중에 있는 부부이다.

11장. 사주와 질병과의 관계

✦ 1. 사주와 중증질환과의 상관성(相關性)

  질병은 육체적 질병, 정신적 질병, 심리적 질병이 있는데 질병의 발병 이유는 크게 음식의 섭생에 의한 요소, 환경에 의한 요소, 정신적 스트레스에 의한 요소 등이 있다. 질병을 볼 때는 오행의 강약에 의한 오장육부의 이상 여부, 격국의 성패에 따른 정신적 스트레스 여부, 조후에 의한 심리적 이상 유무 등을 종합적으로 살펴야 한다.

- 건강을 보기 위해서는 사주에서 우선적으로 오행편성의 강약과 생극제화와 합충에 의한 변화를 살펴야 한다.
- 암(癌)은 사주에서 土오행(백호대살, 괴강살, 고기류 섭취를 통한 고혈압, 당뇨, 고지혈증, 혈액순환장애 등)과 가장 관련이 깊다.
- 辰戌충, 丑未충, 寅申충, 卯酉충, 巳亥충, 子午충, 甲庚충, 乙辛충, 丙壬충, 丁癸충 등 상충살은 인체 장부나 호르몬에 이상이 있는 경우나, 주변 환경에 의한 정신적 트라우마로 인한 스트레스 장애 등으로 인한 암 및 중증질환의 발병과 관련이 깊다.
- 천간합은 암의 발병요소이다. 특히 甲己합, 乙庚합, 戊癸합은 호르몬 이상(木오행이 취약해짐)으로 인한 암의 발병과 관련이 깊다. 합으로 기반이 되고 변해버린 오행에 질병이 발병한다.

- 사주원국이나 운에서 재생살(財生殺), 칠살중첩(七殺重疊)은 과로, 스트레스, 심리적 위축감, 오염된 생활환경 등으로 인한 암의 발병요소이며, 편중되거나 태과한 오행은 암의 발병요소가 된다.

- 사주에서 水오행이 꼭 필요한데 土剋水가 심하거나, 사주에서 木오행이 꼭 필요한데 金剋木이 심하면 혈액순환장애와 뇌하수체 이상 등으로 인한 면역체계의 이상으로 암의 발병요소이다.

- 일반적으로 火剋金은 발병한 癌에 대한 항암치료 및 약물치료와 방사선치료 등의 대항능력이다.

- 일반적으로 水生木, 木剋土는 생활환경의 변화 등으로 인한 자연치유와 면역체계 및 호르몬 기능의 회복 등으로 인한 발병한 癌에 대한 자가 치유능력이다.

- 사주원국의 辰, 丑土를 운에서 戌, 未가 沖할 때는 암이나 위장병 등이 잘 발병하고 원국의 戌, 未를 운의 辰, 丑이 충할 때는 암이나 위장병이 덜 발병한다.

- 木旺土弱 사주가 辰年이 오면 왕자충발의 이치로 그때 木剋土가 발생해 위암이나 위궤양이 발병한다. 이는 용신이 미력한 사주가 용신운에 사망하는 경우이다. 고로 질병의 발병은 용신 여부로 보지 말고 오행의 生, 剋, 合, 沖, 刑, 破, 害로 보라. 다른 오행도 동일하다

- 사주에서 三合이 이루어질 때 많은 질병이 발병한다. 합하여 강왕해진 오행이 상대를 극하여 다치게 한다. 예를 들어 巳酉丑金局이 되면 木오행이 손상되므로 질병이 발생한다.

- 합으로 기반되고 변해버린 오행에 질병이 발병한다. 특히 子丑合, 卯戌合, 巳申合 등 지지 육합은 오행의 기반으로 본다. 이는 호르몬의 변화로 신체 장부(腸腑)에 면역력이 무너질 때 암이 발병함을 말한다.

- 왕신충쇠(旺神沖衰) 쇠자발(衰神跋), 쇠신충왕(衰神沖旺) 왕자발(旺者發)의 원리는 질병에 가장 잘 적용된다. 이는 신체적으로 항상성이 깨질 때 암이 잘 발병함을 말한다.

- 사주에 없는 오행이 운에서 왔을 때 사주오행의 구조상 수용되면 괜찮지만 보호받지 못하고 극상(剋傷)될 때 해당 오행에 질병이 발생한다.

- 위의 여러 조건들은 사주 주인공인 일간에게도 발병이 되지만 오히려 그 오행에 해당하는 육친에게도 많이 발병하니 꼭 참고하여야 한다.

- 일반적으로 일간이나 용신이 십이운성으로 死, 絶, 墓되는 운에 잘 발병하고 사망하기도 한다.
- 암 발병 사례를 조사·분석한 결과 일반적으로 가을, 겨울생인 金水체질이 봄, 여름 출생인 木火체질 보다 암 발병률이 3배 이상 높았다. 또한 봄, 여름생이 암이 발병하는 경우는 주로 金, 水 대운이었다. 이는 암의 발병은 사주명리학적으로 보아도 저체온과 밀접한 관련이 있다는 것을 말하는 것이다.
- 격국이 바르지 못하고 파격이 되는 사주가 암 발병률이 더 높다. 운에서도 파격이 되는 운에 암이 많이 발병한다. 이는 사회성의 저조함에서 오는 정신적 스트레스가 암 및 중증질환의 발병 이유임을 말하는 것이다.
- 암이란 당해 년도에 갑자기 발병하는 게 아니라 적어도 수년에서 십수 년 전부터 체질적 유전자에 의하거나 주변 환경의 요인에 의하여 발생하고 성장한다. 그러므로 흉운 뿐만이 아니고 길운에도 암이 많이 발견된다. 좋은 운에 암이 발견되면 치료 후 완치되고 나쁜 운에 암이 발견되면 주로 사망한다.

✦ 2. 중증질환 발병사례

예1)

○ 癸 乙 辛 (안○○)

○ 丑 未 丑

己 庚 辛 壬 癸 甲 4대운
丑 寅 卯 辰 巳 午

- 식신격 – 身弱, 辛金편인용신.(억부용신과 격국용신이 相違함)
- 乙辛충으로 편인도식된 破格 사주임.(단명사주)
- 직업 – 일용직근로자.
- 전처자식 2명 있음.(외할머니가 키움)
- 癸丑 乙未白虎大殺, 乙辛沖 丑未沖 相沖殺.
- 前妻는 1991년(辛未) 암으로 사망했음.(辰대운)
- 44세 庚대운 甲申년(2004년) 조선족 여자와 재혼, 술고래.

- 壬辰년 乙巳월에 췌장암발병 – 간암으로 전이되어 사망했음.

예2)

丁 甲 己 庚 (양○○)
卯 子 丑 子
乙 甲 癸 壬 辛 庚 1대운
未 午 巳 辰 卯 寅

- 정재격 – 身强, 丁火 상관용신(조후용신)
- 子印刑殺, 子丑合水 – 수목응결(水木凝結), 수다목부.(水多木腐)
- 수다토류(水多土流), 수다금침(水多金沈) – 직업 불분명
- 사후관곽의 사주, 주거 불명, 평생 미혼.
- 甲己合은 음주살, 뇌종양, 간암, 갑상샘암, 신경암임.
- 지지 子丑合으로 水가 탁해지니 水生木 안 되고 癌이 됨.
- 41세 甲대운 庚辰년 뇌종양 수술.(甲己合 甲庚沖 丑辰破)
- 2002년 壬午년 뇌수술 후유증으로 盲人됨.(丁壬合, 子午沖)
- 午대운 丙戌년 완치 판정 받음, 보험금수령, 집 장만 했음.
- 2006년 丙戌년 수술로 한 쪽 눈 시력 회복.
- 2009년 己丑년 甲己合 子丑合으로 뇌종양 재발.
- 2010년 庚寅년 甲庚沖으로 10월 사망.(51세)
- 51세 乙未대운 乙庚合으로 金세력 강화, 丑未충으로 癌 재발.

예3)

甲 戌 庚 戌 (김○○씨 부군)
寅 辰 申 戌
丙 乙 甲 癸 壬 申 7대운
寅 丑 子 亥 戌 酉

- 식신격 – 食居先殺居後格 – 甲木偏官용신.

- 도시가스 회사 근무 중 간암으로 사망.
- 무인성 무재성 사주.(戌 중 丁火, 申 중 壬水, 辰 중 癸水 있음)
- 戊辰 戊戌 魁罡殺, 甲庚충, 寅申충.
- 알콜의존증 있었음.
- 47세 乙丑대운 乙庚合金 세력강화.
- 51세 丑대운 丑戌형살, 丑辰破殺, 戊子년 간암으로 사망.

예4)

庚 乙 丙 癸 (주○○)

辰 亥 辰 丑

庚 辛 壬 癸 甲 乙 1대운

戌 亥 子 丑 寅 卯

- 편인격 – 신약, 癸水편인용신.
- 癸丑 백호대살, 庚辰 괴강살, 辰辰 자형살, 丑辰 파살.
  辰亥 원진살, 乙庚合金, 土剋水, 財生殺구조의 사주.
- 직업 – I.T회사 프로그래머.
- 2008년 상담 시 간, 담, 갑상샘암, 파킨슨 등 주의를 주었음.
  가족병력으로 아버지가 위의 증상들이 있었다고 함.
- 41세 辛대운 乙辛沖으로 偏官七殺운, 사주의 丙火가 丙辛합.
- 庚寅년 辛卯년 질병이 커지고 金剋木으로 건강 이상 발생.
- 壬辰년 세운에서 丙壬충으로 상관을 충극하니 乙辛沖 발생
- 壬辰년 갑상샘암 발병 수술.
- 51세 庚戌대운이 되면 乙庚合金, 辰戌沖으로 위험.
  戊戌년(2018년) 辛丑년(2021년) 재발병할 수 있음.

예5)

壬 癸 壬 乙 (김○○)
戌 巳 午 巳
丁 丙 乙 甲 癸　10대운
亥 戌 酉 申 未

- 편재격 - 身弱사주, 壬水겁재용신.
- 財生殺 된 사주 - 短命함.
- 남편과 딸이 너무 속 썩여서 매일 싸우고 살았음.
- 丁亥년(2007년) 丁癸沖 巳亥충으로 갑자기 심장마비 사망.
- 40세 丙戌대운 丙壬충되고 財生殺되는 사망운임.

예6)

辛 乙 辛 丁 (차○○)
巳 巳 亥 亥
甲 乙 丙 丁 戊 己 庚　4대운
辰 巳 午 未 申 酉 戌

- 정인격 - 身弱, 亥水 정인용신.
- 乙辛沖, 巳亥沖으로 부부간에 서로 자기 말이 옳다고 싸움.
- 巳中 戊土 - 부하직원 年下女와 스캔들 일으키는 사주.
- 서점운영, 군의원 한 번 했음, 문화원장 역임.
- 59세 巳대운 - 巳亥沖으로 5년간 가출했다 들어옴.(외도)
- 53세 午大運에 한 번 파산했었음.
- 사주의 辛金七殺을 丁火가 火剋金으로 藥이 되어 막고 있음.
- 壬辰년(66세) 丁壬合으로 약발 떨어지고 辰亥 원진살.
- 64세 대운에서도 辰亥 원진살, 火生土 - 土生金 후 金剋木.
- 庚寅 辛卯年 대장암 발병하여 수술함.

예7)

甲 庚 甲 辛 (김○○)

申 子 午 巳

丙 丁 戊 己 庚 辛 壬 癸 5대운

戌 亥 子 丑 寅 卯 辰 巳

- 정관격(子午沖으로 破格됨, 관살혼잡) – 身弱四柱.
- 辛金劫財(억부용신) 木火가病 – 金水가藥.(조후, 병약용신)
- 傷官生財, 財生官으로 사업가형 사주 – 뻥과자공장 운영.
- 중졸 후 서울와서 아버지 권유로 전문기술 배움.
- 甲庚沖, 子午沖 – 치매, 간암, 갑상샘암, 폐암 등 주의.
  장남 – 교통사고로 장애, 차남 – 자식 없음, 딸 – 행정고시 패스.
- 젊은 시절 음주와 가무를 매우 즐김.
- 45세~60세 土대운 기간 중 억부용신운이니 사업 번창.
  그러나 土剋水 – 土生金하니 金이 힘 받아 金剋木으로 발병.
  庚辰(2000년) 辛巳년(2001년) 감염보균자에서 간암 발병.
- 60세 子대운에 水剋火 – 水生木으로 간암 완치됨.
- 壬辰년 丙午월 길을 가다 아무것도 모르겠음 – 치매초기 증세 왔음.
- 75세 丙戌대운(七殺運) 午戌火局 土剋水로 火氣태왕.
  火剋金으로 뇌출혈, 뇌졸중, 치매발병 주의.

예8)

乙 乙 戊 辛 (한○○)

酉 酉 戌 卯

乙 甲 癸 壬 辛 庚 己 9대운

巳 辰 卯 寅 丑 子 亥

- 정재격 – 身弱四柱, 乙木 비견용신.(水木吉, 火土金凶)
- 재생살의 命 – 힘들고 고달프고 골병드는 팔자.

- 戊戌 괴강살, 酉酉 자형살, 卯戌合으로 卯木기반.
- 남편과 평생 화장품 가게 함, 시아버지 풍과 당뇨로 사망.
- 辛丑대운 시집살이 심하게 했음.
- 甲辰대운 壬辰년 초 자궁내막암 수술.
- 壬辰년 庚戌월 골반과 폐에 암재발 전이되어 입원.
- 계사년 현재 상태가 호전되어 퇴원했음.
- 甲대운은 넘기나 辰대운은 넘기기 힘들 것으로 판단.
- 을미년 암 재발, 치료 포기.
- 辰대운 乙未년 甲申월 사망함.

예9)

己 己 戊 庚 (구미사람 女)

巳 未 寅 戌

辛 壬 癸 甲 乙 丙 丁 1대운

未 辛 酉 戌 亥 子 丑

- 정관격 - 정관격의 사주가 재생관이 안 되고 천간에 상관이 투출하여 상관견관으로 파격된 사주임.
- 30대 초반 甲대운에 甲庚충으로 상관견관작용 일어나 이혼하고 戊대운에 고생, 노력하여 40세 癸대운에 부동산도 장만하고 자리 잡았음.
- 壬辰년부터 헤어져 있던 아이들을 데려왔음 - 사주적으로는 상관견관위화백단의 현상이 일어나는 안 좋은 선택임.
- 45세 甲午년에 대장에 희귀종양 발견됨. 수술했으나 가망 없다고 함.(천간에서 일어나는 甲庚충과 지지의 寅午戌火局으로 용신인 寅木의 기운이 몰락하는 운. 甲庚충과 寅午戌火局으로 火剋金이 발생하니 대장이 손상되는 운이다)
- 전체적으로 사주에 土金이 태왕하고 水生木이 안 되고 火剋金도 안 되어 암이 발병하면 회생이 안 되는 사주임.
- 41세 癸酉대운에 천간에서 戊癸합으로 吉變凶되고 지지에서 寅酉원진살 및 金剋木으로 희용신이 피상되어 죽게 되는 운임.

- 癌은 이미 戌대운부터 오래전에 있었음 - 매일 속 안 좋다고 위장약만 먹고, 사는 게 바빠서 신경을 못 썼다고 함.

✦ 3. 오행과 질병과의 관계

1) 십천간과 오장육부 및 신체부위와의 관계

질병이란 정신기혈(精神氣血)이 손상된 것인바, 안으로는 장부(臟腑)요, 밖으로는 팔다리 등이다. 사주의 오행 간 생극합충의 이치로 판단하니 손상됨이 重한 것(약하거나 파극 된 오행)으로써 질병부위를 예단한다. 천간으로 오장육부를 분별한다면 甲은 담(膽,쓸개), 乙은 간(肝), 丙은 소장(小腸), 丁은 심장(心臟), 戌는 위(胃), 己는 비장(脾臟), 庚은 대장(大腸), 辛은 폐(肺), 壬은 방광(膀胱), 癸는 신장(腎臟)이 된다.

그리고 천간으로 外支를 구분하면 甲은 머리, 乙은 목, 丙은 어깨, 丁은 가슴, 戌는 옆구리, 己는 복부, 庚은 배꼽 및 단전, 辛은 넓적다리, 壬은 정강이, 癸는 발이다.

그러므로 10천간 중에서 극손상된 것들은 해당 장부와 신체에 병증을 나타내게 된다.

2) 12지지에 따른 인체 부위의 질병

子는 고환 등의 이상으로 허리와 아랫배가 아프거나 복부신경통이요, 丑은 위장, 寅은 어깨나 사지, 卯는 눈과 손, 辰은 등과 가슴, 巳는 얼굴과 치아, 午는 심장과 복부, 未는 비장과 흉부, 申은 기관지 및 대장, 酉는 골계통과 폐, 戌은 등과 배, 亥는 머리와 간이다. 간은 신장(콩팥)의 싹이요, 신장은 간의 주인이다. 신장은 눈에 통하고, 쓸개는 혼(魂)을 암장하고 있고, 폐는 백(魄)을 암장한다. 신장은 정(精)을 암장하고, 심장은 신(神)을 암장하며 비장은 기(氣)를 암장한다.

3) 오행에 따른 질병

가) 木

木日干이 庚, 辛, 申, 酉가 많고 申, 酉의 왕지에 임하면 간, 담에 병이 생기는데 놀라고 겁내며, 폐결핵이나 피를 토하거나, 머리가 어지럽고 눈이 침침하다. 가래천식, 각기(脚氣)병이다. 중풍, 반신불수, 눈이 돌아가거나 근육, 신경통, 피부건조증이나 눈병이 생긴다. 머리카락과 수염이 빠지고, 손발을 다치기도 한다. 여명은 낙태를 하거나 혈기가 조화롭지 못하며 소아는 경기를 일으키거나 밤에 울고 보채거나 기침병 등이 있다.

나) 火

火日干이 水가 태왕하고 亥, 子의 왕지에 임하면 소장과 심장의 병을 앓는다. 내부적으로는 급만성의 경풍(驚風, 놀람증)가 있고 가슴이 답답하거나 아프고 소리치거나 발광하기도 한다. 외부적으로는 눈이 어둡고 실명하기도 한다. 火日干이 巳, 午월에 태어나고 火氣가 태왕하여 火剋金이 심하면 부스럼, 고름, 종기 등 피부병이 있고, 소아는 홍역과 마마를 앓는다. 부녀자는 피가 건조하여 피땀이 나고 안색이 붉다.

다) 土

土日干이 木이 태왕하고 寅, 卯의 왕지에 임하면 비장, 위장이 손상을 입는다. 소화불량으로 목이 메어 음식이 막히고 배가 더부룩하고 설사와, 황종(黃腫, 위장의 종양)이 생긴다. 더불어 음식을 먹을 수 없어 토하니 비장이 상한다. 외부적으로는 왼손이나 입이나 배에 질환이 생기고, 피부가 건조하고 거칠다. 소아는 감병(위가 나빠져 몸이 야위고 헛배 부른 병)이 오고 자주 체하며 신경성 위궤양과 위산과다로 속쓰림이 온다. 안면마비가 되어 구안와사가 오거나 얼굴이 누렇다.

라) 金

金日干이 火가 태왕하고 巳, 午의 왕지에 임하면 폐, 대장에 손상이 생긴다. 해수(기침), 천식이 있고 대장의 이상과 치질이 생긴다. 스트레스와 경기를 앓고 정신병(도깨비에 홀려 정신을 잃고 겁이 많은 증세)을 앓기도 한다. 신체 외부적으로는 피부가 염증을 일으키고 코가 붉고 악창종기가 생긴다. 金이 약하고 火가 태왕하면 혈질(血疾)이 생긴다.

마) 水

水日干이 土가 태왕하고 토왕절에 임하면 신장, 방광에 문제가 생긴다. 안으로는 몽정을 하거나 귀녀와 동침을 하는 등의 악몽에 시달리기도 한다. 정기가 빠져나가니

청각에 이상이 생기거나 상한(傷寒 = 급성열병), 감기 등에 걸린다. 외부적으로는 치통과 疝症이 있고 복부신경통, 허리통증, 설사복통, 임질 등에 걸린다. 여인은 낙태하거나 냉대하등이 생길 수 있다. 水는 冷寒 하니 안색이 붉고 검다. 냉질은 水가 土의 剋傷을 만났기 때문이다.

이상은 일간을 위주로 논하였으나 전체적으로 오행을 적용하여 보면 된다. 태왕한 오행으로부터 沖剋을 받고 있는 약한 오행과 반대로 태과는 불급이 되니 태왕한 오행 자체가 질병의 요체가 된다.

✦ 4. 적천수에 따른 질병론

가) 사주가 조열하고 水나 습토가 전혀 없으면 生氣가 없으니 담(痰)병, 열병(熱病)이요. 설령 운에서 水가 온다고 하여도 화를 제압하지 못하여 흉하다.

나) 金이 용신인데 허약무기하고 水가 없거나 있어도 기신으로 화하였고 木火의 극을 받으면 폐가 약한데 행운이 火운으로 가면 水氣도 고갈될 것이니 폐병(肺病), 담(痰)으로 흉하다.

다) 사주에 木이 태과한데 水가 약하면 목다수삼(木多水滲)으로 水氣가 木으로 설기되어 고갈되며 더구나 金이 없거나 있어도 旺木의 역극을 받으면 그 기세를 거스를 수 없으므로 운로에서 木火운으로 가야 한다. 만약 태왕한 木火를 거슬러 金水운이 오면 木火가 더욱 날뛰니 병고로 신음하게 된다.

라) 만약 기신이 지지에 깊이 암장되어 있고 힘이 있으며 용신은 허약하다면 이를 제거하기가 어려우니 흉하다.
❶ 土用神인데 木忌神이 지지암장 되었다면, 예컨대 亥 중 甲木이라면 비장병, 위장병이다.
❷ 金用神인데 火忌神이 지지암장 되었다면, 예컨대 寅 중 丙火라면 대장병, 폐병, 해수병이다.
❸ 水用神인데 土忌神이 지지암장 되었다면, 예컨대 巳 중 戊土라면 신장병, 방광병

이다.

❹ 木用神인데 金忌神이 지지암장 되었다면, 예컨대 丑 중 庚金이라면 간장병, 풍질이다.

❺ 火用神인데 水忌神이 지지암장 되었다면, 예컨대 申 중 壬水라면 심장병, 소장병이다.

마) 土가 태왕하여 木으로 소토(疎土)하지 못할 때에는 비위가 제화되지 못하여 너무 유여(有餘)하니 병이 된다.

❶ 비장은 습한 것을 싫어하고 위장은 찬 것을 싫어한다.

❷ 사주에 濕土가 많다면 봄, 겨울에 발병한다.

❸ 사주에 燥土가 많다면 그 병은 여름, 가을에 발병한다.

❹ 사주에 燥土가 부족하다면 그 병은 봄, 겨울에 발병한다.

❺ 사주에 濕土가 부족하다면 그 병은 여름, 가을에 발병한다.

바) 기신이 천간에 노출되어 있고 지지에 뿌리가 없어 허(虛)하면 운로에서 쉽게 제화할 수 있으므로 병이 비교적 가볍다. 운로에서 희신운이 오면 문제가 되지 않으나 기신운에는 흉하다.

사) 사주가 木火로 되어 있는데 金이 없고 水가 미약하다면 오히려 水가 병이 되니 水運이 오면 혈병(血病, 혈액순환관련질병)이 발생한다.

아) 土가 조열하면 火의 生을 받지 못한다. 또 습토라도 水의 극을 받고 있으면 火의 生을 받지 못한다. 반드시 습토라야 火를 설기하고 金을 생할 수 있다. 土가 火의 生을 받아들이지 못하면 金이 극을 받으니 폐(肺)가 손상되며, 水가 손상되면 혈액순환에 관련된 병이 생긴다.

자) 천간론(天干論)을 확실히 알고있어야 한다. 예컨대 木은 火가 왕성하면 불에 타버린다. 이때는 木에 관련된 질병, 즉 風, 痰의 질병이다. 木火가 왕성하면 水가 火의 극을 받을 것이니 혈액순환질병과 신장방광의 질병, 痰病(가래, 천식, 지랄병, 담, 간질)

이요, 또 火와 조토(燥土)가 왕성하여 조열하다면 金이 극을 받으니 폐와 관련된 질병, 즉 기침, 해수, 가래 등이 생길 것이고 피부 가려움증(피부는 金)이 생길 것이고 습(濕)하다면 종기, 부스럼 등이 생길 것이다. 水가 많으면 마른기침을 한다.

차) 火가 치열할 때 金氣가 역행하여 위로 올라오면 간(肝)과 신장도 피해를 입고 혈액순환에도 장애가 되어 독(毒)을 이루어 우울증이 생긴다. 水木이 태왕하여 土가 극을 받아 허약하면 비장, 위장이 해를 받으니 소화불량, 위장장애 등이 생긴다.

✦ 5. 성정과 건강

사람의 성정은 인체장부와 관련이 있어 어떻게 성정을 다스리는지에 따라 인체장부도 영향을 받아서 건강상태가 달라질 수 있다.

사람의 감정이 도를 넘지 않고 절제되어야 건강에도 좋고, 감정이 도를 넘어 절제되지 못하면 건강에도 나쁘다.

- 木(간, 쓸개) – 怒(분노)
- 火(심, 소장) – 喜(기쁨)
- 土(비, 위장) – 憂思(근심, 걱정)
- 金(폐, 대장) – 悲(슬픔, 비관)
- 水(신, 방광) – 恐驚(놀람, 두려움)

즉 木이 태과하거나 불급하면 화를 잘 내어 분노조절 장애가 생기고, 火가 태과하거나 불급하면 잘 웃고 감정기복이 심하여 조증이 오며, 土가 태과하거나 불급하면 근심걱정이 많고, 金이 태과하거나 불급하면 슬픔에 젖고 비관적이며, 水가 태과하거나 불급이면 공포와 두려움에 떨며 잘 놀란다.

1) 지나치게 화를 많이 내는 사람

木氣가 發하니 土氣(비장, 위장)가 극을 받아 소화불량이나 식체(食滯)가 된다. 소화불량이면 충분한 영양이 섭취되지 못하니 영양의 불균형이 된다. 또 土가 극을 받으면 金을 생하지 못하니 金(폐, 대장)도 영향을 받는다.

따라서 이런 습관이 지속되면 폐가 약화되거나 변비 등 대장관련질환이 생길 수 있다. 더구나 화가 나서 피우는 담배는 더욱 폐를 망가지게 한다.

2) 지나치게 기뻐하며 웃는 사람

火氣가 發하니 열이 오르고 심장에 압박이 가해진다. 심장활동이 과도하게 왕성해지면 폐가 헬을 받으니 천식, 호흡곤란 등이 생길 수 있다. 이런 습관이 지속되면 폐가 극을 받아 약화되고 폐가 약화되면 신장이 生을 못 받으니 신장 역시 약화된다. 심장이 무리한 활동을 하면 간도 약화된다. 이럴 때 담배를 피우면 폐가 더욱 나빠진다.

3) 항상 생각이 많고 근심걱정을 하는 사람

土氣가 發하니 신장이 직접적으로 극을 받는다. 편하게 잠을 자지 못하고 평소에 끊임없는 근심걱정을 하니 신장의 精氣가 소모되어 신장이 약화되며 신장이 약화되면 간장도 생을 못 받으니 간장도 약화되어 피가 탁해진다. 간이 약해지니 항상 피로하고 안색이 초췌하고 눈이 침침하다. 이럴 때 술을 많이 마시면 간장이 더욱 나빠진다.

4) 항상 슬퍼하고 비관하는 사람

金氣가 發하니 간장이 극을 받는다. 간장이 약화되면 심장이 生을 못 받으니 심장도 약화된다. 여기에 술을 많이 마시면 간장이 더욱 나빠진다. 혈관에 노폐물(칼슘, 칼륨, 비소, 요산 등)이 쌓이면 간장이 제거해 주어야 하는데 간장이 제 기능을 못하면 심장의 혈관에 이상이 생기고 심혈관과 관련된 질병까지 생길 수 있다.

5) 자주 놀라고 공포와 두려움을 느끼는 사람

水氣가 發하니 심장이 위축되어 혈액순환에 문제가 생길 수 있으며 또한 몸의 열이 저하되니 비위장이 영향을 받아 소화불량, 위궤양 등이 생길 수 있다. 과식을 하거나 한밤중에 야식을 하는 사람은 위장이 더욱 부담을 받아 약화된다. 오랫동안 우울증 등으로 가슴앓이를 하면서 자주 놀라는 사람은 심장발작을 일으켜 심장마비가 올 수도 있다.

12장. 직업 및 학과적성 분석법[4]

✦ 1. 직업적성 분석 방법

명리학은 과거로부터 오랜 세월 동안 직업 상담을 해 온 학문이다. 과거에는 사회가 양반과 상놈이라는 二分法的이며 從的인 구조를 이루고 있었고 직업체계가 士農工商이라는 지극히 단순한 구조를 이루고 있었기에 명리학을 이용하여 직업 상담을 하기가 아주 쉽고 간단하였다. 그러나 지금은 세상이 평등해졌고 횡적 구조의 다양성의 사회가 되었으며 그에 따라 전공과 직업이 무수히 많아졌다. 대학에는 전공학과가 300여개가 넘으며 노동부에서 분류해 놓은 우리나라의 직업의 종류만 약 2만여 가지가 된다고 한다.

그러기에 이제는 명리학을 이용하여 효과적인 직업 상담을 하기 위해서는 체계적이며 전문적인 직업에 대한 지식이 있어야 하겠으며, 사주를 이용하여 직업에 대한 적성을 분류하는 방법이 좀 더 세밀하고 과학적이며 합리적이라야만 한다.

昨今의 명리학계에는 학과와 직업에 대한 적성검사의 방법들이 다양한 모델로 연구 제시되어지고 있는데 딱히 무엇이 옳고 그르다 할 수는 없으며 나름의 방법마다 장단점이 있다.

---

4) 김기승, 『명리직업상담론』, 2009, 도서출판창해, pp.195-294 내용 참조.

여기에 본인이 사용하는 사주구조와 격국 및 용신에 따른 적성분류 방법의 대강을
소개하니 잘 익혀서 실전에 유용하게 활용하기를 바란다.

1) 전체 사주의 구조가 직업의 큰 유형을 말한다

기본4코스	심리	사회성
가) 전문가형	내외향 유용심리	자기주체, 자율성, 전문성,
나) 사업가형	외향가치화 심리	경쟁을 통한 실현, 자율성, 활동성
다) 직장생활형	내향구조화 심리	사회주체, 구조성, 수행성
라) 지도자형	외적가치의 내적 구조화 심리	사회와 자기주체, 활동성, 권력성
마) 비범형 - A	내외향 양면성의 심리	대상에 대한 협상과 변화추구의 창의성
바) 비범형 - B	내외향 양면성의 심리	이상과 현실의 조화와 비약적 사고진행
사) 혼합형	외향가치화와 내향구조화의 혼합심리	사회주체, 구조성, 수행성 및 경쟁을 통한 실현성, 자율성, 활동성 등 복합적 사회성

가) 전문가형(자유직, 전문직, 프리랜서, 강사, 중개인, 예체능계 등 개인전문성을 활용하는 자유직업유형)

첫째, 印 - 比 - 食으로 이루어진 구조는 직장생활도 아니고 자영업도 아닌 중간형
인 프리랜서형으로 수용성, 자기중심전문성, 활용성에 따른 전문가형이다. 이러한 사
주들은 창조적이며 자유로운 일에 능동적이다.

둘째, 사주에 관성이 없거나 합화 및 기반되어 쓸모가 없어진 경우.

나) 사업가형(수평구조 - 제조, 생산, 판매, 유통업 등 독자적인 사업, 좌우 횡적 구조의 직업유형)

첫째, 比 - 食 - 財로 빠져나가는 구조의 사주는 수평형(Out-course)으로 일차적으
로 경쟁성, 자율성, 활용성, 활동성, 실현성에 따른 사업가형이다.

둘째, 官이 合去, 沖去되어 무력하여 일간에게 영향을 끼치지 못하거나 官이 무정한
사주들은 수직구조의 직업에는 부적응성을 나타내며 횡적구조의 직업에 잘 적응하고
창조적이며 자유로운 일에 능동적이다.

다) 직장생활형(수직구조 - 공직, 직장생활, 계급사회형, 상하종적 구조의 직업 유형)

첫째 官 - 印 - 比로 들어오는 구조의 사주는 수직형(In-course)으로 일차적으로 사회성, 구조성, 수행성, 책임성에 따른 직장생활형이다.

둘째, 官을 기준으로 官이 沖去, 合去 및 기반 되지 않고 유기상생(財生官, 官印相生)하는 구조로 官의 지배가 확실한 구조(財生官, 官殺格, 從官格 등)로 이러한 사주들은 종적 구조의 직업에 잘 적응하고, 만약 직장생활이 아닌 자유직업을 선택할 경우 원칙과 규정을 고수하므로 신용과 안정은 있을지라도 이익을 창출하는 데는 비능률적이다

라) 지도자형

財-官의 구조로 인성과 식상이 없어 사회성, 자기주체성, 활동성, 권력성에 따른 지도자형이다. 격과 운에 따라 직업형태가 변한다.

마) 비범형 - A

食-官으로만 이루어진 사주로 활용성, 구조성을 가진 비범형-A이다 격과 운에 따라 직업형태가 변한다.

바) 비범형 - B

財-印으로만 이루어진 사주로 활동성, 실현성, 수용성을 가진 비범형-B이다. 격과 운에 따라서 직업형태가 따라 변한다.

사) 혼합형(직장생활, 자영업, 프리랜서 모두 가능, 체제구조형 직업, 선택적 직업형, 대운에 영향을 받음)

관인상생(In-course)과 식상생재(Out-course)가 복합된 사주는 두 가지 직업의 유형을 다 소화할 수 있는 혼합형이다. 우선적으로 천간에서 이루어진 구조를 따르며 아니면 년월에서 먼저 이루어진 구조를 일차적으로 따른다.

여기에 사주에 관성이 있으나 뿌리가 약하고 일간에게 영향력이 약하거나 관성이 비록 뚜렷해도 상생 구조가 안 되거나 印, 比, 食, 財가 더 강한 등 구조가 불확실한 사주는 대운에서 이루어지는 구조에 따라 자신의 흥미나 관점이 바뀌고 주변의 환경적

영향에 따라 직업을 선택한다.

2) 격국을 보라. 격국은 일간의 기본적 유형과 스타일이다

격국은 출생과 동시에 의무적으로 부여 받는 직업적성이며 목표지향성이다. 격은 그 사람의 기본적인 스타일을 의미하며 한 사람이 살아가는 인생의 근본이 되며 사회성이요. 선대의 가업이고 사회적 등급이며 부귀빈천을 나타내는 지표로서 자기가 근본적으로 타고난 어떤 무엇인가를 바라는 선천적인 능력이 된다.

- 격은 사회적인 목표를 말한다.
- 격은 사회활동의 도구가 되고 수단이 된다.
- 격은 활동공간이나 일터이고 직장과 사업장이 될 수 있다.
- 격은 대외적인 기질이며 자기 자신이 아는 것이며 타인들이 나를 바라보는 시각이다.
- 격은 개인적으로만 쓰는 것이 아니라, 사회구성원으로서의 대의적인 기질을 표방한다.
- 그러므로 격은 그 사람의 근본적 스타일을 말하고 사회성을 말하며 사회적 등급과 부귀빈천의 심도를 나타낸다. 격은 그 사람의 사회적 능력과 목표이고 활동공간과 일터이며 대외적 기질을 나타내고 사회생활의 도구와 수단이 된다.

가) 십성의 격에 따른 활용성

❶ 比肩 - 자존지능, 지구력, 체질, 체력, 협동심, 수행력, 추진력, 자기주도성, 자기 책임감

❷ 劫財 - 경쟁지능, 신체지능, 대인지능, 체질, 체력, 경쟁심, 도전성, 자신감, 추진력, 독자성

❸ 食神 - 연구지능, 발표력, 연구심, 성실성, 창의성, 기술력, 생산력, 친화력, 봉사정신, 친절성

❹ 傷官 - 표현지능, 언변, 예리함, 전문성, 미적감각, 모방과 창조성, 희생심, 서비스 마인드

❺ 偏財 - 평가지능, 수리지능, 공간지능, 구성력, 목표성, 추구성, 감(통박), 의욕과

욕망, 유용성

❻ 正財 – 설계지능, 수학지능, 공간지능, 치밀함, 정밀성, 구조력, 목적성, 소유심리, 결과도출력

❼ 偏官 – 행동지능, 규율성, 조직성, 순간암기력, 판단력, 리더쉽, 강압성, 도전정신, 결단력, 행동성

❽ 正官 – 도덕지능, 규칙성, 준법성, 도덕정신, 분별력, 지도력, 관리력, 책임감, 안정성, 절제력

❾ 偏印 – 인식지능, 상상력, 기획력, 변화적 사고, 사고의 확장성, 문학성, 예술성, 외국어, 특이자격증

❿ 正印 – 사고지능, 이해력, 통찰력, 논리력, 정리성, 학습능력, 기억력, 정규자격증, 학위, 학문성

나) 격에 따라 크게 열 가지의 직업적성을 나타낸다

❶ 인수 – 교육, 학원, 육영, 문화, 예술, 언론, 출판, 통역, 번역, 행정, 작가, 저술, 가사, 창작, 특허, 인증 등(지식과 자격증의 활용)

❷ 편인 – 여행사, 소개업, 예체능, 종교가, 디자인, 인테리어, 골동품 수집, 오락, 역술, 부동산, 가이드, 출판업, 언론, 인쇄업, 요리업, 숙박업, 임대업, 이미용업 등(지식과 자격증, 아이디어의 활용)

❸ 비견 – 프리랜서, 의사, 변호사, 언론사, 기자, 대리점, 조경, 스포츠, 물류유통, 지회, 지부, 출장소, 건축, 납품, 사금융업 등(체질과 체력의 활용)

❹ 겁재 – 전문기술, 스포츠, 경호, 경비, 기자, 투기업, 구매, 고리대금업, 유흥업, 요식업, 보석세공, 요리사, 운수업, 조각가 등(체질과 체력의 활용)

❺ 식신 – 교사, 의사, 연구원, 생산, 예능, 보육사, 유치원, 음식업, 제조업, 호텔업, 사회복지사, 서비스업, 농산업, 식료품업, 슈퍼마켓, 제조, 생산, 판매, 유통업, 농림, 수산, 축산업 등(기술과 창조성의 활용)

❻ 상관 – 예체능계, 과학, 발명, 대변인, 연설, 강사, 디자인, 아나운서, 코디네이터, 역술, 유통업, 전문제조업, 변호사 등(모방과 언변의 활용)

❼ 정재 – 금융업, 상업, 무역, 세무사, 회계사, 생산제조업, 부동산, 경리, 관리, 건축업, 도소매업, 학원, 신용사업, 봉급생활자 등(성실과 노력과 자본의 관리) *정재는 활

용 보다는 관리를 잘한다.

❽ 편재 - 무역, 부동산, 금융업, 증권, 투자사업, 전당포, 음식점경영, 유흥업, 물류유통업, 도소매업, 생산업, 여행사 등(요령과 융통성 자산의 활용) * 자산 =자본 + 부채 * 편재는 관리보다는 활용을 더 잘한다.

❾ 정관 - 학자, 행정관, 관공계통, 사법관, 군인, 경찰, 공무원, 회사원, 비서관, 총무, 위탁관리, 지배인 등(원칙과 사회성의 활용)

❿ 편관 - 군인, 경찰, 법관, 경비원, 경호원, 교도관, 군무원, 형무관, 별정직, 정치가, 종교지도자, 기술직 등(리더십과 조직성의 활용)

* 일간은 근본이며 격국은 본성이고, 육친과 십성은 그 세부적인 성질들을 말한다.

3) 천성적인 요소를 보라(체질적인 요소)

사주에 있어서 천성이란 명식 내에 가장 강하게 자리 잡고 있거나 일간에 가장 근접하여 영향을 끼치는 오행과 십성으로 그 사람에게 가장 발달된 강점지능으로 나타난다. 그것은 사주상으로는 오히려 흉성으로 구분될 수도 있으나 서양의 다중지능 이론에 의하면 가장 발달된 지능을 이용하면 가장 높은 성과를 낸다는 것과 같이 격국이 가장 하고 싶은 것에 해당된다면 천성은 가장 잘할 수 있는 것에 해당한다. 사람이 하고 싶은 일을 잘할 수 있다면 가장 바람직한 직업적성이 되겠지만 그렇지 못하고 둘 중에서 선택을 하여야 한다면 자신이 하고 싶은 일 보다는 잘할 수 있는 일을 해야 사회적으로 인정을 받게 되고 남보다 한발이라도 앞서게 된다. 그럴 때 그 사람이 그 분야의 전문가로서 대접을 받게 되고 소위 생활의 달인이 될 수 있는 것이다. 이 천성에 해당하는 부분은 한 사람의 사주에서 격국이 확실하고 건왕(建旺)하게 서 있지 못할 경우 격국에 앞서 직업의 유형 선택에도 영향을 끼치나 그보다는 해당하는 오행과 십성에 따라 취급하는 품목과 주특기로 더 많이 발현되어 나타난다. 어떠한 분야의 달인이 될 요소로서 가장 강력한 성분, 가장 잘할 수 있는 것, 가장 잘 발달한 지능(생활의 달인)으로 동종요법에 따라 비록 사주에서 흉성이더라도 직업적성면으로는 유효하게 활용된다.

가) 木오행(시각의 활용)

- 직업 - 경락, 안마, 시각디자인, 미술, 도안, 안경, 사무직, 행정, 교육, 출판, 작가, 기자, 승려, 통신, 인테리어, 섬유, 가구, 의류, 문구, 조경, 원예, 약초, 지물, 청과, 산림, 농장, 임업 등

- 전공 - 인문계, 교육계, 언론정보학과, 의약계, 인문사회계열, 신경과, 농학, 바이오생명공학, 안경학과, 한의학, 미술학과, 의상학과, 시각디지인학과, 섬유학, 육군 등

나) 火오행(미각의 활용)

- 직업 - 컬러테라피, 식품, 요리, 기자, 방송, 언론, 교육, 예술, 예능, 의사, 약사, 디자인, 발명, 예식장, 사진관, 조명, 극장, 안경, 천문기상, 이미용, 항공, 운수업, 전기, 전자, 통신, 정보처리, 화공, 화학, 섬유, 약품 등

- 전공 - 언론학, 인문학, 의학, 약학, 법학, 정신과, 방사선과, 안과, 섬유공학과, 의상학과, 색채심리학, 전기과, 전자과, 방송통신학과, 정보처리학과, 화학공학과, 화학과, 공군 등

다) 土오행(촉각의 활용)

- 직업 - 생활의 달인, 피부관리, 부동산, 소개업, 농산물, 토목, 건축, 종교, 철학, 무속, 예술, 사찰, 조경, 원예, 축산, 낙농, 도공예, 골동품, 공원묘지, 정육점, 스포츠, 운동선수, 군인, 교도관 등

- 전공 - 이공계, 실업계, 농공계, 종교계, 자연계, 부동산학과, 지질학과, 건축공학과, 토목공학과, 낙농축산학과, 내과, 소아과, 흉부외과, 한의학, 외과, 육군 등

라) 金오행(후각의 활용)

- 직업 - 바리스타, 조향사, 소믈리에, 아로마테라피, 정치가, 군인, 경찰, 법관, 공무원, 의사, 금융업, 경호, 자동차, 중장비, 요리사, 운수업, 기계공업, 피부미용, 화장품, 철강, 철물, 금은보석, 도축업, 철도, 모터사이클, 사채, 광업, 치과, 의사 등

- 전공 - 이공계, 재정계, 의약계, 자연계열, 외과, 성형외과, 정형외과, 피부과, 금속공학과, 치과, 이비인후과, 해병대, 공수부대 등

마) 水오행(청각의 활용)

- 직업 – 음악, 작사, 작곡, 의사, 법관, 정치, 교육, 금융, 경제, 보험, 무역, 유통, 호텔, 숙박, 목욕탕, 냉동업, 수산물, 해운업, 수도업, 유흥업, 양조장, 정수기, 양어장, 음료식품업, 요식업, 접객업, 장의사 등
- 전공 – 법학, 의학, 교육학, 경상계열, 경제경영학, 산부인과, 비뇨기과, 임상병리학, 식품영양학과, 음대, 실용음악과, 생명공학, 물류학, 유통학, 종교학, 사상철학, 해군 등

4) 용신은 성공의 핵심 키포인트를 나타낸다

직업적성을 결정하는 데는 3대요소가 있다. 십성은 각각의 고유한 특성과 기질로, 일간에게 영향을 미치는데 일간을 기준으로 십성은 그 위치와 강약의 정도에 따라 미치는 영향이 다르며 그에 따라 일간에게 발현되는 성격과 직업적성도 다르게 나타난다. 그것은 일간에게 주도적인 역할을 하는 격국과 용신 및 천성으로 구성된다.

격국은 기본적 스타일로 선천적으로 받은 고정적인 직업성분을 말하고 용신은 인생의 성공 핵심 키포인트로 노력과 권유로 추구되어지는 성분을 말하며 천성은 사주에 강왕한 오행과 십성으로 주특기와 취급품목으로 발현되는데 흥미와 관심, 인연으로 맺어지는 체질적인 성분을 말한다.

격국이 하고 싶은 것으로 사람에게 목표지향성을 부여한다면 용신은 활용가치성으로 사람의 능력을 바람직한 방향으로 유도하여 성공하도록 유도하는 중요한 역할을 한다.

용신은 성공을 위한 바람직한 방향, 하면 좋은 것, 성공을 위한 조건부적인 환경과 여건, 생각과 행동, 인간관계 등을 말하는데 인생에 성공하기 위해서는 해당용신을 잘 하라, 추구하라, 위하라, 가까이 하라, 용신의 조건을 갖추어라. 흥미와 권유와 추구적인 성분으로 노력의 방향과 성공의 전제조건을 말한다.

가) 비겁이 용신이면

친척, 형제, 배우자, 동료, 동창생 등의 복덕이 많다. 공공사업, 정당, 조합, 인권문제, 인류학, 군인, 경찰, 공관직, 공업, 단체생활 등에 길하다. 독단적인 직업에 발전하며 자신감과 주관을 가지고 뚜렷하게 앞장서 행동으로 옮겨야 한다.

나) 식상용신이면

자식과 후배의 덕이 좋으며 식성이 좋고 후덕하며 인덕이 많다. 교육, 언론, 어학, 예체능, 약사, 외식업, 생산, 제조, 판매, 유통, 에너지, 발명 등에 길하다. 부지런하고 실천적이며 희생과 봉사정신으로 서비스와 관용을 베풀어야 한다.

다) 재성이 용신이면

처덕이 좋고 편재일 경우 부친 덕이 많으며 횡재수가 있다. 재정계, 재무부, 은행, 금융업, 경리부, 정치, 사업가 등에 길하다. 치밀한 계산력과 관리능력을 기르고 항상 결과를 산출하는 실현성을 추구해야 한다.

라) 관성이 용신이면

여명은 남편이 현철하고, 남명은 훌륭한 자식을 두게 되며 직업운이 길하다. 판사, 검사, 관공직, 정치, 행정, 관료 등에 길하다. 준법정신의 생활화와 결단력이 필요하고 윤리와 도덕정신을 투철하게 하여 정의를 추구하여야 한다.

마) 인성이 용신이면

부모와 상사의 덕이 있고 성품이 어질고 인자하다. 정직한 학자풍으로 학문, 학자, 교사, 연구직, 공무원, 행정직 등에 길하다. 전통의 계승을 중시하고 예의를 바르게 하고 모든 일을 문서화하여 실수를 하지 않도록 하여야 한다.

5) 전체 사주의 정편의 배합 비율을 보라

가) 正形(안정추구형) - 조심성, 지속성, 안정성 - 직장생활 유리

正形(正印, 正財, 正官, 食神, 比肩) - 정직하고 노력형이며 보수적이고 안정성을 지향한다.

正은 원론적, 보수적, 변화에 수동적, 정직하고 규정대로 생활, 고지식

正形 - 從的 직업적응, 내근직, 행정업무, 분석, 봉급생활

나) 偏形(위험감수형) - 실험성, 변화성, 도전성 - 자영업이 유리

偏形(偏印, 偏官, 偏財, 傷官, 劫財) - 수단과 요령으로 융통성 있고 개혁적이며 실험성

을 지향.

偏은 수단과 융통성, 욕심, 변화에 능동적, 과장과 허풍, 변덕, 모사, 도전과 포기

※ 예를 들면 편관은 군인, 경찰, 무관만이 아니고 수단이 좋아 기술자, 상업, 사장, 보스도 가능

偏形 – 橫的 직업적응, 외근직, 기술, 투자, 사업가, 자유직업

다) 혼합형(선택적유용형) – 대운에 따라 변화하는 가변성, 기회성

정편혼잡형(사주에 정, 편이 고루 섞여 있는 경우)

混合形 – 내·외근 복합적응, 자유직업 및 직장생활 등 양면성 – 대운에 따라 직업유형을 선택적으로 바꾸어 유용함.

6) 사주전체의 십성을 보고 기질과 속성을 파악하라

사주전체의 십성을 보고 그 사람의 기질과 속성을 파악하여 세부적인 요소를 판단한다.

〈육신의 사회생활의 도구와 수단〉

❶ 비겁 – 수행성, 자기주도성, 자율성, 경쟁성

❷ 식상 – 활용성, 기술성

❸ 재성 – 활동성, 실현성

❹ 관성 – 사회성, 구조성, 권력성

❺ 인성 – 수용성, 사고성, 지식과 학문

7) 현재 대운을 보고 마지막 판단을 내려라

대운은 그 시기의 환경과 여건을 말해주고 그 당시의 그 사람의 마음과 성격과 행동과 인간관계와 직업을 말해준다.

• 직업은 격국이 뚜렷하면 격국을 따라가고 격국이 건왕하면 직업이 대운의 영향을 덜 받고 일생에 한 가지 직업을 가지고 산다. 그러나 격국이 부실하거나 혼잡되면 대운에 따라서 직업의 변동이 심하다.

격국이 부실하고 용신이 건왕할 때는 용신을 따라 직업을 선택하는 경우가 더 많다. 사

주에 가장 강왕한 오행은 그 사람의 체질과 주특기와 품목을 말한다.(예 : 물개와 북극곰)

✦ 2. 업무수행능력 분석

가) 리더능력(재생관구조형 사주)

통솔력을 바탕으로 조직과 단체를 이끌며 관리하는 업무수행능력으로 남의 지시를 따르기보다 스스로 많은 사람을 관리하고 부귀와 명예를 추구한다.

나) 참모능력(무재성의 관인상생구조형 사주)

지략과 사명감을 구비하고 지도자나 단체를 보좌하는 업무수행능력으로 주변의 인정과 확고한 사회적 위치를 추구한다.

다) 전문능력(인비식구조형의 사주)

전문지식과 능력을 갖추고 기술 및 서비스를 활용하는 업무수행능력으로 스스로 독립된 조직력을 확보하고 자신의 고유한 능력과 영역을 인정받기를 추구한다.

〈직업유형분석 및 업무수행능력분석 설명서〉

직장형	리더능력	조직력을 갖춘 수직관계의 직장에 적합한 직업유형이며 주도적이고 분별력 있는 리더십을 바탕으로 조직을 관리하는 업무수행능력이 우수하다. (예 : 기업체 CEO)
	참모능력	조직력을 갖춘 수직관계의 직장에 적합한 유형으로 사명감을 가지고 조직과 리더를 보좌하여 전체의 이익을 창출하는 업무수행능력이 우수하다. (예 : 기업체 부장)
	전문능력	수직관계의 직장에 잘 적응하는 직업유형이며 조직력과 전문지식능력을 바탕으로 우수한 기술력과 서비스를 활용하는 업무수행능력이 우수하다.(예 : 소규모 기업의 전문 기술자)

사업형	리더능력	자립적 사업을 직접 경영하는 직업유형에 적합하며 사업가들의 의견을 규합하고 주도적인 리더십을 발휘하여 다수의 이득을 창출하는 업무수행능력이 우수하다.(예 : 프랜차이즈회사 대표)	
	참모능력	자립적 사업을 직접 경영하는 직업유형에 적합하며 주도적 경영자의 리더십을 벤치마킹하여 안정된 이익을 창출하는 업무수행능력이 우수하다. (예 : 프랜차이즈 체인점 점주)	
	전문능력	자립적 사업을 직접 경영하는 직업유형에 적합하며 독자적인 지식과 기술력을 갖춘 전문서비스를 사업적 체계를 통해 제공하는 업무수행능력이 우수하다.(예 : 소문난 맛집 주인)	
자유형	리더능력	수직적 구조에 얽매이지 않는 유동적인 직업유형에 적합하며 개별적 세력을 규합하여 주도적이고 분별력 있는 리더십을 발휘하는 업무수행능력이 우수하다.(예 : 윤도현, 김태원)	
	참모능력	수직적인 구조에 얽매이지 않는 유동적인 직업유형이 적합하며 전문 프리랜서의 기술 및 서비스를 벤치마킹하여 안정된 이익을 창출하는 업무수행능력이 우수하다.(예 : 윤도현밴드 맴버, 부활 맴버)	
	전문능력	수직적인 구조에 얽매이지 않는 유동적인 직업유형에 적합하며 독자적인 지식과 기술력을 바탕으로 우수한 전문 서비스를 제공하는 업무수행능력이 우수하다.(예 : 태진아)	

✦ 3. 적성검사의 3단계 시스템

사주 명식을 구성하는 열 개의 십성은 각기 고유하게 가진 기질로, 일간에게 영향을 미치게 된다. 즉 일간을 기준으로 십성은 각 위치와 강약에 따라 미치는 영향이 다르며 발현 되는 성격심리와 직업성분도 다르게 작용한다. 일간에게 주도적인 역할을 담당하는 격, 용신, 천성의 삼자로서 적성검사의 메커니즘이 구성된다. 이는 아래의 구성과 같다.

가) 격국(기본스타일) - 부모에게서 유전적으로 받은 기본스타일

나) 천성(체질적요소) - 재능과 주특기 품목으로 이어지는 직업성분

다) 용신(성공포인트) - 성공을 하기 위하여 추구해야 할 요소

적성검사의 3단계 시스템은 삼자가 이루는 상생상극관계가 개입되며 긴밀한 상호
작용으로 한 개인의 성격, 가치관, 직업유형과 업무능력을 분류하고 자신만의 직업적
성을 표출해 낸다.

예1)

己　壬　乙　癸　(男)방송공사 카메라감독
酉　申　丑　未
丙丁戊己庚辛壬癸甲　1대운
辰巳午未申酉戌亥子

- 구조 – 관, 인, 비, 식(직장형)
- 격국 – 정관격, 천성 – 정관, 용신 – 정관(土)
- 혼합형 – 정관, 정인, 편인, 상관, 겁재
- 상관 – 전문기술, 미적 감각
- 대운흐름 – 26세부터 66세까지 官印운

예2)

癸　丙　己　丁　(女)건강원 원장
巳　辰　酉　亥
辛壬癸甲乙丙丁戊　2대운
丑寅卯辰巳午未申

- 구조 – 비, 식, 재, 관(사업형)
- 격국 – 정재격, 천성 – 상관, 용신 – 비겁(火)
- 혼합형 – 정관, 정재, 식신, 비견, 편관, 상관, 겁재
- 식상 – 기술력, 노하우, 친화력
- 대운흐름 – 木火대운

예3)

壬 癸 庚 癸 (女)사주카페 상담사
戌 卯 申 卯
戊丁丙乙甲癸壬辛 4대운
辰卯寅丑子亥戌酉

- 구조 – 인, 비, 식(전문가형, 卯戌합)
- 격국 – 인수격, 천성 – 인성, 용신 – 식신(木)
- 정형 – 정인, 비견, 식신, 정관 (겁재)
- 겁재, 식신 – 이타적 심성, 상담능력, 無財
- 대운흐름 – 주로 비, 식, 재운으로 흐름

예4)

庚 乙 戊 丙 (女)은행원 – 전업주부
辰 酉 戌 戌
庚辛壬癸甲乙丙丁 3대운
寅卯辰巳午未申酉

- 구조 – 식, 재, 관으로 官이 유력(직장형)
- 격국 – 종재격, 천성 – 정관, 용신 – 재성(土)
- 정형 – 정재, 정관 (상관, 편관)
- 상관, 편관 – 사업하는 아들과 실험지향성 발휘
- 대운흐름 – 주로 火 土 金으로 용신운으로 흐름

예5)

辛 丙 丁 己 (男)역술학원 운영
卯 申 卯 亥
己庚辛壬癸甲丙 3대운
未申酉戌亥子丑寅

- 구조 – 관, 인, 비, 식, 재(혼합형, 천간의 식재 선용으로 사업형 됨)
- 격국 – 인수격(학자), 천성 – 정재(치밀성, 유희성), 용신 – 편재(金)
- 편형 – 상관, 겁재, 편관, 편재, 편인(정재)
- 인수격의 사업가 – 명리학원 운영
- 대운흐름 – 木水金土로 역행

✦ 4. 십성에 따른 학과적성의 분류

사주전체의 십성을 보고 그중에서 경쟁력이 강한 특성을 보아야 한다. 대운에 따른 성장환경 속에서 자연스럽게 접하고 흥미를 갖게 된 학과(둘째 대운 지지가 가장 큰 영향을 끼침)와 사주원국에서 분류한 적성군의 학과가 일치한다면 매우 이상적이다. 위 학과가 서로 다른 경우 사회적 활동이 가장 왕성한 시기인 30~50대 대운의 흐름에서 도움을 받을 수 있는 학과가 유리하다.

가) 比肩
독립심과 자존심이 강하고 책임감이 강하다. 식신 같이 있을 경우에는 좋은 연구와 개발에 몰두한다.
경제학과, 경호학과, 장의사학과, 안경학과, 체육학과, 약학과, 한의학과, 치과, 기계공학과, 수의학과, 방사선과 등

나) 劫財
자존심과 독립심, 추진력이 강하고 재물에 대한 욕구가 강하다. 상대와의 관계에 선의적인 경쟁으로 이끌지 못하는 경우가 있어 오해의 발생소지가 있다. 경쟁심이 강하고 겁 없고 승부근성이 강하다.
경호학, 장의사학, 체육과, 외과, 치과, 국제금융학과, 국제정치학과, 국제변호사, 조소과 등

다) 食神
연구하는 심성으로 도전하는 실험정신을 갖는다. 미래에 대한 관심이 많고 희생과

봉사정신이 크며 연구와 창의성이 있다.

경영학과, 교육학과, 사회복지학과, 의학과, 미래과학과, 미술학과, 어문학과, 섬유공학과, 미생물학과, 식품공학과, 아동심리학과 등

라) 傷官

자신을 표현하고 상대를 설득할 능력이 있으며 주제를 설명하고 이해시키는 탁월한 능력이 있다. 순간적인 발상이 좋고 발명과 예능적 소질이 강한 독창성으로 자유로운 업무에 좋다.

정신과, 정치외교학과, 연극과, 영상학과, 어문학과, 성악과, 관광통역과, 무역학과, 언론정보학과, 사진예술학과, 언론학과, 호텔학과, 의상학과, 정보통신과, 의약학과 등

마) 偏財

자기 영역을 확보하려는 심리가 강하고 수리계산이 빠르다. 강한 목표의식을 가지고 행동, 설계, 시공, 개척을 하며 물리적 변화에 매력을 느낀다. 활동범위가 넓어 역마성이 있고 사무·행정에는 적성이 맞지 않다. 탁월한 사업능력이 있다.

경영학과, 항공학과, 토목과, 물리학과, 무역학과, 외교학과, 철도학과, 정형외과, 설치미술학과, 조소학과, 산부인과, 건축학과 등

바) 正財

치밀한 관리력이 있으며 편재보다는 가공한 완제품이나 정해진 일을 다루는 일에 민감하다. 편인이 함께 있다면 실속위주로 활동하며 실리적 이익 창출에 탁월하다. 신용을 바탕으로 하기 때문에 실수가 적어 장기적 관리나 행정도 적합하다.

식품영양학과, 수학과, 경제학과, 경영학과, 금융학과, 내과, 정형외과, 재료분석학과, 회계학과, 건축공학과, 물리학과, 통계학과, 가정관리학과 등

사) 偏官

도전하는 기분을 즐기며 새로운 것에 대한 모험을 원한다. 담백하며 화끈한 성격으로 군인 경찰 등과 같이 힘을 사용하여 명예를 얻고 많은 사람을 리드하는 일에 만족

한다. 칼, 창, 대포, 무기를 다루는 일에 적합하며 군중의 리더가 되는 학과나 직업이 무난하다.

요리학과, 국방대학, 경찰대학, 경호학과, 사관학교, 정치학과, 체육학과, 신학대학, 장례지도학과, 법학과, 의학과

아) 正官

명예와 권위를 중시하며 원리원칙을 고수하고 올바른 이론을 추구한다. 시시비비를 가리고 약자를 보호하는 보호정신도 강하다. 행정직을 담당하는 학과나 법학과 등에 적절하며 군자지도의 형이다.

법학과, 행정학과, 사회과학과, 정치학과, 독서지도학과, 교육학과, 비서학과, 사학과

자) 偏印

재치 있고 순발력이 있으며 신비주의적 성향이 강하고 비현실적이어서 비구상적인 면이 많다. 종교에 심취하거나 예술적 성향이 있고 보이지 않는 곳에 흥미를 느낀다. 항상 두 가지 이상을 동시에 생각하므로 이러한 면에 강점 두는 학과가 좋다.

종교학과, 심리학과, 디자인학과, 철학과, 문예창작과, 정신과, 약학과, 교육학과, 정보학과, 무용학과, 음악과(관현악), 신문방송학과, 외국어학과, 의학과 등

차) 正印

명예와 전통을 계승하고 보수 성향이 강하다. 고지식한 편이고 정확히 받아서 정확히 주려는 성향으로 교육자에 적합하다. 식상이 같이 있을 경우에는 아이디어가 풍부하고 직관성을 발휘하며 글쓰기나 논설에 탁월하여 신문방송에도 적합하다.

교육학과, 행정학과, 국문학과, 신문방송학과, 문예창작과, 사학과, 유아교육과, 어문학과, 종교학과, 문화인류학과

〈 TIP 〉
* 일간이 흥미를 이루는 작용
시간의 오행과 십성
월간의 오행과 십성

일지의 오행과 십성

사주 내에서 강력한 합국을 이룬 오행과 십성

사주 내에서 세력이 일방적으로 강한 오행과 십성

일간이 꼭 필요로 하는 오행과 십성(용신)

사주 내에 없는 오행과 십성은 콤플렉스와 배고픔으로 작용

<u>* 일간의 흥미를 유발하는 코스</u>

천간의 오행들은 외면적 흥미

지지의 오행들은 내면적 흥미

월간과 시간이 건강할 때 우선적으로 흥미를 유발

천간으로 투출된 오행과 십성이 흥미에 우선

투출된 천간 중 뿌리가 강한 오행이 흥미에 우선

음간은 상관에 관심, 양간은 식신에 관심

✦ 5. 직업적성 학과적성 검사 실례

성명 : 류OO(女) 생년월일 : 양력 1998년 2월 20일 15시 30분

庚 戊 甲 戊
申 戊 寅 寅
乙 丙 丁 戊 己 庚 辛 壬 癸 5대운
巳 午 未 申 酉 戌 亥 子 丑

이 학생의 사주를 분석해 보면,

첫째로 격국(목표지향성)이 편관격이므로 리더십과 책임감을 바탕으로 자신의 믿음 대로 개혁하고 실현할 수 있는 권력을 추구하며 신속하고 과감한 판단력을 통한 실천 력과 관리능력을 지향한다.

둘째로 용신(활용가치성)이 식신이므로 대인관계에 헌신적인 노력이 필요하며 한 가 지 일에 집중적인 연구력과 기술력을 배양하여 자신만의 노하우를 쌓아 이를 적극 활

용해야 한다.

셋째로 천성(흥미우수성)이 비견에 있어 강인한 체력으로 육체 활동을 하며 공적인 태도로 타인들과 협동하며 현실적 이득을 추구하는 기질로서 자기영역확보와 주체적인 활동을 실현하게 하는 자아실현에 있다.

그러므로 이 학생에게는 위의 세 가지 조건을 충족해 줄 수 있는 학과와 직업을 선택하여 준다면 좀 더 성공 가능성을 높여 체감 행복지수가 높은 삶을 살 수 있도록 유도하여 줄 수 있을 것이다.

가) 직업적성

군인, 경찰, 경비원, 경호원, 교도관, 군무원, 형무관, 별정직, 정치가, 하사관, 종교지도자, 기술직 등 편관은 경쟁과 억압 강압 파괴의 속성을 가지고 있는 신으로 경쟁하거나 통솔하는 업무에 능하다.

그러므로 일차적으로는 무관진출이 길하다. 또한 예체능계강사 자영업자, 중개업, 판매업, 약사, 미용사, 재단사, 요리사, 조각가 등에도 적합하다. 그러나 편관격에 제화가 부족하면 직위 낮은 무관 계통으로 진출하게 되고 학창시절에 교육이 잘못 이루어지면 건달, 깡패, 사기꾼, 소매치기도 될 수 있으니 극도의 주의가 요구되는 경우이다.

이 사주는 편관격에 식신제살 이루어져 있으므로

- 살직 - 군인, 경찰, 법관, 경호원, 교도관, 정치인
- 생직 - 의사, 간호사, 약사, 요리사, 제도사 등에 적성
- 필직 - 기자, 작가, 신문사, 언론, 방송, 건축설계 디자인 등
- 설직 - 종교인, 교수, 상담가, 음악인, 강사, 변호사 등에 적성이 있다.

그러므로 학창 시절에 어떤 교육을(소위 어떤 운을 가느냐) 받느냐에 따라 職業群이 다르게 결정된다.

이차적으로 이 학생은 식신을 용신하여 희생과 봉사정신이 강하므로 교사, 의사, 연구원, 예체능인, 종교인, 보육사, 유치원, 음식업, 제조업, 호텔리어, 사회복지사, 서비스업, 농산업, 식료품업, 슈퍼마켓 의식주에 관계된 직업, 연구직, 생산직, 간호

사, 연예인, 화가, 작가, 음악, 금융업 등이 좋으며 인간관계가 좋아 사업가 경영에도 소질 있다.

五行상으로는 金을 용신하므로 금속, 기계, 귀금속, 광업, 중장비, 금융업, 경제, 경리, 군무원, 자위대, 경찰, 은행, 스포츠, 무기, 유가증권, 철공소, 조선소, 조각, 외과, 치위생사, 치기공사, 피부관리사, 형집행자, 음악가, 재봉사, 퓨파업, 모험가, 조사원, 감사원, 정비사, 감정사 설치, 미술, 무대장치, 폐차장, 기자, 인쇄기, 공무집행, 세무사, 정육점, 자동차정비, 저울, 금고제작, 침술 등의 직종이 길하다.

나) 학과적성

편관격은 도전하는 기분을 즐기며 새로운 것에 대한 모험을 원한다. 담백, 화끈한 성격으로 힘을 사용하여 명예를 얻고, 많은 사람을 지키는 것에 만족한다. 그러므로 체력과 무력을 써서 군중의 리더가 되는 학과나 직업이 무난하다. 요리학과, 국방대학, 경찰학과, 경호학과, 사관학교, 정치학과, 체육학과, 종교학과, 비서학과, 법학과, 사회과학과, 정치학과, 건축학과, 토목학과, 설치미술학과, 조형미술학과, 간호학과, 피부관리학과, 모발클리닉학과 등에 적합하다.

또한 식신의 연구하는 심성으로 고찰과 사색, 내면적 실험정신이 강하므로 미래에 대한 관심이 많고, 희생과 봉사정신이 크며 연구와 창의성 있다. 그러므로 경제경영학과, 교육학과, 사회복지학과, 의약관련학과, 미래과학과, 미술학과, 작곡과, 자연공학계열, 미생물학과, 식품영양학과, 유아교육학과, 아동심리학과, 금융학과 등에 적합하다.

13장. 사주를 이용한 성격 지능검사법

✦ 1. 출생과 동시에 부여 받는 십성의 지능[5]

　인간은 출생과 동시에 한순간도 우주의 영향으로부터 자유로울 수 없다. 사주 속에는 그 사람이 출생할 당시의 우주의 음양오행의 기가 있으며 그에 따라 각 개인은 차별화된 성격과 지능 및 적성을 소유하게 된다. 사주는 바로 우주가 인간에게 주는 천부적인 유전자이다. 그러기에 사주에 따라 타고난 자신만의 스타일이 있으며 그에 따라 각기 차별화된 성공요소를 가지게 된다. 이러한 사주의 선천성은 흥미롭게도 하워드 가드너박사의 다중지능과 일맥상통하는 열개의 지능을 가지고 있는데 이를 사주 십성의 지능이라 한다.

　십성은 각각 개별적인 선천지능을 소유하는데 하나의 사주는 십성이 복합적으로 구성되었으므로 인간은 선천적으로 다중적인 지능을 소유하게 된다. 그러므로 사주 내 십성의 분포정도에 따라 사고, 인지, 행동, 흥미, 적성, 직무능력, 사회성 등의 개별적 기능을 측정할 수 있다.

　또한 그 측정결과에 따라 한 사람이 성공적인 인생의 길을 걸을 수 있도록 출생과 동시에 효과적인 양육 및 교육방법을 제공할 수 있고 적성에 맞는 전공학과 및 직무

---

5) 김기승, 『과학명리』, 2016, 다산글방, pp.402 - 438 참조.

능력에 적합한 직업을 선택하도록 도움을 줄 수 있다. 이것은 사주의 십성분포가 각기 다르기 때문인데 열 가지 지능과 특성을 가지는 십성을 설명하면 아래와 같다.

1) 비견 – 자존(自存)지능

〈협력지능, 모둠지능, 동질성지능, 수행능력〉

자존이란 자기 인격의 절대적 가치와 존엄을 스스로 깨닫고 품위를 지키며 자기를 높여 잘난 체하는 것 등을 말한다.

* 열정적, 자기중심적, 현재에 초점, 공동의식, 협동심, 경쟁심, 자존심, 적극성 등의 이유로 스스로 분발하는 형태의 학습과 업무수행에 능력을 발휘하는 지능이다

* 비견은 자기 내부의 몰입력과 지구력이 강하고 이해하고 긍정하는 사안에 적극적이며 깊이 심취한다.

예) 태권도 금메달리스트 김소희

○ 乙 乙 癸

○ 卯 丑 酉

2) 겁재 – 경쟁(競爭)지능

〈경쟁지능, 나눔지능, 이질성지능, 실행능력〉

경쟁은 둘 이상의 관계에서 재물, 명예, 성적, 대상과 같은 목적들에 대하여 이기거나 앞서기 위해 서로 겨루는 것을 말한다.

* 독립적인 성향이 강하고 투철한 경쟁력, 주관적, 모험적, 자존심, 질투심, 적극성이 강하며 체험과 경험, 책임을 감수하는 형태의 학습과 업무에 능력을 발휘하는 지능이다

* 겁재는 자기 내부의 집중력이 매우 강하고 현재에 초점을 맞추어 주어진 책임을 확실하게 수행한다.

예) 골프 금메달리스트 박인비

己 戊 己 戊

未 辰 未 辰

3) 식신 - 연구(研究)지능

〈활용지능, 공감지능, 대인관계지능, 수가공능력〉

연구란 어떤 일이나 사물에 대하여 깊이 있게 생각하고 조사하여 진리를 따져보는 일을 말한다.

* 이해와 친화적, 사교적, 기술과 노하우, 이행능력, 협조적, 감성적, 연구력, 창의성, 양보심, 교합성 등의 지능으로 대인관계의 설득력 등이 우수한데 다중지능에서의 대인관계지능과 유사하다

* 식신은 타인에 대한 배려와 주어진 프로그램을 수행하는 연구능력과 창의적인 사고와 생산능력을 발휘한다.

예) 故 정주영 회장

丁　庚　丁　乙

丑　申　亥　卯

戊 己 庚 辛 壬 癸 甲 乙 丙

寅 卯 辰 巳 午 未 申 酉 戌

4) 상관 - 표현(表現)지능

〈말하기지능, 산출지능, 흥미지능, 감각능력〉

표현이란 생각이나 느낌 등을 언어나 몸짓 등으로 나타내고 시각적으로 보이는 사물의 여러 모양과 형태 등을 구술 하는 것을 말한다.

* 표현력, 사교성, 감각성, 감수성, 구술능력, 미적 감각, 감정적 묘사, 직설적, 독창적, 모방과 응용, 발상의 변화, 외교력 등의 지능으로 예능적 성향을 말한다.

* 상관은 임기응변과 언어표현능력이 강하고 직설적이고 비판적이며 감수성과 미적 감각이 발달한다.

예) 운보 김기창 화백

辛　癸　乙　甲

酉　丑　亥　寅

丁 戊 己 庚 申 壬 癸 甲

卯 辰 巳 午 未 申 酉 戌

5) 편재 - 평가(平價)지능

〈직관지능, 관리지능, 수리지능, 공간지능〉

평가는 사물의 가치나 수준 따위를 평하는 것과 사람의 능력, 재능, 실적, 업적 등의 정도에 대한 수준 및 가치를 따지는 것을 말한다.

* 수리능력, 방향감각, 가치판단력, 기회포착력, 응용력, 외향적, 활동적, 결과에 초점, 유동적, 공간감각 등의 지능으로 목표에 대한 강한 지향성을 말한다.

* 편재는 사물의 가치평가에 대한 판단과 수리계산능력이 강하며 변화와 개혁 및 기회포착과 적응력이 뛰어나다.

예) 땅값이 올라 거부가 된 농부

庚　辛　乙　癸

寅　卯　卯　酉

癸 壬 辛 庚 己 戊 丁 丙

亥 戌 申 申 未 午 巳 辰

6) 정재 - 설계(設計)지능

〈구성지능, 계획지능, 맞춤지능, 수학지능〉

설계란 어떠한 목적을 세우고 그 목적에 따라 앞으로 할 일의 절차, 방법, 규모 등을 미리 헤아려 실제적인 계획을 수립하는 일을 말한다.

* 공간능력, 구성력, 계산능력, 치밀함, 섬세함, 현실적 가치판단, 계획성, 논리성, 검소성, 세밀성 등의 지능이며 노력과 실리적 성향을 말한다.

* 정재는 실리적이고 현실적이며 작은 공관과 작은 수치까지 정교하고 세밀하게 활용하는 능력이 강하고 계획성 및 설계능력이 뛰어나다.

예) 연예인 강호동

甲 壬 壬 庚

辰 戌 午 戌

庚己戊丁丙乙甲癸 9대운

寅丑子亥戌酉申未

7) 편관 – 행동(行動)지능

〈신속지능, 지휘지능, 분별지능, 판단지능〉

행동이란 인간생활의 육체적, 정신적, 사회적 영역에서의 명시적 또는 잠재적인 활동을 말한다.

* 기억력, 도전정신, 행동력, 결단력, 수행력, 분별력, 신속성, 개혁성, 인내력 등의 지능이며 결단과 행동적 성향을 말한다.

* 편관은 충성심과 책임감 신속한 판단과 결정력이 강하고 과감한 개혁과 도전정신을 발휘한다.

예) 대학교수가 된 이만기

壬 癸 己 癸

子 酉 未 卯

庚辛壬癸甲乙丙丁戊

戌亥子丑寅卯辰巳午

8) 정관 – 도덕(道德)지능

〈중용지능, 준법지능, 공정지능, 변별지능〉

도덕이란 관습이나 관행에 의해 학습된 개인의 준법의식, 올바른 심성과 태도, 성격 또는 도덕성 그 자체를 의미한다.

* 지각력, 도덕성, 합리성, 정확성, 공정성, 공익성, 내향적, 보수적, 의무성, 책임감 등의 지능이고 논리성, 규범과 모범적 성향을 말한다.

* 정관은 신사적인 처사와 공정한 판단력이 뛰어나고 정교하고 세심한 업무파악과 합리적으로 수행하는 능력을 발휘한다.

예) 예의바른 공무원

庚 癸 戊 甲

申 巳 辰 辰

丙乙甲癸壬辛庚己

子亥戌酉申未午巳

9) 편인 – 인식(認識)지능

〈통찰지능, 유머지능, 창작지능〉

인식은 인지과정의 결과로, 넓은 의미로는 인간 지식의 총체를 말하며 좁은 의미로는 일정 범위의 대상에 대한 깊은 지식을 뜻한다.

* 추리력, 순발력, 상상력, 종교성, 자율성, 심리성, 직관성, 선별적 수용성, 예술성의 지능이며 재치와 추구적 성향을 말한다.

* 편인은 재치와 순간발상, 풍부한 공상 및 상상력이 뛰어나며 대상과 사건에 대한 추리능력과 가설능력이 탁월하다.

예) 미모의 탤런트 김태희

壬 辛 己 庚

辰 丑 卯 申

辛壬癸甲乙丙丁戊

未申酉戌亥子丑寅

10) 정인 – 사고(思考)지능

〈순리지능, 투입지능, 글쓰기지능〉

사고란 목표와 계획, 희망과 바람에 따라 생각과 마음으로 느끼고자 하는 정신 상태를 말한다.

* 이해력, 기록능력, 인지력, 사고력, 수용적 태도, 역사성, 보수성, 정직성, 시간성, 정리를 통한 안정성 등의 지능으로 과정을 중시하는 명예와 의무적 성향을 말한다.

* 정인은 모든 일을 순서와 순리로 행하는 안정감과 어떠한 교훈이나 이론적 지침을 여과 없이 수용하여 장기적인 안목으로 수행하는 능력이 뛰어나다.

예) 생명공학자 황우석 박사

丙 乙 壬 壬
戌 未 子 辰
己 戊 丁 丙 乙 甲 癸
未 午 巳 辰 卯 寅 丑

✦ 2. 사주에 따른 다중지능

비견 – 능동력 자존력 : 자기이해지능

겁재 – 경쟁력 독립심 : 신체운동지능

식신 – 연구력 희생심 : 대인관계지능

상관 – 표현력 응용력 : 언어지능

편재 – 평가력 설계력 : 공간지능

정재 – 수리력 치밀성 : 수학지능

편관 – 행동력 결단력 : 실존지능

정관 – 절제력 도덕심 : 준법지능

편인 – 인식력 상상력 : 사고지능

정인 – 사고력 학습력 : 논리지능

✦ 3. 십성의 욕구에 의한 정신 분석

1) 비겁(自我의 욕구, 대인가치 중시 마인드, 본능계 영역)

비겁은 권위와 성공, 자존심, 허영심 등 모든 것을 인정받고 싶은 마음로서 자기 관철을 목적으로 하는 이기적인 자아의 욕구를 말한다. 타인의 지배를 싫어하고 자신감이 넘쳐 당당한 면과 배짱이 있다. 비겁이 강하면 경우에 따라 자신만의 우월주의로 착각에 사로잡혀 고립의 세계로 빠지게도 된다. 본능적으로 존중과 인정을 받고 싶은 욕구이다.

2) 식상(친화의 욕구, 활동가치 중시 마인드, 감정계 영역)

식상은 희생과 양보, 배려를 실행하여 타인과의 관계를 유지하려는 친화의 욕구를 말한다. 호기심이 많아서 참고 기다리는 것에 익숙하지 못하여 말없이 인내하는 것이 고통스러우니 앞서서 자신의 의견과 뜻을 피력하는 것이 일상화되어 있다. 상대가 있는 것을 두려워하기보다, 상대가 있음으로 자신의 마음을 열수 있는 것을 더 상쾌해하니 인간과 인간 사이의 친화적 소통을 이루려는 욕구이다.

3) 재성(실현의 욕구, 경제가치 중시 마인드, 욕망계 영역)

재성은 인적·물적 자원요소를 말하는데 잠재된 가능성을 최대한 실현하여 결과를 만들어 낼 수 있다는 자신감을 관장한다. 재성은 물질에 대한 소유의 실현 가능성을 의미하며 한 사람에게 강한 의욕과 욕망을 가져다주는 목적이 있는 실현의 욕구이다.

4) 관성(안정의 욕구, 명예가치 중시 마인드, 통제계 영역)

인간은 누구나 위험, 위협, 협박, 박탈 등으로부터 자신을 보호하고, 불안을 회피하고자 한다. 그러므로 함부로 승부수나 도박수를 두지 않는다. 관성은 질서를 바로 잡고 규범을 준수하여 불안하고 힘든 일들을 정리하여 안정을 얻고자 하는 욕구이다. 약자는 강자에게 보호받고 싶어 하고, 강자는 약자를 보면 보호 본능이 발동한다. 관성은 강약에서 질서가 함께 공존하는 것으로 인간이 누리고 싶은 貴를 통한 안정의 욕구이다.

5) 印星(생리적 욕구, 실적가치 중시 마인드, 사고계 영역)

인성은 부모의 관심과 사랑을 말한다. 인간은 배고플 때 젖을 먹는 것과 같이 인성을 통해 부족한 자신의 생리적 욕구를 채우려 한다. 인성은 빈곳을 채우려는 가장 기본적인 욕구로서 알고 싶은 것을 배우고, 익혀 자신의 두뇌 공간에 채워서 이것을 에너지로 사용하는 능력, 즉 언어를 익혀서 대화에 사용 능력, 기술을 습득하여 생활에 이용하는 능력, 지식과 방법론을 구하고 새로운 아이디어를 찾는 능력을 말한다. 인성은 나에게 조건 없이 주는 것으로 내가 순수하게 받고자 하는 생리적 욕구이다

✦ 4. 십성에 의한 심리 구조 분석[6]

1) 비견(긍정심리 - 독립적 주체심리, 부정심리-편향적 자만심리)

예) 비견의 긍정과 부정 심리에 의해 세 번 결혼한 여자

辛 己 己 己 女 4대운
未 亥 巳 酉

己土일간이 己巳月에 출생하여 비견격이며 사주에 강한 비겁들로 신강하다. 관성이 있어 비겁들을 剋制하여 주어야 하나 사주에 관성이 없으므로 시간의 辛金 식신을 용신하여 비겁의 기운들을 설기시켜 생재를 하게 만든다. 첫 남편과는 돈 문제로, 두 번째 남편과는 술과 구타 등의 문제로 이혼하고 꽃집을 하며 辛卯년에 새 남자를 만나 살고 있는 여자이다.

2) 겁재(긍정심리 - 주도적 지배심리, 부정심리-배타적 우월심리)

예) 겁재의 긍정 에너지를 쓰는 프로야구 선수

癸 辛 甲 乙 男 4대운
巳 卯 申 丑

辛金일간이 申月에 출생하여 득령은 했으나 신약사주로서 겁재 申金를 用神하는 사주다. 위 사주의 주인공은 국가대표 야구선수 출신으로 실업팀에서 현역으로 활동하고 있다. 편인과 겁재 식상으로 이루어진 사주구조에 강한 재성은 야구, 골프 등의 운동에 천부적 재능을 나타낸다.

---

6) 김배성, 『사주심리치료학』, 2004, 도서출판창해, pp.338-340 참조.

3) 식신(긍정심리 - 창의적 관조심리, 부정심리 - 관적 도취심리)

예) 식신의 긍정심리가 돋보이는 사업가

丁 庚 丁 乙　男 6대운

丑 申 亥 卯

庚金일간이 亥月生으로 卯재성을 생재하는 중 亥卯合 木局까지 이루게 되는 전형적인 식신생재격이다. 亥水는 재성 乙木을 키우고 乙木은 丁火를 꽃피우니 아름답다. 정주영씨의 사주로 월지 식신이 다시 재성을 생하는 격으로 시지의 丑土로부터 土生金, 金生水, 水生木, 木生火로 주류무체를 이루니 복록이 많고 총명하며 대인관계가 원만하므로 사업수완이 대단히 좋은 사주이다.

4) 상관(긍정심리 - 감각적 예술심리, 부정심리 - 파격적 이탈심리)

예) 상관의 긍정과 부정심리를 사용하는 드라마 작가

辛 丁 壬 戊　女 5대운

丑 卯 戌 申

丁火일간이 戌月에 실령하고 실세하여 극신약사주다. 戌中 戊土가 투출하여 상관격이며, 일지의 卯木 편인이 신약한 일간을 생하는 용신이다. 편인과 상관의 감각적 예술심리로 현재 왕성하게 활동하고 있는 모 방송국의 인기 드라마 작가이다. 상관의 파격적 이탈심리로 남편과 이혼 후 자유로운 삶을 즐기고 있다

5) 편재(긍정심리 - 다변적 유용심리, 부정심리 - 탐욕적 소유심리)

예) 편재의 탐욕적 소유심리로 크게 패망한 여자

戊 甲 丁 己　女 10대운

辰 午 丑 亥

甲午일주가 丁丑月, 戊辰시에 출생하여 실령, 실지, 실세하니 신태약하다. 일간 甲木은 오직 亥水 인성에 의지하고 있는데 년간 己土와 월지 丑土가 인수를 위협하고 있다. 庚辰 대운에 탐재괴인이 되어 재물을 탐내게 되어 문구도매업을 하다 크게 부도를

내게 되었다. 이후 김치공장 등 여러 사업을 하며 노력을 하였으나 무리한 욕심으로 결국에는 壬午대운 壬辰년에 패망을 한 여자의 사주이다. 재물을 탐하면 인성인 亥水가 극을 받아 어려움을 겪게 되는 경우다.

6) 정재(긍정심리 - 구조적 정밀심리, 부정심리 - 소극적 회의심리)

예) 정재의 정밀심리와 소극적 회의 심리로 외롭게 사는 남자

戊 辛 戊 乙　男 9대운
戌 未 寅 酉

辛金일간이 寅월에 월지 본기 甲木으로 정재격인데 지지에 酉, 未, 戌로 인성과 비겁을 이루고 천간에 戊土가 투출되어 신강하다. 년간의 乙木을 용신하나 일간 辛金을 유출하는 식상 水가 없어 金木이 상전되어 일간의 세를 감당하기 어렵다. 목공예 조각가인데 부인과 이별하고 고독하고 외롭게 살고 있다.

7) 편관(긍정심리 - 기획적 생산심리, 부정심리 - 공격적 경쟁심리)

예) 편관의 기획적 생산심리를 잘 나타내는 여자 목사님의 사주

甲 戊 甲 癸　女 4대운
寅 午 子 未

戊土일간이 甲子월 甲寅시에 출생하여 편관이 重한 신약사주이다. 다행히 일지에 午火가 寅午合으로 七殺의 기세를 유출시켜 戊土 일간을 돕게 되었으니 유정하게 되었다. 54세 庚대운에 남편과 사별한 후 목사님이 되어 신학대학을 운영했던 사람이다. 필자에게 한동안 명리 공부를 배운 적이 있다.

8) 정관(긍정심리 - 직적 자율심리, 부정심리 - 자학적 수축심리)

예) 정관의 심리를 잘 나타내는 가정주부의 사주

辛 甲 癸 甲 女 8대운
未 申 酉 辰

甲木일간이 酉월에 실령, 실지, 실세한 극신약한 정관격의 사주로 월간 癸水 정인을 용신하여 官印相生을 이루었다. 위 사주의 주인공은 남편이 은행의 지점장으로 집에서 조용히 살림을 잘하고 있는 사람이다.

9) 편인(긍정심리 - 분석적 직관심리, 부정심리 - 냉소적 가학심리)

예) 편인의 분석적 직관심리로 종교적 사상성이 강한 그림을 그리는 화가

庚 丙 壬 丁 男 6대운
寅 寅 寅 酉

丙火일간이 寅月생으로 월지본기 甲木으로 편인격이며 년간의 丁火와 지지 寅木의 세를 얻으니 신강사주다. 시상 庚金 편재를 용신한다. 편인은 예술이고 火는 빛으로 통일교인으로 모 대학에서 후학을 지도하고 있는 서양화가의 사주이다.

10) 인수(긍정심리 - 학문적 탐구심리, 부정심리 - 폐쇄적 극단심리)

예) 인성의 탐구심리로 은반의 여왕이 된 김연아

壬 癸 甲 庚 여 9대운
戌 酉 申 午

癸水일간이 申月생으로 庚金이 년간으로 투출하여 인수격이다. 일지 酉金의 세력까지 얻어 신강한 癸水에게 필요한 용신은 억부와 조후 상으로 년지의 午火가 용신이다. 庚寅년에 동계올림픽 금메달에 빛나는 김연아 선수의 사주이다.

✦ 5. 사주의 십성에 따른 활용성

1) 비겁 - 추진력, 실천력, 지구력, 독립성, 책임감, 적극성

<u>예) 수상학 상담가의 사주</u>

丙 甲 癸 壬 男 5대운
寅 申 卯 申
辛 庚 己 戊 丁 丙 乙 甲
亥 戌 酉 申 未 午 巳 辰

甲木일간이 卯月생으로 겁재격(양인격)이다. 득령, 득세한 비겁강의 신강사주로 일지 申金 편관을 억부용신으로 한다. 겁재격의 사주가 成格이 되기 위해서는 우선적으로 천간에 관성이 투간하여 강한 비겁을 제화(制化) 하던가 官星이 없을 때는 食傷으로 강한 겁재를 설기하여 生財를 하여야 한다. 그런데 이 사주는 겁재격의 성격(成格) 조건인 관성과 식신을 모두 가지고 있음에도 財星이 없어 재생관도 안 되고 식신생재도 안 되므로 下格의 사주가 되고 말았다.

편인에 식신으로 秀氣가 流行을 하며 지지에서 편관과 양인이 제화를 이루니 탁월한 역량으로 30년을 도봉산에서 수행하며 수상학으로 후학을 지도하고 있는 선생의 사주이다.

2) 식상 - 친화력, 섭외력, 발표력, 창조성, 활용력, 활동성

<u>예) 컴퓨터 백신 개발자 안철수</u>

丙 乙 壬 壬
戌 未 寅 寅
庚 己 戊 丁 丙 乙 甲 癸
戌 酉 申 未 午 巳 辰 卯

乙木일간이 寅月에 丙火가 시상으로 투출하여 상관격이 되었다. 연월에 겁재와 인수가 생부(生扶)하니 신강하여 丙火상관이 격이자 용신이 되었다. 상관격의 사주가 지지에 재성을 보아 상관생재가 잘되고 연월간의 인성으로 상관패인을 하며 일간이 강왕하여 최상격의 사주가 되었다.

초년부터 대운이 용신 동남방으로 흘러 의사집안에서 출생하여 유복하게 성장하였다. 乙木이 時上의 丙火 상관으로 꽃을 피워 총명하고 영리하여 다방면으로 탁월한 능력을 인정받았다.

겁재가 旺하니 자존심이 강하고 도전정신과 승부욕이 강하며 부지런하다. 상관으로 획기적인 아이디어를 잘 창출해내고 정인으로 논리적이고 지적이며 예지능력이 탁월하고 총명하며 박학다식하다.

의사와 교수를 역임하다가 컴퓨터 백신을 개발하였으며 이후 용신 火대운에 수많은 개발성과를 내어 안철수 연구소의 수천억대의 지분을 소유하게 되었다. 또한 카이스트 교수를 역임하고 서울대학교 융합대학원장으로 부임하였으나 모든 직을 사임하고 2012년 12월 정치권에 입문하였다.

3) 재성 - 목표력, 실현력, 수리력, 현실성, 소유력, 실용성

예) 초등학교 부장교사

戊 戊 丁 庚
午 辰 亥 子

戊土일간이 亥月에 투출된 干이 없으니 亥중 壬水로 격을 잡아 편재격이다. 戊土가 실령했으나 월간과 일지, 시주에 비겁과 인성으로 득지, 득세하여 신강하므로 庚金 식신을 억부용신 한다.

비겁이 강한 재격의 사주는 일차적으로 관성을 相神으로 하나 사주에 투출된 관성이 없으니 년간의 식신 庚金을 相神으로 상관생재하여 成格이 되었다.

초등학교 부장교사로 도항사인 남편을 만나 자녀들을 잘 키우며 안정되게 살고 있는 여자의 사주이다.

4) 관성 - 통제력, 조직력, 분별력, 안정성, 인내력, 도덕성

예) 모 문화재단 이사장의 사주

甲 戊 己 己 男 3대운
寅 戌 巳 亥

戊土일간이 비겁이 많아 신강하다 시상의 甲木이 一位의 편관으로 旺한 土를 제하는 용신이 되는데 이런 경우를 시상일위귀격이(時上一位貴格)라 칭한다.

월지 巳火로 편인격이 되는데 신강한 편인격에 관성이 투간한 데다가 년지의 亥水가 편인을 제화시켜 주므로 成格이 매우 잘 된 上格의 사주이다.

이런 사주는 귀함이 따라 고위직의 공직자나 정치인의 사주가 많다. 모 문화재단 이사장을 맡고 있는 서예교수의 사주이다.

5) 인성 - 이해력, 분석력, 암기력, 사상성, 수집력, 논리성

예) 생명공학자 황우석 박사

丙 乙 壬 壬
戌 未 子 辰
己 戊 丁 丙 乙 甲 癸
未 午 巳 辰 卯 寅 丑

乙木일간이 子月에 壬水가 월간으로 투출하여 정인격이다. 시상의 丙火 상관을 억부 및 조후용신으로 하는데 정인격이 상관으로 설기를 하는 사주이니 두뇌가 비상한 전문가 사주이다.

인성이 과다하여 편인이 되므로 재성으로 인수를 다스리고 상관으로 설기하여 억부 및 조후를 해결하여 成格이 된 경우이다. 이 사주는 사주에 관성 金이 없어 관인상생이 안되어 항상 부족함이 따르나 오히려 관(官)이 있었다면 기신인 水를 생해주니차라리 없는 것이 좋을 수 있다

인수와 상관으로 연구직인 교수의 직업은 천부적으로 타고난 적성이다. 줄기세포 연구로 커다란 관직을 얻었으나 甲申 乙酉 세운에 甲木과 乙木이 相神인 土를 극하고 申金과 酉金이 土의 기운을 설기하여 태과한 편인을 생하니 논문위조가 문제가 되어

일시적으로 破格이 되고 퇴직 당했다. 丙戌年에 다시 成格이 되니 사법처리를 면했고 새로운 후원단체가 제공한 모처의 연구실에서 연구활동을 재개하였다고 한다.

✦ 6. 사주를 이용한 지능 및 심리검사의 예

예) 류예지(女) 생년월일 : 양력 1998년 2월 20일 15시 30분

庚　戊　甲　戊
申　戌　寅　寅

乙　丙　丁　戊　己　庚　辛　壬　癸
巳　午　未　申　酉　戌　亥　子　丑

1) 다중지능 및 지능지수

* 인성 → 식상, * 재성 → 인성, * 식상 → 관성으로 이어지는 상호 자극적인 경각 심리구조를 이루지 못하고 官星 - 印星 - 比劫 - 食傷 - 財星의 공조순환 시스템으로 이어지지를 못하여 최상의 지능지수를 가지고 최고의 학업 성적을 올릴 수는 없다. 그러나 특정한 분야에서는 남다른 탁월한 재능을 가지고 있는 경우이다.

가) 언어지능 - 공식연설, 창작, 임기응변, 유머, 농담, 이야기 만들기, 언쟁력 등 - 보통(식신은 강한데 인성이 없으므로)

나) 논리수학지능 - 추상적 공식, 도표의 구조화, 수열계산력, 부호해독 능력, 삼단 논법, 문제해결력 등 - 부족(재성과 인성이 없으므로)

다) 공간지능 - 상상력, 체스게임, 색채배합, 디자인, 그림, 데생 인지도, 조각, 사진, 등 - 부족(재성이 지장간에 밖에 없으므로)

라) 신체운동지능 - 운동, 무술, 스포츠, 창작춤, 역할극, 제스처, 드라마 표현력 등 - 최우수(비겁이 강하고 식신제살구조를 이루고 있으므로)

마) 음악적지능 – 작곡 및 편곡, 악기연주, 노래, 공연력, 리듬패턴, 보컬 사운드 등 – 보통(水오행과 재성이 약하므로)

바) 대인관계지능 – 협력심, 일대일 대면력, 이타심, 분업, 집단 프로젝트, 피드백 주고받기 등 – 우수(비겁이 강하고 식상이 강하므로)

사) 자기이해지능 – 반성적 사고력, 정신집중기술, 추론적 사고전략 등 – 우수(비겁이 강하고 관성이 강하므로)

아) 자연탐구지능 – 관찰력, 견학, 소풍, 여행, 자연보호, 모험심, 동식물 기르기 등 – 우수(식상과 관성이 강하므로)

자) 실존지능 – 나는 누구며 어떻게 태어났고 내가 죽는다면 등의 실존에 대한 의문과 답에 대해 관심과 이해하는 능력 등 – 보통(비겁이 강하고 편관은 강하나 인성이 약하므로)

〈기타지능〉

庚 戌 甲 戌
申 戌 寅 寅

도덕적 감수성 = 上(관성 강)

성적관심 = 上(비겁 강, 관성 강, 식상 강)

유머능력 = 中(식신만 있고 상관이 부족, 편인성이 부족)

직관능력 = 中(상관없음, 편재없음, 편재없음)

창의능력 = 中(편인성 약함, 재성약함, 상관약함)

요리능력 = 上(식신제살격 = 요리사 많음, 지장간에 火오행 발달)

후각능력 = 上(金오행 발달)

2) 십성의 욕구에 의한 정신 분석

가) 비겁(自我의 욕구, 대인가치 중시 마인드, 본능계 영역) = 발달

庚 戊 甲 戊

申 戌 寅 寅

비겁은 권위와 성공, 자존심, 허영심 등 모든 것을 인정받고 싶은 욕구로서 자기 관철을 목적으로 하는 이기적인 자아의 욕구를 말한다. 타인의 지배를 싫어하고 자신감이 넘쳐 당당한 면과 배짱이 있다. 경우에 따라 자신만의 우월주의로 착각에 사로잡혀 고립의 세계로 빠지게도 된다. 언제나 존중과 인정을 받고 싶은 욕구이다.

나) 식상(친화의 욕구, 활동가치 중시 마인드, 감정계 영역) = 발달

庚 戊 甲 戊

申 戌 寅 寅

식상은 희생과 양보, 배려를 실행하여 타인과의 관계를 유지하려는 친화의 욕구를 말한다. 호기심이 많아서 참고 기다리는 것에 익숙하지 못하여 말없이 인내하는 것이 고통스럽다. 앞서서 자신의 의견과 뜻을 피력하는 것이 일상화되어 있다. 상대가 있는 것을 두려워하기보다, 상대가 있음으로 자신의 마음을 열수 있는 것을 더 상쾌해한다. 인간과 인간 사이의 친화적 커뮤니케이션이 발달해 있다.

다) 재성(실현의 욕구, 경제가치 중시 마인드, 욕망계 영역) = 부족

庚 戊 甲 戊

申 戌 寅 寅

재성은 인적 물적 자원요소를 말하는데 잠재된 가능성을 최대한 실현하여 결과를 만들어 낼 수 있다는 자신감을 관장한다. 물질에 대한 소유의 실현 가능성을 의미하며 목적이 있는 실현의 욕구이다. 재성은 한 사람에게 강한 의욕과 욕망을 가져다준다.

라) 관성(안정의 욕구, 명예가치 중시 마인드, 통제계 영역) = 매우 발달

庚 戊 甲 戊
申 戌 寅 寅

관성은 질서를 바로 잡고 규범을 준수하여 불안하고 힘든 일들을 정리하여 안정을 얻고 싶은 욕구이다. 즉 위험, 위협, 협박, 박탈 등으로부터 자신을 보호하고, 불안을 회피하고자 한다. 그러므로 함부로 승부수나 도박수를 두지 않는다. 약자는 강자에게 보호받고 싶어 하고, 강자는 약자를 보면 보호 본능이 발동한다. 강약에서 질서가 함께 공존하는 것이다. 관성은 인간이 누리고 싶은 貴를 통한 안정의 욕구이다.

마) 印星(생리적 욕구, 실적가치 중시 마인드, 사고계 영역) = 부족

庚 戊 甲 戊
申 戌 寅 寅

부모의 관심과 사랑을 말한다. 인간은 인성을 통해 부족한 자신의 생리적 욕구를 채우려 한다. 배고플 때 젖을 먹는 것과 같다. 인성은 빈곳을 채우려는 가장 기본적인 욕구로서 알고 싶은 것을 배우고, 익혀 자신의 두뇌 공간에 채워서 이것을 에너지로 사용하는 능력, 즉 언어를 익혀서 대화에 사용하는 능력, 기술을 습득하여 생활에 이용하는 능력, 지식과 방법론을 구하고 새로운 아이디어를 찾는 능력을 말한다. 인성은 내가 받고자 하는 생리적 욕구이며 나에게 조건 없이 주는 것을 말하는데 사주에 이 부분이 부족하므로 부모님의 많은 관심과 사랑, 자애로운 보살핌이 요구된다.

3) 십성에 의한 심리 구조 분석

庚 戊 甲 戊
申 戌 寅 寅

가) 비견(긍정심리 - 독립적 주체성, 부정심리 - 편향적 자만심리) = 발달
나) 겁재(긍정심리 - 주도적 지배성, 부정심리 - 배타적 우월심리) = 보통
다) 식신(긍정심리 - 창의적 관조성, 부정심리 - 주관적 도취심리) = 발달

라) 상관(긍정심리 - 감각적 예술성, 부정심리 - 파격적 이탈심리) = 부족

마) 편재(긍정심리 - 다변적 유용성, 부정심리 - 탐욕적 소유심리) = 보통

바) 정재(긍정심리 - 구조적 정밀성, 부정심리 - 소극적 회의심리) = 부족

사) 편관(긍정심리 - 기획적 생산성, 부정심리 - 공격적 경쟁심리) = 발달

아) 정관(긍정심리 - 조직적 자율성, 부정심리 - 자학적 수축심리) = 부족

자) 편인(긍정심리 - 분석적 직관성, 부정심리 - 냉소적 가학심리) = 보통

차) 인수(긍정심리 - 학문적 탐구성, 부정심리 - 폐쇄적 극단심리) = 부족

14장. 사주감명의 일반적 방법과 요령

✦ 1. 사주감명 순서

사주를 볼 때 아래의 순서대로 하면 사주를 상세히 분석할 수 있다.

1) 격국 용신 등의 이론에 따른 즉각적 사주분석

가) 억부에 따른 일주와 오행의 강약분석

나) 조후상태 분석

다) 격국과 사회성의 분석

라) 상신과 성패 구응의 분석

마) 합충에 의한 길흉의 변화분석

바) 사주의 청탁분석 - 청탁 판단 시

❶ 旺衰의 판단,

❷ 順悖의 판단,

❸ 用神의 상태,

❹ 合冲에 의한 변화,

❺ 六親의 청탁 등을

개별 분석한 다음 종합적으로 판단해야 한다. 또 사주의 청탁뿐 아니라 오행의 청탁, 십성의 청탁도 판단해야 한다. 이 청탁이 통변의 적중률을 좌우한다.

2) 사주 원국에 의한 사주통변

가) 일간과 격국, 월지와 십성에 의한 성격(性格)관계를 분석한다.

나) 격국과 용신, 십성에 의한 직업 및 학과적성을 분석하고 설명한다.

다) 사주구조에 따른 재물관계, 복덕관계, 직업관계 등의 성패길흉을 설명한다.

라) 오행의 편성과 생극제화에 따른 건강과 질병, 수명관계 등의 설명한다.

마) 육친십성의 상태에 따른 인간관계(배우자, 자식, 부모, 형제 조상 등)에 대하여 설명한다.

바) 오행과 십성의 충극관계에 따른 심리적 트라우마와 정서문제를 진단한다.

사) 사주를 이용한 DNA분석과 호르문 분석을 통해 두뇌구조와 정서문제, 행복추구방향성, 건강문제 등을 제시한다.

3) 운세의 변화에 따른 통변

대운과 세운의 생극합충에 의한 변화에 따라 위의 성격부터 건강의 변화와 인생의 길흉을 진단한다.

가) 대·세운과 일간, 격국, 용신 등과의 상호작용에 의한 성격변화를 파악한다.

나) 대·세운과 격국, 용신, 십성과의 상호작용에 의한 직업의 변화 등을 파악한다.

다) 대·세운의 변화에 따른 재물관계, 복덕관계, 직업관계 등의 성패길흉의 변화를 파악한다.

라) 대·세운의 작용에 따른 건강과 질병, 수명 관계 등의 상태를 파악한다.

마) 대·세운의 작용에 따른 육친(배우자, 자식, 부모, 형제 조상 등)의 변화에 대하여 파악한다.

바) 대·세운과 사주의 오행과 십성의 생극합충 관계에 따른 심리적 변화와 정서문제 등을 파악한다.

사) 대·세운에 따른 호르몬 변화와 사고의 변화를 파악해 체질문제, 정서문제, 갱년기문제, 행복추구의 행동방향 등을 파악하여 제시한다.

4) 사주를 간명하는 전반적인 방법론

가) 강약을 구분하여 억부용신을 살핀다. = 적천수론적 관점 = 생존능력여부

나) 격국을 보고 상신의 상태를 보아 **成格** 여부를 보고 사주구조를 파악한다. = 자평진전론적 관점 = 사회적응능력 여부

다) 조후를 살피고 정신적 심리적 건강상태와 행복지수를 살핀다. = 난강망적 관점 = 체감 행복 여부

라) 사주구조와 육친십성의 상태를 살펴 행동심리학에 입각하여 기질과 속성, 심리구조, 행동패턴, 정신건강상태 등의 문제점을 파악한다. = 현대 사주심리학적 관점 = 재능과 적성

마) 각종 흉악살 및 신살을 살펴 숙명적 인간의 굴레를 파악한다. = 신살론적 관점 = 운명의 굴레

바) 십이운성을 살펴 육친십성의 상태분석을 한다. = 십이운성론적 관점

사) 물상론은 사주의 관법이 아니라 통변술의 요령일 뿐이다.

아) 체용론의 관점에서 행운을 대입하여 사주원국(대상, 사물)과 독립변인 = (세운), 매개변인(대운), 종속변인(사주원국, 세운, 대운 사이의 합충에 의한 행동심리변화와 체질변화)들과의 관계를 분석해 세부적 운명 감정을 한다.

자) 오행의 편성과 생극제화의 관계를 살펴 오장육부의 건강상태를 파악한다. = 질병론적 관점

대략 이런 관법의 순서대로 사주를 살피면 세상의 어느 사주이건 거의 모두 정확하고 세밀하게 풀어나갈 수 있다. 그리고 사주를 잘 보기 위해서는 아무리 명리 이론을 많이 알아도 소용없다. 관상, 수상을 공부하고 행동심리학, 언어심리학, 인지심리학, 행복심리학 등을 통찰하여 눈치가 100단이 되어야 한다. 상대가 올려놓은 질문 글이나 하는 말의 패턴을 파악하고 얼굴표정 상태 등을 분석하여 사주를 볼 것도 없이 이미 반은 감을 잡아야 된다. 직관력을 키우기 위해서는 무엇보다도 수상 관상학은 필히 기본을 익혀야 하며 되도록 많은 연속극을 보고 세상살이의 모습과 패턴을 알고 있어야 한다.

✦ 2. 통변요령(通辯要領)

1) 성격

가) 일간을 보고 그 특성을 말해준다

만약, 甲木일주인데 사주가 청(淸)하다면 甲木의 장점을 말해준다. 즉 '당신은 온후하며 인자한 성격으로 의지력과 리더십이 강한데 타인을 위한 자선의 마음을 가지고 있다.'는 등으로 설명하고 그 다음 일간과 합이 되는 오행에 의한 내면적 특성을 말해주고 합화오행으로 마지막 추구성을 알려준다. 예를 들어 丙火 일주는 일차적으로 丙火의 기질을 드러내는데, 丙辛合水의 작용으로 인해 그 내면에는 辛金의 성정을 가지고 있으며 마지막에는 癸水의 특성을 나타낸다.(오행론 및 십간론을 숙달하여 술술 풀어낼 수 있도록 할 것)

나) 격국을 보고 기본적 스타일을 말한다

십정격에 준하여 그 특징적 스타일을 말해준다.(십정격의 특징을 잘 숙지 할 것) 종격 사주는 십성과 오행으로 그 특징적 스타일을 말해준다.

다) 희용신(喜用神)을 보고 장점을 알려준다

예를 들어 상관용신이면 상관의 좋은 성정을 말한다. 상관은 본래 흉신이나 정인이 상관을 제화하여 순화시키거나, 상관생재로 상관이 설기가 되면 총명하고 재능이 많고 사교성이 좋고 달변가이다 등으로 상관의 장점이 드러난다.(십성의 작용력을 잘 숙달 할 것)

라) 기구신(忌仇神)을 보고 단점을 알려준다

예컨대, 겁재기신이고 겁재가 흉하면 흉한 성정을 말한다. 겁재가 흉하다는 말은 겁재가 군겁쟁재(群劫爭財)로 사주의 정재를 극하고 있거나. 겁재가 많아 정관에게 반항하고 대든다거나, 정관을 극하고 있는 상관을 겁재가 옆에서 돕는다거나 하는 것이다. 고집불통, 독선, 안하무인 등 겁재의 나쁜 특성이 드러난다. 여기에 사주가 탁한 사주라면 더욱 흉한 작용을 할 수 있다. 더하여 편재까지 있으면 재물에 대한 지나친 욕심으로 투기, 요행을 바라는 등, 사주의 다른 십성과의 관계를 가지고 단점을 파악한다.

마) 한신(閑神)도 그 역할에 따라 십성의 성정을 말해주면 된다

한신도 희신을 도울 때는 청한 성정을 말하고, 기신을 도울 때는 탁한 성정을 말한다. 예컨대 편재가 한신인데 효신을 제압하여 순화시킬 때는 청한 성정(인정, 친화력, 사교성, 결단력, 수완, 임기응변)을 말하는 것이고, 太旺한 칠살(七殺)을 도울 때는 탁한 성정(투기, 도박, 낭비벽, 사기, 주색탐닉, 뇌물, 횡령 등)을 말해야 하는 것이다. 이도 역시 타 십신과의 관계를 보고 종합적으로 판단해야 정확성이 높다.

2) 직업

직업에 대한 부분은 앞장에서 이미 자세히 다루었으므로 이 장에서는 대략의 개요만 설명한다.

가) 먼저 사주의 구조를 보고 여러 조건들을 판단하여 종합적인 직업의 형태를 1차적으로 판단한다

예를 들어 사주에 관성이 없고 사주구조가 주로 식신상관으로 이루어져 있는데 이 사람에게 공직(公職)으로 가라고 한다면 적절치 않은 것이니 식상생재라면 사업의 길로 나가는 게 더 유리할 것이다. 반대로 사주가 주로 관인상생으로 이루어져 있는데 이 사람에게 장사나 사업을 하라고 한다면 또한 적절치 못한 것이다. 이 경우는 공직자나 직장인으로 나가는 것이 더 적절할 것이다.

또 사주가 주로 인성과 비겁과 식상으로 이루어져 있으면 예술가, 예능인 등의 전문가나 프리랜서 등이 적절할 것이다.

나) 격국에 맞는 직업의 유형을 2차적으로 판단한다

예컨대 상관생재격의 사주라면 말이나 소리와 연관된 직업(어학, 교사, 강사) 또는 연구발명특허 등의 벤처사업도 맞다. 예를 들어 상관격에 火오행이면 시청각과 관련 있는 방송연예계통 등을 추천할 수 있다.

이와 같이 격과 용신, 오행과 십성을 상호대조하여 다양하고 융통성 있게 통변을 해야 한다.

❶ 정관격이 淸하면 공직자, 경찰, 검찰, 법관 등

❷ 인수격이 淸하면 교육자, 학자, 언론인, 탁하면 기술자 등

❸ 식상격이 淸하면 사업가, 연구원 등이고 탁하면 장사, 기술자 등

❹ 편인격에 상관을 보고 재관이 약하면 종교인, 의사, 역술인 등

❺ 재격이 유력하면 사업가, 경영인, 법률가 등

다) 용신이나 태왕한 오행으로 전공분야와 직종을 3차 판정한다

예컨대 木 오행이라면 인문계통의 목재, 가구, 문구, 제지출판, 의류 등이 맞을 것이요. 火 오행이라면 전기 전자 통신, 화학, 유류 가스, 방송, 문화 등이요, 土오행라면 접객서비스업, 중개업, 부동산, 고기 육류 등이 맞을 것이요, 金오행이라면 무기(武器), 제철, 자동차, 기계 등이요, 水오행이라면 수산물, 물장사, 얼음, 아이스크림, 주류, 커피 등이요, 역마살이 있으면 항공, 운수업종 등이 맞을 것이니 이런 식으로 유추하여 판단한다.

3) 건강, 질병, 수명

오행이 생생유통 되거나 유기상생하여 순수하면 평생 건강하고 수명도 길다. 그러나 이런 사주가 얼마나 되겠는가. 대개의 사주는 오행의 힘이 한 쪽으로 치우치기 마련이니 희용신운이 오면 좋겠으나 기신운이 오면 건강상에 문제가 생긴다.

가) 오행의 실증(實症)

예를 들어 사주에 木이 태왕한데 火가 없어 설기가 되지 않고 水만 많으면 선천적으로 간에 문제가 있다. 그런데 운에서 다시 水木운이 오면 지방간, 간염, 간경화, 간암 등이 된다.

나) 오행의 허증(虛症)

예를 들어 사주에 木이 허약무기하고 水가 없으며 金만 많으면 선천적으로 간기능이 약하다. 그런데 운에서 土金운이 오면 허약한 용신을 극하니 분명히 간, 담, 갑상선, 눈, 시각 뇌신경 계통에 이상이 생긴다.

다) 편고(偏枯)

사주가 지나치게 덥거나(過熱) 지나치게 말랐거나(燥) 지나치게 음습(陰濕)하거나 지나치게 한냉(寒冷)하다면 반드시 질병이 있고 심리적인 문제가 있는데 운에서 그 흉한 기운을 돕는다면 질병이 떠나지 않는다.

라) 수명(壽命)

사주가 안정되고 沖剋이 없어 화평하며 오행이 유통되고 오행의 뿌리와 원신 희신(元神 喜神)이 모두 튼튼하면 장수한다. 그런데 재물복이 없는데도 장수하는 사람이 있고 탐욕스럽고 악행을 일삼는 사람 중에서도 장수하는 사람이 있으며 자식이 없는데도 장수하는 사람도 있다. 기탁신고(氣濁神枯)라고 하여 요절하는 사주가 있으니 대체로 일주와 용신이 다 같이 허약무기하거나 오행이 한 쪽으로 치우쳐 차라리 종격이 되었다면 좋을 것인데 종격도 아니라 의탁할 곳이 마땅치 않거나 용신이 기신에 의해 충극을 당하거나 특정오행이 충극된 사주 등이다.

❶ 식상과 재가 태왕하고 사주에 비겁이 약한데 운에서 忌神이 方局을 이루어 약한 인수나 비겁을 충극하면 요절한다. 특히 財局을 이룰 때 그러하다.

❷ 인수가 태왕하고 비겁과 식상이 없을 때 운로가 財運이면 좋으나 인수운이 오면 요절한다.

❸ 비겁이 득령하고 태왕하며 인수가 많은데 재가 없으면 식상을 쓰지 못한다. 이때 운에서 식상이 와서 인수로부터 충극을 받으면 요절한다.

4) 배우자

남자의 처복은 財의 청탁을 보고 나서 일지로 본다. 재가 淸하다는 것은 인수가 태왕하여 기신인데 재가 제압하거나 식상생재, 재생관 하여 유통이 잘 되거나 신왕한데 재가 힘이 있는 등이다. 재가 濁하다는 것은 재다신약에 비겁이 없을 때나 신왕하여 재가 희신인데 재가 미약하고 식상이 없으며 관성도 없거나 미약하여 군겁쟁재가 되었을 때이다. 이와 같이 청탁을 보고 나서 일지를 본다.

여자의 남편복은 官의 청탁을 보고 나서 일지를 본다. 관이 淸하다는 것은 비겁이 왕성하여 기신인데 관이 제압하거나 재생관, 관생인하여 유통이 되거나 신왕한데 관도 힘이 있는 등이다. 관이 濁하다는 것은 관살이 태왕한데 인수가 없고 식상도 무력하거나, 관이 미약한데 재가 없고 식상만 있어 극제 당할 때이다. 위와 같이 청탁을 보고 나서 일지를 본다.

가) 일지가 희용신이면 배우자 덕이 좋고 기신이면 좋지 않다.

나) 일지가 육친길신(정인, 정관, 식신, 정재 등)이면 좋고 육친흉신(편인, 칠살, 상관, 겁재 등)이면 좋지 않다.

다) 일지가 형, 충, 파, 해 되면(특히 일주가 양인, 백호, 괴강 등일 때) 나쁘다.

라) 일지가 他支와 합이 되어 기신이 되면 나쁘다.

5) 자식

자식복은 식상, 관성의 청탁을 보고 나서 시주로 본다. 여자에게 자식은 식상이니 식상의 청탁을 우선 본다. 남자는 관성을 자식으로 보니 관성의 청탁을 우선 본다.

식상이 淸하다는 것은 사주에 관살이 태왕할 때 식상이 제압한다거나 태왕한 비겁의 기운을 식상이 설기할 때 등이고, 식상이 濁하다는 것은 식상이 태왕하여 미약한 관성을 극하거나, 식상이 약한데 인수가 태왕하여 식상이 파극되는 등이다. 위와 같이 청탁을 보고 나서 時柱를 본다.

가) 시주가 희용신이면 좋고 기신이면 나쁘다.

나) 시주가 육친길신(정인, 정관, 식신, 정재)이면 좋고 육친흉신(효신, 칠살, 상관, 겁재)이면 좋지 않다.

다) 시주가 형, 충, 파, 해 되면(특히 시주가 양인, 백호, 괴강 등일 때) 나쁘다.

라) 시주가 他柱와 합이 되어 기신이 되면 나쁘다.

마) 천간은 외부의 사회성이요, 지지는 내면의 사생활이니 時干희신, 時支기신이면 사회적으로는 자식이 현철하나 내부적으로는 자식이 속을 썩인다.

바) 시지가 건록지 제왕지이면 자식이 많고 死墓絶이면 자식이 적다.

사) 자식이 많고 복이 있으려면 필수적으로 일주가 힘이 있고 특히 비겁이 힘이 있어야 하고, 식상도 힘이 있어야 한다. 내가 힘이 있어야 자식을 생산할 수 있기 때문이다.

6) 부모, 형제

부모는 인성이고, 형제는 비겁이니 십성의 길흉을 먼저 따지고 나서 년, 월주를 본다. 년주는 조상, 월주는 부모와 형제이다.

인성이 淸하다는 것은 식상이 태왕한데 인성이 제압하거나 관살이 왕성한데 인성이 통관하여 일주를 생할 때이고 인성이 濁하다는 것은 신왕한데 식상을 인성이 극하거나 신약한데 약한 인성이 재성에 파극당할 때 등이다.

가) 월간에 기신이 있어 용신을 극하면 부모덕이 없고 반대로 월간이 희신이면 부모덕이 있다.

나) 월지에 형, 충, 파, 해, 공망 등이 있으면 부모덕이 없다.

다) 월지가 건록, 제왕지가 되고 용신 희신이면 부모덕이 있다. 반대로 死墓絶이고 형, 충, 파, 해, 공망이면 부모덕이 없다.

라) 정편인이 혼잡하면 부모덕이 없다. 기타 자세한 것은 육친통변론을 참고하라.

7) 재물과 명예와 권력

큰 재물 복이 있으려면 식상이 힘이 있어 財를 생해 주어야 한다. 식상이 없으면 반드시 관성이 財를 보호해 주어야 한다.

권력자는 흉살이 있고 화살위권(化殺爲權)이 되면 권력을 얻는다. 즉 칠살이 있는데 식신이 제압하거나 아니면 정인이 칠살의 기운을 설기하여 일주를 생하면 화살위권이 된다. 또 검찰, 경찰 등 사법계통의 사주는 식상제살구조에 신왕하고 형살이 있는 경우가 많다.

가) 신왕한데 식상과 재성이 있으면 재복이 있다. 이때 인수가 없거나 약하고 관성이 없으면 순수한 사업가사주가 된다.

나) 신왕한데 식상이 없고 재가 있으며 관성이 비겁을 제압하면 부귀가 있다.

다) 신약한데 재가 왕성하고, 비겁이 있어 재를 제압하면 재복이 있다. 비겁운에 재물을 얻는다.

라) 신왕하고 식상도 왕성한데 無財에 관성이 약하면 빈천하다.

마) 신약하고 관살이 태왕한데 식상도 태왕하고 인수가 무력하면 극설교가(剋洩交

加)의 명으로 가난하고 고통받는다.

바) 비겁이 없고 관살과 인수가 모두 왕성하면 오히려 천하다.

사) 관이 약한데 인수와 비겁이 왕성하면 천하다. 기타 자세한 것은 육친통변론을 참고하라.

예) 관살태왕의 폐해를 겪고 있는 부부 : 2011. 01. 07. 상담

(남편) 김OO (44세) 己 己 癸 丁 巳 卯 卯 未	**(부인) 박OO (43세)** 戊 甲 庚 戊 辰 子 申 申
乙 丙 丁 戊 己 庚 辛 壬　3대운 未 申 酉 戌 亥 子 丑 寅	壬 癸 甲 乙 丙 丁 戊 己　5대운 子 丑 寅 卯 辰 巳 午 未

(자) 辛 戊 癸 戊 酉 子 亥 寅	**(녀)** 辛 戊 癸 戊 酉 子 亥 寅
庚 己 戊 丁 丙 乙 甲　1대운 午 巳 辰 卯 寅 丑 子	丙 丁 戊 己 庚 辛 壬　10대운 辰 巳 午 未 申 酉 戌
(쌍둥이인데 아들과 딸이므로 대운이 서로 반대로 가고 있음)	

(질문자)

부부의 사주를 올립니다. 쌍둥이의 사주도 올리겠습니다. 8년째 별거를 하고 있는데 애들을 위해서 계속 기다리며 살아야 하는지 정말 답답합니다. 제 사주에는 어떤 직업이 잘 맞을까요? 제 딸아이 사주가 저희 부부 연을 끊는 작용을 한다는데 이해가 잘 안 됩니다. 제가 제 힘으로 애들을 잘 키우고 싶은데 가능할까요? 조언 기다리겠습니다.

(답변)

남편의 사주는 편관격에 신약사주로 시지 巳火 인성이 용신이므로 火土가 吉運이고 金水木은 凶運이 됩니다. 8년 전이면 36세이니 己亥대운에 아마도 커다란 사고를 저지르신 것 같습니다.

사주의 격국용신법에 의하면 이 사주의 주인공은 財와 官이 극흉성이므로 성장과정을 거치며 청년기를 통해 안 그래도 힘들고 어려웠던 삶이 결혼 후 자식을 얻게 되면 그때부터 인생의 고통과 어려움이 더욱 더 가중되어 관재구설, 사건사고, 질병, 파산, 손재, 부부이별 등으로 질곡의 삶을 살아가게 되어 있는 사주입니다.

그런데 36세는 2003년 癸未년으로 대운, 세운, 사주원국에서 亥卯未 木局으로 官殺局을 이루며 년간에서는 세운과 사주가 丁癸충을 하고 지지에서는 대운과 사주가 巳亥충으로 印星이 沖剋을 맞고 用神이 피상되어 극흉한 운이 되며 이후 37세 甲申년, 38세 乙酉년을 오며 식상에 관살운으로 관재구설과 스캔들에 휘말리게 되니 유흥, 오락, 쾌락, 재물과 돈, 여자문제, 인간배신 등으로 제정신을 못 차리고 어이없고 황당한 잘못과 실수를 하게 되어있습니다. 그 결과는 이별과 고통, 관재수, 질병과 정신착란 심하면 사망 지경에 이르게 되는 그런 극흉한 일이 생기게 되는 운입니다.

남편분의 사주와 대운에 의하며 43세 戊戌대운부터는 서서히 운이 좋아져서 열심히 노력만 한다면 4년 뒤 2014년 甲午년 이후에 조상의 덕으로 천운을 얻고 사면을 하게 되어 48세부터는 기사회생을 할 수도 있습니다. 하지만 한편으로는 이미 43세戊戌대운부터는 겁재운으로 戊癸合, 卯戌合으로 배우자인 박○○님에게 다른 남자가 생겨 배신을 당할 수도 있습니다.

다음으로 박○○님의 사주 또한 남편의 사주와 마찬가지로 財生殺이 된 편관격의 사주로 子水가 용신입니다.

財殺이 太旺하여 병이니 남편이 병이요, 재물로 인해 인생에 커다란 고통을 당하는 사주인데 일지에 용신 子水가 申子辰水局을 이루니 凶중에 吉이요, 敵을 내편으로 만드는 사주이니 대운의 흐름에 따라서는 인생역전을 할 수 있는 사주입니다.

水木이 吉星이며 土金 운은 凶星이 됩니다. 사주 전체가 金水로 寒冷하여 조후상으로는 火氣가 필요하니 억부와 조후상으로 필요한 기운이 서로가 상반되어 대운에 따라 항상 길흉이 상반되는 이원적 현상이 발생하게 되어 있습니다.

45세 乙대운을 지나 50세 卯대운부터 55세 甲寅대운을 가며 서서히 인생의 역전을 하는 운을 가니 비록 지금 힘들고 고통스럽지만 참고 인내하시기 바랍니다.

하지만 卯대운 甲寅대운에는 자아의식이 강해지니 더 이상 재생살, 살인상생으로 남편에게 순종하는 삶을 거부하게 될 것입니다.

2011년 辛卯년을 기점으로 박OO님은 아무래도 남편과는 서서히 인연의 끈이 멀어질 것 같습니다. 아무래도 박OO님에게 다른 남자가 나타나고 결국 두 분은 이혼을 하시게 될 것 같습니다.

참고로 金水로 寒冷한 사주의 폐단을 예시하면 아래와 같습니다.

사주가 金水로 寒冷하면 인생에 냉기가 감돌며 태양을 보지 못하면 나무가 자랄 수 없듯이 아무리 노력을 하여도 좋은 결과를 얻지 못하게 됩니다. 배우자 자식과 인연이 짧아지고 그리하여 고독하고 비애스럽고 편협한 삶이되며 운이 좋지를 못하면 서비스업 계통에 많이 종사하게 됩니다. 정신적으로는 사색적이고 분석적이어서 이상세계의 신비성을 접 할 수도 있으며 神氣가 있거나 직관력과 예지력이 아주 뛰어납니다. 사주에 물이 많으면 물 흐르듯이 인생이 항상 유동적이어서 한 곳에 정착하지를 못하고 의지가 약해지고 인생을 쉽게 포기하는 면이 있을 수도 있습니다. 사주가 金水로 寒冷한 사람들은 성공과는 상관없이 머리는 총명하나 인생은 고독하고 비애스럽습니다. 혼자 생활하는 것을 즐기지만 외로우니 자신의 감정을 쉽게 노출하기도 합니다.

건강적인 면으로는 우울증, 과민증세, 사지신경통, 불안의식, 심장기능저하, 근육위축증, 시력장애, 신체장애, 호흡기 기관지 알레르기천식, 신장, 방광, 자궁 및 혈압관계 이상(저혈압) 등이 발생할 수 있습니다.

직업적인 면으로는 종교계, 무속인, 역학계, 유흥업, 서비스업, 간호사, 임상병리학, 정신과 등에 많이 종사하는데, 대체적으로 한습한 사주는 요식업에 종사하는 등 저급한 직업과 한직의 전문성에 종사하게 됩니다.

만약 박OO님께서 수산물 장사를 하는 남자를 만난다면 오히려 잘살 수도 있고 남자를 상대로 하는 물장사를 하거나 숙박업이나 노래방을 한다면 잘 운영하실 수도 있고 사주명리학을 하거나 종교인으로 성공하실 수도 있습니다.

쌍둥이 아이들의 사주는 고서의 이론에 의하면 종세격의 사주로 볼 수도 있으나 대운의 길흉을 가늠하여 본다면 일주 無根한 극신약한 사주로 비견을 용신하나 無印星으로 부모의 덕을 볼 수 없고 재성이 흉성이니 부친이 인생에 병이요, 멍애가 되며 전체적으로 사주가 한냉하여 火운을 만나야만 발복할 수 있습니다.

(질문자)

조언 감사합니다! 선생님 말씀을 읽다 보니 차라리 맘은 개운해지네요. 열심히 살아야겠지요. 급한 마음에 실명을 올리는 아둔한 실수를 범했습니다. 선생님께서 이름들만 좀 고쳐 주시면 고맙겠습니다. 혹시 아는 사람이라도 보게 될까 가슴이 덜컹합니다. 물에 빠진 심정으로 조언을 구했는데 역전도 가능하다 하시니 용기를 가지고 살아보겠습니다. 애들이 전부라고 믿고 살았고 앞으로도 최선을 다해야지요. 이름만 OO처리 꼭 좀 부탁합니다. 좋은 일 하시는데 어찌 보답해야 하는지 정말 고맙습니다. 동네 철학관에서는 개운시켜준다고 부적해라, 기도해라 하던데요. 그 집 결국 망해서 없어졌어요. 저도 공부를 해보고 싶어서 동국대학교에서 강의하는 명리학기초로 시작해볼까 고민도 해봤는데 선생님같은 분을 모시고 과외식으로 하고 싶거든요. 어찌해야 할지 고민스럽습니다. 조언 감사드립니다.

(답변)

알겠습니다. 세상을 좀 더 자신감을 가지고 살아보도록 하세요. 세상일이란 일단은 마음먹기에 따라 길흉이 상반되게 받아들여지게 되어 있지 않겠습니까?

그리고 동네 철학관에서 부적해라, 기도해라 등으로 망해서 문을 닫은 것은 아니고 그 사람의 운이 그만큼 안 좋아서 그랬을 뿐입니다. 저는 무속을 하거나 철학원, 작명소를 하는 사람들 중에 제일 답답한 사람들이 그저 아무 손님이나 오기만 하면 무조건 굿해라, 부적 써라, 개명해라 권유하는 분들입니다. 우리가 대·세운을 말하듯이 모든 일은 다 때가 있는 것이니, 굿할 사람과 그때가 따로 있고, 개명할 시기는 사람마다 따로 있고, 손님들에게 부적을 쓰라고 하면 그 말을 따르는 시기도 따로 있는 것입니다. 그런데 아무에게나 저인망식으로 무조건 겁박하고 권유해서 돈을 벌려고 하는 식의 상담영업 방법은 아주 많이 비효율적이고 실패할 수밖에 없는 방법이 될 터이지요.

예를 들어 박OO씨의 이름도 매우 안 좋습니다만 올해와 내년은(庚寅, 辛卯년) 내가 아무리 설득하고 권유해도 이름을 개명을 하지 않습니다. 壬辰년이 되어 문서 운이 와야 이름을 고치게 되기 때문인 것이지요. 너도 나도 모두 운이 안 좋을 때는 본인의 부군처럼 그렇게 터무니없는 실수를 하게 되어 있는 것입니다. 공부는 인연이 닿는다면 어떻게든 열심히 해보시기 바랍니다.

✦ 3. 육친십성에 의한 운세통변

육친십성별 운세통변이란 육친십성의 길흉에 의해 운의 길흉을 판단하는데 운의 십성과 사주의 십성을 상호대조하여 살펴본다. 십성별 운세통변은 천간과 지지를 함께 보아야 하니 이를 종합하여 통변한다. 예를 들어, 천간은 비견 희신이고 지지는 칠살 기신이라면 비견의 길함과 칠살의 흉함을 종합하여 통변하면 된다.

대운을 볼 때는 천간위주로 前 5년을 통변하고 지지로 後 5년을 통변한다. 그러나 천간을 볼 때도 지지의 작용력을 같이 봐야 하고 지지를 볼 때도 천간과의 상호작용을 같이 보아야 한다. 통변의 묘리를 터득하기 위해서는 많은 실관을 통해서 文理가 터져야만 하는데 여기에 육친에 따른 길흉을 제시하니 통변에 활용하기 바란다.

1) 비견운

가) 비견 희신

- 사주가 재다신약으로 비견용신인데 비견운이 와서 편재기신을 제압하면 재물을 얻는다.
- 원국에 관성이 많고 신약인데 비견운이 오면 힘을 얻고 주변의 도움을 받아 승진, 취직, 합격한다.
- 비견운에 분가, 창업, 사업 확장 하면 주변의 도움을 받고 좋다.
- 희신이라도 합하여 기신되면 처음에는 좋다가도 결국 나쁘게 된다.

나) 비견 기신

- 비견운에 분가, 창업, 동업, 사업 확장하는데 실패할 가능성이 높다.
- 동업이 불리한데도 동업으로 사업을 하면 실패한다.
- 친구를 믿고 돈거래를 하다 배신당하고 손재, 파산할 수 있다.
- 비견운에는 친구형제에게 보증서지 말고 돈거래 하지 말아야 한다.
- 비견기신으로 사주의 편재 희신을 충극하면 손재, 파산한다.
- 비견 희신이라도 사주지지에 칠살이 많은데 沖하면 사고를 당하는 흉사가 있다.
- 신왕사주에 비겁이 태왕하고 식상이 없는데 재가 있는 사주는 비겁 운이 오면 군비쟁재가 되니 흉하다. 사주에 식상이 있으면 흉이 덜하다.

- 군비쟁재가 되면 파산, 배우자와 이별하고 충이 있으면 상처(傷妻)할 수 있으며 지지에 財局을 형성하면 오히려 본인이 요절할 수도 있다.
- 비견기신이라도 사주에 관성이 힘이 있어 제압하거나 식상이 많아 설기되면 비견운이라도 크게 나쁘지 않다.
- 비견기신이 합으로 희신으로 바뀌면 처음에는 나빠도 나중에는 좋게 된다.

2) 겁재운

가) 겁재 희신

- 사주가 재다신약으로 겁재 희신인데 겁재 운이 와서 재성 기신을 제압하면 재물을 얻거나 아내를 얻는 기쁨이 있다.
- 사주에 관성이 많고 신약인데 겁재 운이 오면 주변의 도움으로 승진, 취직, 합격한다.
- 겁재 희신이면 겁재 운에 동업으로 사업을 시작하여 성공한다.
- 겁재 희신이라도 운에서 사주와 합으로 기신이 되면 처음은 좋아도 나중은 흉하다.

나) 겁재 기신

- 비겁이 기신이면 동업이 불리한데 동업으로 사업을 하면 실패한다.
- 겁재, 양인운에 정재를 파극하면 손재, 파산, 또는 아내가 사고를 당하거나 질병에 걸려 수술할 수 있다. 사주에 정재가 미약한데 겁재가 충하면 상처(傷妻)할 수도 있다.
- 겁재운이 오면 경제적으로 어렵고 가정이 불화하고 다툼이 많다.
- 겁재운에 사주편재와 합이 되면 손재한다.
- 사주에 상관이 있어 겁재 운에 이 상관을 도우면 정관을 극하니 직장을 잃거나 명예가 실추하며 여자는 남편을 잃게 된다.
- 사주에 정관이 미약한데 겁재운이 오면 명예가 실추된다.
- 사업가는 경쟁자, 거래업체로 인해 손실을 보거나 소송에 휘말린다.
- 겁재운에 형, 충을 겸하면 피를 볼 일이 생기고 교통사고나 몸에 칼을 대는 수술을 한다.

- 탁한 사주는 겁재운에 친구를 잘못 만나 범죄를 저지를 수도 있다.
- 겁재기신이라도 사주와 합으로 희신이 되면 처음은 나빠도 후에는 좋다.

3) 식신운

가) 식신 희신

- 신왕사주에 식신운이 와서 財를 생하면 재물을 얻는다.
- 식신운에 사주의 칠살 기신을 제압하면 재물을 얻는다.
- 사업가는 식신 희신운에 매출이 증가되고 수익이 늘어난다.
- 직장인은 식신 희신운에 승진하거나 월급이 오른다.
- 여명은 식신 희신운에 결혼하거나 아이를 임신, 출산 한다.
- 식신운에 사업을 시작하면 좋다.
- 식신운에는 식욕이 생기고 마른 사람은 살이 붙는다.
- 식신 희신운에 학생은 두뇌활동이 활발해져 성적이 오른다.
- 질병을 앓던 사람은 식신 운이 오면 병에 차도가 있다.
- 식신 희신이라도 운에서 사주와 합으로 기신이 되면 처음은 좋아도 나중은 흉하다.

나) 식신 기신

- 식신 기신운에는 바람을 피워 아내와 불화하거나 여명은 남편과 이별할 수 있다.
- 식신 기신운이면 자식문제로 속을 썩인다.
- 식신이 사주의 편관 희신을 극하면 명예가 실추되거나 직장을 잃는다.
- 사주에 편관이 미약한데 식신 운에 충을 받으면 관재를 받거나 송사, 구설이 있다.
- 식신 희신운이라도 사주에 편인이 많은데 충이 되면 나쁘다.
- 식신 기신운이라도 사주와 합으로 희신이 되면 나쁘지 않다.

4)상관운

가) 상관 희신

- 신왕사주에 상관운이 와서 재를 생하면 재물을 얻는다.

- 상관운에는 자식을 생산하는 운이니 미혼남녀는 결혼한다.
- 상관 희신운에 기혼여자는 출산하고 남편은 승진한다.
- 상관 희신운이라도 사주와 합으로 기신이 되면 처음은 좋아도 나중은 나쁘다.

나) 상관 기신

- 신약사주에 관살이 많은데 상관 운이 오면 극설교가로 흉하다.
- 상관운에 사업가는 매출이 떨어지고 손재가 발생한다.
- 상관운에는 구설이 발생하고 가정이 불화하고 심하면 이혼한다.
- 상관운에 사주의 미약한 관성을 충하면 관재송사 시비다툼이 발생한다. 형, 충을 겸하면 실직하거나, 질병이 생긴다.
- 상관운이 관성을 극하면 직장인은 감봉, 좌천되거나 실직을 한다.
- 사주에 상관이 태왕한데 상관 운이 되어 時支를 충 하면 자식을 잃을 수도 있다.
- 상관운에는 氣를 洩하니 생식기, 기관지, 출혈, 식은땀, 허로병 등의 질병이 발생한다.
- 상관운이 되면 점잖던 사람이 언행이 불손하고 실언을 할 수 있다.
- 여명은 미혼자는 결혼이 안 되고 사귀던 사람과 헤어진다. 기혼자는 남편의 사업이나 일이 잘 안 되고 병이 들기도 한다. 또한 사주의 미약한 관성 또는 용신을 충하면 이혼한다.
- 역술, 무속인은 상관 운에 예언을 하거나 접신이 될 수 있으며 거꾸로 신당을 뒤집어 엎기도 한다.
- 상관기신이라도 사주와 합으로 희신이 되면 처음은 안 좋아도 나중은 좋다.

5) 편재운

가) 편재 희신

- 편재 희신이면 편재운에 재물을 얻는다. 식신상관이 있어 편재를 도우면 더욱 좋다.
- 편재운에 편인을 제복하면 투기성 문서계약으로 재물을 얻는다.
- 편재운에는 사업 확장하여 사업이 번창한다.
- 편재운에는 주식, 부동산투기, 복권 등으로 횡재할 수 있다.

- 남자는 편재운에 미혼자는 결혼하고, 기혼자는 여자가 생긴다.
- 편재운에 사주의 관성 희신을 도우면 처나 아버지의 도움으로 취직하거나 재물을 써서 취직, 승진, 영전한다.
- 편재 희신이라도 사주와 합으로 기신되면 처음은 재물을 모으나 나중에는 손재한다.

나) 편재 기신
- 신약하여 편재 기신 운이면 가정이 불화하다.
- 편재 기신운에는 낭비벽이 발동하여 재물을 낭비하거나 투기, 도박으로 파산한다.
- 신약사주에 사주가 탁하면 편재운에 친구, 친척들의 돈을 끌어다가 투기로 탕진하여 피해를 입힌다.
- 편재 기신운에 재산을 탕진하여 비관자살을 시도하기도 한다.
- 편재운에는 무리한 물욕으로 사기를 당하여 파산할 수도 있다.
- 편재 기신운에는 아내나 여자로 인하여 손재, 파산할 수 있다.
- 편재가 희신운이라도 사주에 비견이 많아 충이 되면 나쁘다.
- 편재 기신운이라도 사주와 합으로 희신이 되면 처음에는 손재하나 나중에는 좋아진다.

6) 정재운

가) 정재 희신
- 정재운에 남자는 처덕으로 재물을 얻을 수 있다.
- 사업가는 자금회전이 잘 되고 매출이 신장한다.
- 정재운에 사주의 관성을 도우면 취직하거나 승진, 영전한다.
- 정재 희신운에 상관을 만나면 재능과 언변으로 재물을 얻는다.
- 정재 희신운이라도 사주와 합으로 기신이 되면 처음에는 좋으나 나중은 좋지 않다.

나) 정재 기신
- 정재운에 사주의 정인 희신을 파극하면 애정문제로 가정파탄이 되거나 고부간

갈등이 깊어진다.

- 정재 기신운에 사주에 편인이 있으면 금전거래로 피해를 본다.
- 정재 희신이라도 사주에 겁재가 많은데 충이 되면 범죄피해, 교통사고나 재난이 있을 수 있다.
- 정재 기신운에는 친구, 동료와 사이가 나빠질 수 있다.
- 정재운에 정인을 충극하면 공부, 학문에 태만하여 성적이 저조하다.
- 정재 기신운에는 남자는 여자문제로, 여자는 금전문제로 고통을 받는다.
- 정재 기신운에 공직자는 뇌물이나 여자문제 등으로 좌천, 퇴직한다.
- 정재 기신운이라도 사주와 합으로 희신이 되면 처음에는 나쁘나 나중은 좋다.

7) 편관운

가) 편관 희신

- 편관격에 편관 희신인데 편관운을 만나면 권력을 잡는다.
- 여명은 미혼은 결혼운이요, 기혼은 남자의 도움으로 창업한다.
- 편관 희신운에는 취직하거나, 직장인은 승진한다.
- 편관 희신운에는 수험생은 합격한다.
- 편관 희신운에는 사업가는 막힌 일이 풀리고 사업이 순조롭다.
- 편관 희신운이라도 사주와 합으로 기신되면 처음은 좋으나 나중은 나쁘다.

나) 편관 기신

- 칠살이 기신인데 형, 충을 대동하거나 칠살이 入墓하여도 흉하다.
- 身弱殺旺한데 편관운이 오면 질병과 가난으로 고통받는다. 특히 삼형살을 겸하거나 노년기의 칠살 운은 질병으로 더욱 고통스럽다.
- 편관운에는 노동자는 과중한 업무로 힘들고 부상을 당하기도 한다.
- 사주에 정관이 있는데 편관운이 오면 관살혼잡이 되어 매사 복잡하고 일이 뜻대로 되지 않는다. 형, 충을 겸하면 더욱 좋지 않다.
- 사업가는 칠살운에 비겁을 충극하면 사업 확장 등 허욕을 부리다 파산한다. 이에 따라 소송, 압류, 채무 독촉 등으로 도망 다니는 신세가 된다.
- 편관운에 사주 비겁 희신을 극하면 형제, 친구 간에 불화한다.

- 편관 칠살운에는 관재구설과 사기 등으로 송사가 발생한다.
- 직장인은 좌천하거나 실직한다.
- 여명은 칠살운에 사귀던 남자와 헤어지거나 강도, 겁탈 등 범죄의 피해를 당할 수도 있다.
- 편관 기신운이라도 사주와 합으로 희신이 되면 처음은 나쁘나 나중은 좋다.

8) 정관운

가) 정관 희신
- 정관운에 사주의 겁재를 제압하면 취직, 승진, 영전한다.
- 여명은 정관운에 결혼하거나 남자를 만난다.
- 사업가는 정관운에 막혔던 일이 풀리고 관청 쪽의 사업이 잘이루어진다.
- 학생은 정관운에 성적이 향상된다.
- 정관운에 사주의 인성 희신을 생조 하면 명예를 얻는다.
- 정관운이라도 사주와 합으로 기신이 되면 처음은 좋으나 결과는 나쁘다.

나) 정관 기신
- 편인격에 정관 기신운을 만나면 공직자의 말을 믿고 투자하다 손재하거나 실패한다.
- 사주에 칠살이 있는데 정관운이 오면 관살혼잡이 되어 남자는 직업변동이 되고 여자는 남편을 바꾼다. 형, 충을 겸하면 더욱 심하다.
- 사주에 상관, 겁재가 많거나 상관격에 정관 희신 운이 오면 정관을 능멸하니 오히려 명예가 실추되고 고생한다.
- 정관 기신운에 직장인은 좌천, 감봉, 실직한다.
- 정관 기신운에 사주의 비겁을 충극하면 형제간에 불화하거나 의절한다.
- 정관 기신운이라도 사주와 합으로 희신이 되면 처음은 나쁘나 나중은 좋게 된다.

9) 편인운

가) 편인 희신
- 편인 희신운에는 문서계약으로 집을 장만하거나 재산을 취득한다.

- 편재격에 편인운을 만나면 투자성 문서계약으로 재물을 취득한다.
- 편인운에는 문학, 예술, 기술 분야에 이름을 날린다.
- 편인 희신운에는 막혔던 일이 잘 풀린다.
- 편인 희신운이라도 사주와 합으로 기신되면 처음은 잘되다가 나중은 나쁘다.

나) 편인 기신
- 편인운에는 대체로 모든 일이 막히고 되는 일이 없다.
- 편인운에는 사기, 도난, 함정, 배신, 모략을 조심해야 한다.
- 편인 기신운에 사주의 미약한 식신을 파극하면 소화기계통의 질병이나 여성은 여성 질환에 시달린다. 또는 우울증에 빠지기도 한다.
- 편인운에 학생은 공부를 안 하고 공상에 빠지고 정서불안이 된다.
- 편인운에 직장인은 감봉, 좌천, 실직한다.
- 편인 기신운에는 남의 감언이설에 속기 쉽다. 특히 사주의 상관, 칠살을 만나면 남의 함정과 중상모략에 빠져 한이 생긴다.
- 편인 기신운에는 수험생은 1차에는 합격하지 못한다. 2차, 3차에는 간신히 될 수도 있다.
- 사주에 칠살과 식신이 있는데 편인운이 오면 칠살이 편인을 도와 식신을 파극하여 건강이 나빠지고 손재하거나 배신, 중상모략을 당한다.
- 사주가 탁한데 편인 기신운에 사주의 겁재기신을 생조하면 폭력, 마약, 강도, 절도의 범죄에 빠진다.
- 편인 기신운이라도 사주와 합으로 희신이 되면 처음은 나쁘나 나중은 좋다.

10) 정인운

가) 정인 희신
- 정인운에는 문서계약으로 부동산이나 재산을 취득한다.
- 정인운에는 수험생은 시험에 합격한다.
- 정인운에는 윗사람의 도움을 받아 막혔던 일이 풀린다.
- 사업가는 정인운에 윗사람, 귀인의 도움으로 사업이 잘 풀린다.
- 정인운에는 병을 앓던 사람이 차도를 본다.

- 신약사주에 정인 운이 오면 결혼을 한다.
- 대운에 편관, 삼형살이 겹쳤는데 정인 운이 되면 죽을 위기에서 살아난다.
- 정인운에 사주의 편재와 합이 되면 집안이 화평하고 부동산 계약으로 이익을 얻는다.
- 정인운이라도 사주와 합으로 기신이 되면 처음에는 좋으나 나중은 나쁘다.

나) 정인 기신

- 정인 기신운에는 재산, 문서관계로 송사나 분쟁이 발생한다.
- 사업가는 정인운에 경영난을 겪는다.
- 정인운에 여성은 남편의 사업이 잘 풀리지 않는다.
- 정인운에는 부부간에 화목하지 않고 헤어질 수 있다.
- 정인운에는 가족불화, 고부갈등이 심해진다. 사주의 정재와 충극이 있으면 더욱 심하다.
- 정인 기신운이라도 사주와 합으로 희신이 되면 처음에는 나쁘나 나중은 좋다.

15장. 오행에 의한 대세운 길흉 판단법

✦ 1. 운세길흉 판단의 방법

대세운의 길흉을 판단하는 방법은 두 가지가 있다. 첫째는, 오행(五行)으로 희신과 기신을 판단하고 운의 길흉여부를 보는 법이다. 둘째는, 육친(六親)으로 운세를 판단하는 방법이니 십신과 그 배합으로 길흉을 판단하는 방법이다. 위 두 가지 방법을 종합해서 보아야 운세의 길흉 판단이 정확하게 되며 오행의 길흉만으로도 안 되고 육친의 길흉만으로도 안 되는 것이다. 여기에서는 오행에 의한 길흉판단법을 알아보기로 한다.

오행에 의한 길흉 판단법 : 행운의 전반적인 길흉
육친에 의한 길흉 판단법 : 행운의 구체적인 길흉

✦ 2. 길흉 판단의 일반원칙

가) 喜神이 힘을 얻으면 길하고 忌神이 힘을 얻으면 흉하다.
운세판단의 모든 과정에서 가장 기본 원칙이다.

나) 충극이 있을 시 희용신, 기구신 중 누가 이기고 지는지를 보라.

희용신이 힘이 있어 기구신을 제거하면 좋고, 기신이 득세하여 용신이 극을 당하면 나쁘다. 즉 子午沖 일 때 午화가 희용신이면 기구신이 희용신을 극하니 나쁘고, 子수가 희용신이면 희용신이 기구신을 극하니 좋다. 그러나 이 경우에도 힘의 관계를 잘 판단해야 한다.

吉 : 만약 사주에 金水 희용신이 힘이 있는데 운에서 子水 용신이 사주의 약한 午火 忌神을 子午沖으로 제거 할 때는 길하다.

凶 : 만약 사주에 木火 忌仇神이 많은데 운에서 子水 用神이 사주의 왕성한 午火를 충하면 약한 희신이 왕성한 기신을 충하니 오히려 희신이 깨진다.(쇠신충왕 왕자발) 만약 두 세력의 힘이 균등하다면 서로 다툼이 벌어지니 이도 역시 흉하다.

다) 合이 있으면 合化하는지 不化하는지를 판단하고, 合化한다면 그 결과가 희용신이 되는지, 기구신이 되는지를 살펴보라.

합하여 化하려면 천간은 합하는 양자가 모두 지지에 뿌리가 없어야 하고, 化神이 월지 및 지지에 왕성하여야 한다. 예컨대 丙辛合이면 丙火,辛金이 모두 사주지지에 뿌리(正氣)가 없어야 하고, 化오행인 水가 월지를 장악하고 지지에 왕성하여야 한다. 지지합은 천간에 化오행이 투출하여야 하고 왕성하여야 한다. 희신이 合化하여 기신이 되면 처음에는 좋으나 나중에는 나쁘게 된다. 기신이 合化하여 희신이 되면 처음에는 나쁘나 나중에는 좋게 된다. 행운에서 사주와 삼합국을 완전히 이루면 그 힘이 막강하니 희신이 되었다면 대길하고, 기신이 되었다면 대흉하다.

✦ 3. 정확한 운세판단 방법

길흉판단을 정확히 하려면 상당한 통찰력과 계산이 필요하다. 적당히 판단해서는 정확하게 운세를 볼 수 없으니 세심하고 신중하게 보아야 한다.

❶ 대운자체의 길흉판단(격국용신법을 우선 한다)
❷ 세운자체의 길흉판단(억부용신법과 정편의 희기를 우선 한다)
❸ 사주와 대운 상호작용에 의한 길흉판단
❹ 사주와 세운 상호작용에 의한 길흉판단

❺ 대운과 세운 상호작용에 의한 길흉판단

1) 운로자체의 길흉판단

대세운에서 천간과 지지의 희신, 기신여부가 다르니 이를 종합적으로 판단하는 능력을 키워야 한다.

가) 순수한 희신운(천간지지가 모두 희신)

천간 지지가 모두 희신운이 되면 대길하다. 물론 사주와 대운 세운 상호간(❸, ❹, ❺)에 합, 형, 충, 파, 해가 없거나, 합이 있더라도 희신이 되면 대길하다.

나) 순수한 기신운(천간지지가 모두 기신)

천간 지지가 모두 기신운이 되면 대흉하다. 물론 사주와 대운 세운 상호간(❸, ❹, ❺)에 합, 형, 충, 파, 해를 추가적으로 분석해야 하는데 만약 순수한 기신운에 충파가 있어 사주의 미약한 희신이 충을 당하면 크게 흉하니 커다란 재앙을 당하게 된다.

- **용신충극(用神沖剋)** : 사주의 용신이 미약한데 운로에서 이를 충극하면 대흉하다.

- **범군지충(犯君地沖)** : 신왕할 때는 세군(歲君, 세운천간)이 편재나, 칠살이라도 그리 흉하지 않으나 신약할 때는 일간이 세군을 충극하거나(편재), 세군이 일간을 충극할 때(칠살)는 흉한데 만약 이때 지지에서도 충이 있으면 대흉하다.

- **천전지충(天戰地沖)** : 대운과 세운이 천간끼리 극하고 동시에 지지에 충이 있는데 그 결과로 희신이 충극을 받아 깨지면 흉하다.

다) 희신과 기신이 함께 있을 때
- 지지 기신이 천간 희신을 생할 경우에는 희신이 힘을 얻으니 소길(小吉)하다.(길 70%, 흉30%)
- 천간 희신이 지지 기신을 생할 경우에는 기신이 힘을 얻으니 소흉(小凶)하다.(길 30%, 흉70%)

- 지지 기신이 천간 희신을 극할 경우에는 희신이 극을 당하니 흉하다.(이것을 절각截脚이라 함. 길20%, 흉80%)
- 천간 희신이 지지 기신을 극할 경우에는 기신이 힘이 약화되니 소길(小吉)하다.(길70%, 흉30%)
- 지지 희신이 천간 기신을 생 할 경우에는 기신이 힘을 얻으니 길흉이 상반된다.(길40%, 흉60%)
- 천간 기신이 지지 희신을 생 할 경우에는 희신이 힘을 얻으니 소길(小吉)하다.(길70%, 흉30%)
- 지지 희신이 천간 기신을 극할 경우에는 약화 되니 소길(小吉)하다.(길70%, 흉30%)
- 천간 기신이 지지 희신을 극할 경우에는 희신의 힘이 약화되니 길흉이 상반한다.(이것을 개두(蓋頭)라 함. 길40%, 흉60%)

라) 지장간의 고찰

행운에서 천간은 순일하나 지지는 여러 기운이 섞여 있으니 이의 길흉을 참작해야 한다. 지장간이 천간에 투출하면 희신이건 기신이건 천간의 기운이 강화되는 것으로 본다.

마) 세운의 구체적 길흉

예) 火用神일 경우

병자(丙子)운 - 지지 기신이 천간 용신을 극하니 절각(截脚)이다. 흉.

병인(丙寅)운 - 지지가 천간을 생하고 寅 중 丙火 투출이니 길.(木희신이면 대길)

병진(丙辰)운 - 지지가 습토로 丙火의 기운을 설기하니 길흉 상반.

병오(丙午)운 - 천간 지지 동체로서 순수한 희신운으로 대길.

병신(丙申)운 - 천간 희신이 지지 기신을 극하니 소길.

병술(丙戌)운 - 지지 戌土 중 丁火가 천간 투출하니 소길.(燥土희신이면 대길)

정축(丁丑)운 - 지지 습토가 천간 희신의 기운을 설기하니 길흉 상반.

정묘(丁卯)운 - 지지가 천간을 생하니 소길.(木희신이면 대길)

정사(丁巳)운 - 천간 지지가 동체로 희신운이니 길.

(사주, 운로에 酉, 丑이 있거나 庚辛金이 있으면 길흉상반으로 변함)

정미(丁未)운 - 未土 중 丁火가 투출하였으니 길.(燥土희신이면 대길)

정유(丁酉)운 - 천간 희신이 지지를 극하니 소길.

정해(丁亥)운 - 지지 기신이 천간 희신을 극하니 절각(截脚)으로 흉.

갑오(甲午)운 - 천간이 지지 희신을 생하니 소길.(木희신이면 대길)

병오(丙午)운 - 천간 지지 동체로서 순수한 희신운으로 대길.

무오(戊午)운 - 戊土 희신이면 대길, 戊土 기신이면 길흉 상반.

경오(庚午)운 - 지지 희신이 천간 기신을 극하니 소길.

임오(壬午)운 - 천간 기신이 지지 희신을 극하니 개두(蓋頭). 길흉상반.

을사(乙巳)운 - 천간이 지지를 생하니 소길.(木희신이면 대길)

정사(丁巳)운 - 천간 지지가 동체로 희신운이니 길.

기사(己巳)운 - 己土 희신이면 대길, 己土 기신이면 길흉 상반.

신사(辛巳)운 - 지지 巳火 중 庚金이 천간 투출하였고 暗合(丙辛合)도 되니 小凶.

계사(癸巳)운 - 천간 기신이 지지 희신을 극하니 개두(蓋頭), 길흉상반.

* 地支巳火는 사주에 酉,丑,庚辛金이 있으면 언제든 길흉상반,흉으로 변할 수 있다.

나머지의 운들도 위와 같은 방식으로 유추한다.

2) 사주, 대운, 세운의 상호작용에 의한 길흉판단

위와 같이 운로 자체의 길흉이 정해졌더라도 사주와 대운, 세운의 상호작용에 의해서 길흉의 변화작용이 일어나 복잡다단하게 된다. 따라서 희신과 기신의 세력을 종합적으로 판단할 수 있는 통찰력이 필요하다.

가) 천간과 지지에 따른 길흉

행운과 사주와의 상호작용에서 조심해서 보아야 할 점은 천간, 지지를 구분하여 판단하는 것이다. 즉 장남의 동정설에 따라 행운의 천간은 사주의 천간과, 행운의 지지는 사주의 지지와의 상호작용을 먼저 판단하여야 하는데 상호 길흉의 작용이 직접적으로 나타나기 때문이다.

예를 들어 용신이 사주의 천간에만 있는데 기신이 행운의 천간에서 사주 천간의 용신을 파극한다면 흉하다. 그런데 만약 이 기신이 운로 지지에 있다면 길흉관계가 생극합충의 사정에 따라 달라질 수도 있기 때문이다. 따라서 어떤 오행이 운로의 천간으로 오는지, 지지로 오는지에 따라 길흉이 전혀 달라질 수 있다.

또 사주 지지에 기신이 많은데 운로의 희신이 지지로 와서 지지 기신과 충이 되면 왕자충발하여 길하기는 커녕 오히려 흉하니 희신이 태왕한 기신으로부터 충을 받아 깨지기 때문이다. 그러나 희신이 행운의 천간으로 오고, 행운의 지지에서는 기신의 힘을 설기하는 오행이 오면 좋을 수 있다.

나) 합에 따른 길흉
- 행운의 희신은 합을 꺼린다. 합이 되면 기반이 되어 희신의 작용을 제대로 하지 못하기 때문이다. 그러나 합으로 다시 희신으로 化하면 더욱 좋다.
- 기신은 합이 되면 기신의 작용을 하지 못하기 때문에 나쁘지 않다. 기신이 합으로 희신이 되면 좋다.
- 삼합국이나 방합은 힘이 강하니 희신으로 합하면 대길하고 기신으로 합하면 대흉하다.
- 신약한데 운로에서 財로 삼합국을 이루면 크게 흉하니 요절할 수도 있으며 인수가 사주에 태왕한데 인수운으로 삼합국을 이루어도 흉하다.
- 사주의 양인이 세운과 합이 되면 나쁘다.

다) 충에 따른 길흉
- 행운의 천간에서 사주 천간의 희신을 극하면 흉하고 행운의 천간에서 사주 천간의 기신을 제압하면 좋다.
- 행운의 지지에서 사주 지지의 희신을 충하면 흉하다. 그러나 희신이 힘이 있으면 충을 감당할 수 있고 오히려 기신이 깨지면 흉하지 않다.
- 지지의 충은 반드시 그 세력관계를 판단해야 하니 약한 희신이 강한 기신을 충하면 강한 기신이 성질을 내어 오히려 흉하고, 약한 기신이 강한 희신을 충하면 희신이 해를 입지 않으니 나쁘지 않은 것이다. 사주의 양인이 세운과 충이 되면 흉하다.

라) 형, 파, 해, 원진 등에 따른 작용

형, 파, 해, 원진 등은 합충에 비하여 오행 상 영향력은 약하니 논하지 않는다. 그러나 육친 상 길흉을 볼 때는 중요하게 본다. 자세한 것은 육친상의 운세판단법으로 살펴본다.

3) 세운의 길흉이 나타나는 시기적 현상

陽支動且强, 速達顯災祥, 陰支靜且專, 否泰每經年(양지동차강, 속달현재상, 음지정차전, 부태매경년)

가) 세운 지지가 양지(陽支, 子寅辰午申戌)이면 전년 후반기에 길흉이 빨리 나타난다. 예를 들어 병술(丙戌)년의 길흉은 을유(乙酉)년의 후반기부터 일찍 나타날 수 있다.

나) 세운지지가 음지(陰支, 丑卯巳未酉亥)이면 다음해 전반기까지 영향을 미친다. 예를 들어 을유(乙酉)년의 길흉은 병술(丙戌)년의 전반기까지도 영향을 미친다.

예) 혼자 사는 여류화가

癸　丙　戊　乙
巳　寅　寅　未
丙 乙 甲 癸 壬 辛 庚 己　1대운
戌 酉 申 未 午 巳 辰 卯

이 사주의 주인공은 甲申대운을 맞이하여 지지로 申금 희신운이 오니 발복할 것으로 큰 기대를 하고 살았다. 그러나 오히려 甲午년 오피스텔에 세 들어 살던 총각이 자살을 하여 오피스텔을 헐값에 팔아 버렸으며, 또한 반포의 아파트를 팔고 강북의 서촌에 작은 집을 매입해 헐고 새로 신축을 하는데 2년이 넘도록 공사업자가 속을 썩이고 이웃들이 민원을 넣어 금전적으로 크게 손해를 보았다.

운세를 따져 보면 甲申대운에는 전체적으로 길흉을 70:30으로 길하게 볼 수 있으나 대운 지지의 申金이 사주 원국의 강력한 寅木을 극제할 수 없으니 오히려 반상(反傷)이 되어 다치게 된다. 쇠신충왕 왕자발의 운으로 寅木이 발동하여 土를 극하게 되니 편인도식이 발생해 세입자가 죽고 크게 손해를 보게 되는 운이다. 더군다나 세운에서 甲午년에는 편인도식에 겁재의 운이니 大凶하고 乙未년에는 木剋土로 대흉한 세운이니 결론적으로 어설픈 희용신운에 오히려 크게 손해를 보게 된 대표적 예가 되겠다.

16장. 십이운성 통변론

✦ 1. 십이운성(十二運星)의 의의

십이운성은 일명 포태법(胞胎法)이라고도 하는데, 지지의 상태에 따라 천간의 기운이 변화하는 법칙으로, 한서온냉(寒暑溫冷)의 氣가 사시에 두루 유행하니 그에 따라 오행의 상태에 차이가 생기는 것을 인간의 일생에 비유하여 생왕묘절(生旺墓絶) 등의 12단계로 구분한 것이다.

세상만물은 태어나서 성장하고, 결실을 맺으며, 결실을 맺은 후에는 쇠약해져 병들고 죽어 없어진다는 이치를 사주에 대입하여 선천적인 환경이나 상태를 파악하는데 참고하는 것이다. 불교에서 말하는 십이연기법(十二緣起法)과 일맥상통하는 점이 있는데, 세상만물은 어느 것을 막론하고 절대적으로 어길 수 없는 지상 불변의 진리라 하겠다.

십이운성의 순서는 절(絶) → 태(胎) → 양(養) → 생(長生) → 욕(沐浴) → 대(冠帶) → 록(建祿) → 왕(帝旺) → 쇠(衰) → 병(病) → 사(死) → 묘(墓) 순으로 이루어지는데, 천간의 음양에 따라서 순환의 방법이 다르다. 陽干일 때는 십이운성이 순행하고, 陰干일 때는 역행한다. 그 이유는 陽生 즉 陰死하여 陽干의 生에서 陰干은 死가 되고, 반대로 陽干의 死에서 陰干은 生하기 때문이다.

✦ 2. 십이운성의 성질

1) 절(絶)

만물이 땅 속에서 그 氣는 있으나 아직 아무런 형체도 없이 고요히 잠겨있는 것과 같은 상태로 끝과 시작이 함께 있는 때, 즉 無에서 有를 창조하는 시기로 보면 된다. 어머니 뱃속에 아직 아버지의 씨가 떨어지지 않아 태아가 형성되지 않은 것처럼 극히 정적이고 무념무상인 상태와 같다. 그러므로 외부 자극에 쉽게 동요되거나 흔들리는 경향이 있고 단순하며, 인정에 끌리거나 소심하여 반항하지 못하는 탓에 실리적인 면에서 항상 손해를 보는 경우가 많다.

2) 태(胎)

천지만물이 음양의 합으로 새 생명이 움트는 것과 같다. 장래 희망과 발전을 꿈꾸며 상상력은 풍부하나 아직 각별한 보호를 받아야 하고 주체성이 없는 상태이므로 의타심이 강하고 활동력은 약하다. 속으로의 생각과 계획은 탁월하고 매사에 능통한 것 같으나, 외향적인 발표와 활동력 그리고 외교와 처세가 부족한 상태이다. 겉으로 드러나는 경쟁이나 정면대립을 피하며 독자적인 노력으로 분수에 맞는 생활을 하고, 특히 어린 생명이나 화초에 호기심을 가지거나 귀여워한다.

잉태와 태교, 애착과 소중함, 보호와 의타심, 구상과 發心 등의 의미를 내포하고 있다.

3) 양(養)

양은 태아가 모체 내에서 자라나 태어나기 전까지의 과정으로, 크게 외부적인 동요가 없이 안정 속에 양육하며 성장하고 보호되는 상태이다. 그러므로 신중하고 착실하며 온건한 특성을 지니는데, 어려움을 당하면 두려워하고 뒤로 물러서는 때라 리더십이나 과단성은 부족하다.

4) 장생(長生)

사람이 모체로부터 처음 출생하는 것과 같이 만물이 탄생하는 상태이다. 개척과 전진, 창조와 발전을 위한 강한 의욕이 앞서며, 행동은 민첩하고 진취력이 있으나 성질은 온건하고 순수하며 남과 다투지 않는다. 운기의 상태는 최상으로 발전과 분발을 약속한다.

5) 목욕(沐浴)

사람이 태어나면 깨끗이 목욕시키는 것처럼 씨앗이 싹튼 후에 껍질을 벗어나는 상태로서 쓸모 있고 강한 것은 기르고 약한 것은 뽑아버리는 시기와 같다. 아이가 출생후 깨끗하게 목욕을 시키면 얼굴이 아름다워지고 겉보기는 좋지만 아이는 춥고 떨리며 공포와 고통을 느끼게 되는 것과 같다. 어린아이들을 목욕시킬 때 아무 거리낌 없이 발가벗겨 놓은 상태와 같아 주색이나 낭비, 음란, 방탕 등을 수치를 모르고 행함과 같으며 매사에 실패와 고통을 의미하기도 한다.

6) 관대(冠帶)

목욕이 어린아이의 천방지축을 의미하는 때라면, 관대는 제대로 의복을 갖추어 입고 규범을 배우며 사회에 진출하기 위한 학창시절과 같은 상태라 하겠다. 교복을 입고 공부하며 활동하는 과정으로 이때는 부정과 불의에 대항하여 싸우려는 정의감이나 독립심에 사로잡히는 것이 특징으로 개성이 뚜렷하고 고집이 센 상태이다.

7) 건록(建祿)

건록은 공부를 마치고 사회의 구성원으로 자기의 할 일을 찾아나가 직장이나 사업체에서 일하며 정당한 보수나 대가를 받는 상태로서 공사가 분명하며, 명예와 체면, 상하질서 관계와 책임을 중히 여기는 특징이 있으며, 더 나은 자아발전과 완성을 위해 열심히 뛰는 때라 하겠다.

8) 제왕(帝旺)

제왕이란 말 그대로 장성함이 극에 달하여 왕성한 혈기로서 하늘 높은 줄 모르는 상태이니, 최고로 강하고 극도로 흥한 상태라 하겠다. 건록과 제왕은 다 같이 왕한 것 같으나, 건록이 하루 중 오전과 같아 더욱 旺한데로 향하는 상태라면, 제왕은 오후와 같아서 양이 극에 달해 음으로 향하는 상태의 차이가 있다. 그러므로 제왕은 불굴의

투지와 강인한 정신, 그리고 몸과 마음을 바치는 헌신과 의협심 그리고 솔선수범하는 정신 등은 좋은데, 너무 강하다보니 타인의 조언을 잘 받아들이지 않고 불화와 독선을 초래하는 등 아집에 빠지기 쉽다.

9) 쇠(衰)

쇠는 달도 차면 기우는 것처럼, 만물이 왕성한 기운이 지나 점차 쇠퇴하는 시기이다. 사람에게 있어서는 모든 기능이 점차 쇠진해 가는 갱년기나 또는 사회에서 정년 퇴직하는 시기와 같은 상태다. 안정을 추구하는 방향으로 모든 생각이 흐르고, 모험을 피하고 내실을 기하는 것은 좋으나, 너무 보수적이거나 편협해지면서 자신감이 적어지는 경향이 있다.

10) 병(病)

사람이 노쇠해져 병에 걸린 것과 같은 상태로, 외적인 활동보다는 사색이나 공상 등 정적인 일에 치우치고, 입으로는 허장성세를 부리나 실천은 이에 따르지 못하며, 난관에 부딪치거나 어려운 일이 생기면 가급적 피하려 하고 좌절하여 낙심하는 경향이 있다. 그러나 촛불은 꺼지기 전에 가장 밝다는 말처럼 마지막 투혼을 불살라 결실을 맺으려는 경향도 있다.

11) 사(死)

사람이 수명을 다하여 죽듯이, 또 과일이 다 익어 수확을 하고 나면 낙엽이 떨어져 다시 땅으로 돌아가는 것처럼 본체와 모체에서 분리되는 시기다. 이별의 고통은 따르나 매사에 순리대로 처신하고 복종하며, 은인자중하고, 깊이 사고하고 통찰하는 특징이 있다.

12) 묘(墓)

만물이 창고에 저장되거나 사람이 죽은 후에 묘지에 들어가는 상태와 같이 저장과 예치, 작용력의 상실을 의미한다. 하루의 모든 일과를 마치고 가정으로 돌아가 포근한 잠자리에 드는 것과 같이 안정되고 정적인 상태이며 침착한 것이 특징인데 보관, 정지의 상태로 일이 묶여있는 것을 의미한다.

✦ 3. 십이운성의 활용법과 사례

십이운성을 구분하여 활용하는 데는 3가지 방법이 있다.

* 봉(逢)하는 十二運
* 거(居)하는 十二運
* 인종(引從)하는 十二運이다.

예) 모 에너지기업의 회장

癸 甲 丁 乙

酉 寅 亥 亥

戊 己 庚 辛 壬 癸 甲 乙 丙　　男 9대운

寅 卯 辰 巳 午 未 申 酉 戌

❶ 기본적 스타일 = 인수격(印綬格)의 신강사주(身强四柱)

인수격이므로 전통과 명예, 의무를 중시하는 보수성과 학문을 수용하는 자세를 통하여 배움의 성과를 인생과 생활의 바탕으로 삼고자 하는 학자풍의 사람으로서, 편인성이 특히 강하여 종교 예술적인 세계를 추구하며, 月干 상관의 뛰어난 직관력과 추리력으로 순간적인 기회 포착능력을 지녔으며, 정편인의 복합적인 사고력을 발휘하여 비겁의 에너지를 통해 자신만의 차별화된 전문성을 지향하는 사람이다.

❷ 사주상의 성공 핵심 키포인트

時支(말년의 운세)의 酉金 정관(회사, 조직, 자녀 명예를 일컬음)으로 比劫(자기 자신과 경쟁자)을 통제하고 월간의 丁火 상관(본질적인 재능과 노하우, 끼, 순발력 그리고 희생봉사의 마음)으로 일을 풀어나가는 사주구조로써 火, 土, 金 運이 오면 좋다. 그런데 대운의 흐름이 金~火~土 運으로 흘러왔으므로 지난 세월 전반적으로 성공적인 인생의 행로를 걸어왔으며 남은 인생도 최대의 성공을 거두게 된다.

❸ 이 사주는 명조 상에 많은 부동산 및 문서 증권 등을 잘 운용하게 되는 운을 흘러 왔으므로 부동산 투기, 투자, 중개, 운용 등을 잘하여 많은 富를 축적하게 된다. 49

세 이후에 丁壬合으로 인생의 방향을 한 번 전환한 후에 59세부터는 官을 끼고 관급 공사 및 하도급업 등으로 성공적인 사업운영을 하는 운세를 흘러왔다.

❹ 건강은 선천적 체질적으로 건강한 유형으로 간담이 실하니 배짱이 좋고 인정이 많으며 지도자적 리더십이 있다 심장, 소장도 튼튼한 편이고 신장, 방광, 생식기도 튼튼하다. 다만 土五行이 약하므로 소화기관이 약하고 소화력이 뒤지니 金五行도 약해져 폐, 대장, 기관지, 치아, 관절 등이 따라서 약해질 수 있으니 주의를 요한다.

1) 12운성의 구분

❶ 일주 자체의 12운성은 사주에 있어 가장 중요한 12운성의 작용으로 일간 자체의 운기의 상태를 알 수 있다.

예) 모 에너지기업의 회장

癸 甲 丁 乙
酉 寅 亥 亥

甲木이 건록지에 앉아 활발하고 진취적이며 온순한 성격이나 실행력과 독립심이 강하여 스스로의 운명을 개척한다. 강한 의지력과 자립심, 당당한 발걸음으로 스스로 인생의 기반을 구축하고 가문을 계승하며 가정운이 길하고 최강의 운기로 대길(大吉)하다.

❷ 거(居)하는 12운성은 년주, 월주, 일주, 시주 각각의 12운성을 보는데 각각의 세대별 선천운기를 알 수 있다. 거하는 12운(居 12運)은 잠재적이고 보조적이다.

예) 모 에너지기업의 회장

癸 甲 丁 乙
酉 寅 亥 亥

* 년주는 乙亥로 乙木이 사궁(死宮)에 있어 이분의 조상선조 때는 고독과 이별의 아

품을 겪었으며 땅에 묻히는 모양, 숨는 모양으로 쉽사리 겉으로 드러내지 않는 모습이니 운세는 약하여 흉하였다.

　* 월주는 丁亥로 丁火가 태궁(胎宮)에 있으니 부모 때에는 천지만물이 음양의 합으로 새 생명이 움트는 것과 같아 장래 희망과 발전을 꿈꾸는 시기와 같으나 아직 미숙하여 각별한 보호를 받아야 하고 주체성이 없는 상태이므로 의타심이 강하고 활동력은 약한데 운기는 소길(小吉)하다.

　* 시주는 癸酉로 癸水가 병궁(病宮)에 드니 자식 때에는 우유부단한 성격으로 내리막을 가는 모양이다. 저축을 서서히 소비하는 상태로 장애가 많고 막다른 길에 봉착하여 병환으로 신음하고 무리한 행동으로 실패하는 모양이니 운기는 약하여 소흉하다.

　❸ 봉(逢)하는 12운성으로 일간의 시기 별 운기의 추이를 안다. 일간을 각 지지와 대입하여 12운성을 보는데 12운성 중에 가장 중요하며 영향력도 심대하다. 각 주별(柱別) 12운성 중에서는 월주의 12운성이 가장 중요하다. 봉(奉)하는 12운성으로 시기 별 운이 어떻게 변화하는지와 어느 곳에서 안정되는지를 본다.

예) 모 에너지기업의 회장

癸　甲　丁　乙
酉　寅　亥　亥

　* 甲木이 년주가 亥水 월지도 亥水이니 장생지가 되어 인생의 유년기와 청년기를 건강하게 발육, 성장하여 순조로운 운세로 풍부한 가능성을 가지고 서서히 발전하였다. 운기는 중강으로 길(吉)하였다.
　* 그런데 일지가 寅木으로 건록지이니 인생의 장년기에 최상의 운세로 스스로 인생의 기반을 구축하고 가문을 계승하며 가정운, 재물운, 명예운이 대길(大吉)하다.
　* 시지는 酉金으로 태지가 되어 말년에 나이를 먹어 갈수록 은인자중하여 조용하고 차분하게 인생의 노년을 보내게 된다.

　❹ 인종(引從)하는 12운성이란 각각의 천간(십성)을 각 사주의 지지에 대입하여 12운성의 강약을 보는 것이나 추명에서 가장 중요한 것은 일간과 용신을 각 지지에 대

입하여 12운성을 보고 운기의 상태를 산출하는 것이다.

　　* 용신을 연월일시의 지지에 대입하여 12운성을 본다.

　　* 일간을 대운이나 세운의 지지에 대입하여 12운성을 본다.

　　* 용신을 대운이나 세운의 지지에 대입하여 12운성을 본다.

2) 12운성의 기본적 의미

구분	12운성의 기본적 의미와 작용력
장생	총명, 온화, 명랑, 계승, 장수, 발전, 모태 내의 건전한 성장, 건전한 발육, 순조, 풍부한 가능성(단, 시간이 걸림), 운세는 중강으로 소길(小吉)
목욕	솔직, 호색, 불안정(주소, 직업, 인간관계 등), 비계승, 학예, 기술, 출산, 안온한 모태에서 현실적인 출생, 시련, 자신은 아무것도 하지 못하고 모친의 도움이 필요, 무력, 헤맴, 색욕, 운세는 미약으로 소흉(小凶)
관대	자아가 강함, 자기본위, 타인과 충돌, 상승개운, 중년이후 발전, 부모슬하에서 힘찬 성장, 착실한 발전, 많은 원조, 밝은 장래, 단, 부모의 보호 하에 있어 미래가 확실하지는 않음, 운세는 강으로 중길(中吉)
건록	활발, 진취적, 온순, 양호, 독립, 개운, 계승, 가정운 길함, 실행력. 부모로부터 독립, 강한 의지력, 개척, 자립, 독립, 창조, 당당한 발걸음, 기반구축, 운세는 최강으로 대길(大吉)
제왕	강한 기운, 횡포, 최정상, 독립행보, 지위와 명예, 운세의 전환, 금전적 낭비, 이별(여성), 절정, 정점, 위로 오름, 성취, 군림, 지배, 오름의 끝에서 내림의 시작, 낙조의 조짐, 운세는 최강으로 대길~흉
쇠	신중, 보수적, 퇴기, 계승, 시기심이 강함, 학자나 승려 취향, 쇠약의 조짐, 최고정점 후의 점차 쇠약해지는 모습, 지난날의 영광, 인생의 반환점, 갱년기 증상 등 심신의 변화, 변환기, 운세는 중약으로 소흉(小凶)

구분	12운성의 기본적 의미와 작용력
병	신경질, 결벽, 약질, 부모와 인연이 약함, 질병, 다취미, 우유부단, 내리막, 저축을 서서히 소비하는 상태, 장해, 막다른 길, 장생의 반대, 병환, 무리한 행동으로 실패하는 모양, 운세는 약으로 소흉~중흉
사	인색, 치장, 쇠퇴, 학예기술, 사회적 신용, 대리, 부부인연이 약함(남성), 타인에게 속기 쉬움, 일의 발전이나 변화가 정지하는 모양, 움직임이 적은 모습, 목욕의 반대, 어두움, 죽음, 양적이 아닌 질적인 변화, 대전환, 운세는 중흉~대흉
묘	강욕, 세심, 축적, 계획, 고독, 종교, 계승, 이별, 부부연이 변하기 쉬움, 땅에 묻히는 모양, 숨는 모양, 숨기는 모습, 비밀, 축적, 관대의 반대, 쉽사리 겉으로 드러내지 않는 모습, 운세는 중약으로 소흉~중흉
절	소심, 격정적, 심신불안정, 지속적이지 못함, 변동, 단절, 흥상, 사라지는 모습, 이룬 것이 없어지는 모양, 파괴, 고립, 무력, 구원을 요하는 형상, 반복, 원점에서의 재출발, 운세는 최약으로 대흉하나 길함으로 대전환도 될 수 있음
태	무드를 좋아함, 불평, 의존성, 유아질병의 징후, 임신, 평소는 말수가 적으나 음주 시 다변적임, 일의 시작, 수태, 운기의 조짐, 상승의 시작, 힘은 없지만 보호가 되고 있는 모습, 운세는 미약으로 길(吉)
양	인내, 노고, 양자, 화합, 친정과 연이 약함, 일의 전개, 전개의 계기, 은근한 성장, 준비, 시간은 걸리나 착실히 발전하는 모습, 운세는 미약으로 길(吉)

3) 12운성의 운용

12운성은 거(居)하는 12운성, 봉(逢)하는 12운성, 인종(引從)하는 12운성 등 3종류의 십이운성을 살펴 간명하는 것이 기본이며 이에 12운성 각각의 특징을 고려하고 신강 신약에 따른 차이 각 주(柱)마다의 차이 그리고 십성의 차이 등을 고려하여 그 작용력을 종합적으로 판단한다. 그리고 양생음사(陽生陰死), 음생양사(陰生陽死)설에 의한 12운성론을 채택하여 통변에 응용한다.

<오늘날 사용되는 12운성표>

	甲	乙	丙	丁	戊	己	庚	辛	壬	癸
生	亥	午	寅	酉	寅	酉	巳	子	申	卯
沐浴	子	巳	卯	申	卯	申	午	亥	酉	寅
冠帶	丑	辰	辰	未	辰	未	未	戌	戌	丑
建祿	寅	卯	巳	午	巳	午	申	酉	亥	子
帝旺	卯	寅	午	巳	午	巳	酉	申	子	亥
衰	辰	丑	未	辰	未	辰	戌	未	丑	戌
病	巳	子	申	卯	申	卯	亥	午	寅	酉
死	午	亥	酉	寅	酉	寅	子	巳	卯	申
墓	未	戌	戌	丑	戌	丑	丑	辰	辰	未
絶	申	酉	亥	子	亥	子	寅	卯	巳	午
胎	酉	申	子	亥	子	亥	卯	寅	午	巳
養	戌	未	丑	戌	丑	戌	辰	丑	未	辰

✦ 4. 기질에 따른 물상론의 허점과 십이운성의 이해

1) 음양과 기질과의 관계

陽은 氣이고 陰은 質이다. 이 우주는 기와 질로 이루어져 있다. 찬 기운이 들면 얼음이 얼고 얼음은 찬 기운을 방출하듯 어떠한 한 기운이 일어나 작용을 하면 서서히 그 질을 만들어 낸다. 그렇게 만들어진 질은 그에 특정한 기를 방출한다. 이렇게 기는 질을 만들어 내고 질은 기를 방출하는 것이다. 이것이 바로 陽이 응축하여 陰이 되고 陰은 발산하여 陽으로 化하는 음양의 순환법칙인 것이다.

이 우주는 시간과 공간으로 구성되어 있다. 성경의 창세기를 포함하여 거의 모든 경전들에는 '한 처음에'란 말로 시작된다. 그러기에 본 저자는 이 우주는 시간이 먼저였고 그 뒤에 공간이 창조되었던 것이 아닌가 생각하고 있다.(물론 사실은 시공간이 동시에 존재했거나 창조 되었겠지만)

여기에서 한 번 더 생각을 정리해 보면 陽은 氣이고 활동하는 것이니 空間이고 陰은 質이고 응축하는 것이니 時間이라 할 수 있겠다. 그렇다면 이 우주는 시간과 공간으로만 되어 있는 것일까? 시간과 공간으로 되어 있는 우주가 살아서 존속하기 위해서는 에너지가 필요하다. 그 에너지가 바로 오행이라 할 수 있겠다.

뇌행복학에 따르면 인간에게는 三體가 있는데 그것은 영체와 육체와 에너지체라는 것이다. 이를 음양과 오행으로 치환하여 본다면 영체는 陽이라 할 수 있고 육체는 陰이라 할 수 있으며 에너지체는 바로 오행이라 할 수 있다. 컴퓨터를 비유하여도 음양과 오행을 이해 할 수 있다. 陽은 소프트웨어이고 陰은 하드웨어인데 이 컴퓨터가 작동하기 위해서는 전기라는 에너지가 필요하니 이것을 바로 오행이라는 에너지에 비유할 수가 있지 않은가? 이렇듯 결국 세상은 음양과 오행, 즉 기질과 운동에너지로 이루어졌다고 정리할 수 있다.

2) 기질에 따른 물상론의 허점과 십이운성의 이해

명리학에서 사주를 분석하고 통변하는 방법 중에 물상론이라는 것이 있다. 명리학을 하는 사람들 중에는 격국용신론 같은 것은 모두 쓰레기통에 던져 버리고 물상론 하나만 잘 알면 사주보기는 끝이라고 하는 사람도 있다. 이는 명리학의 근원인 음양과 오행에 대한 기본 이해가 안 되어 있는 경우라고 생각한다. 어찌 음양과 오행을 물상에 대입하여 소나무니 화초나무이니, 태양이니, 촛불이니, 큰산이니, 텃밭이니 하여 물질과 물상의 개념만을 가지고 논하여 정확하게 이해하고 통찰할 수 있겠는가?

甲木도 에너지이고 乙木도 에너지이며, 甲은 木 에너지의 氣이고 乙은 木 에어지의 質이다. 甲은 木의 탄생하고 성장하고 뻗어나가려는 기운이고 乙은 木의 기운이 구체적으로 실현된 현상과 결과라고 이해할 수 있다. 이렇듯 오행의 음양을 기질의 현상으로 이해하여야만 十二運星의 음간과 양간의 상호 역행법칙을 이해할 수 있고 陽生陰死 陰生陽死의 논리를 수용할 수가 있다.

십이운성의 생왕묘절(生旺墓絶)이란 오행의 기운이 사계절을 따라 운행하면서 각각 생장소멸(生長消滅)하는 과정을 나타낸 것인데, 일 년은 열두 달이고 이에 따라 십이지지가 배속되므로 따라서 오행의 생왕묘절은 모두 열두 단계로 나누어진다. 생왕묘절의 원리는 예부터 명리해석의 중요한 수단으로 활용되어 왔다.

십이운성 이론의 가장 큰 논란은 오행의 운행방법에 있어서 양간과 음간의 차이이다. 이에는 양간과 음간 모두 오행에 불과하므로 운행방법 또한 같이 본다는 동행설 (同行說)과 음양의 차이로 인해 따로 운행하여야 한다는 순역설(順逆說)이 있다.

동행설을 주장하는 학자들의 논리는 다음과 같다. 첫째, 생왕묘절은 오행으로 정한 이론이지 십천간을 기준으로 한 것이 아니기 때문에 따라서 甲과 乙은 모두 木일 뿐 음양으로 다시 구분하는 것은 이치에 맞지 않다는 것이고 둘째, 생왕묘절은 지지 속의 지장간에 의거하여 정립되는 것으로 양간과 음간의 장생이 따로 있는 것이 아니라는 것이다. 이상과 같은 논리로 동행설을 주장하는 대표적인 학자로는 임철초, 서락오 등이 있다.

동행설을 부인하고 순역설을 주장하는 학자들의 논리는 다음과 같다. 첫째, 양극즉음생(陽極則陰生)이요 음극즉양생(陰極則陽生)으로 양의 기운이 극에 이르면 음의 기운이 생겨나고, 음의 기운이 극에 이르면 양의 기운이 생긴다는 원칙에서 비롯된 양생음사(陽生陰死) 음생양사(陰生陽死)의 논리이다. 즉 양이 생(生)하는 곳에 음은 사(死)하고 음이 생(生)하는 곳에 양은 사(死)하므로 이에 따라 양의 장생(長生)은 곧 음의 사(死)가 되고 또한 음의 장생(長生)은 곧 양의 사(死)가 되므로 양간과 음간의 운행은 상호 반대가 되어야 한다는 논리이다. 둘째, 적천수 원문에서 밝혀 놓은 것처럼 양은 모이고 앞으로 나아가려 하므로 순행하게 되고, 음은 흩어지고 뒤로 물러나려 하기에 역행하게 되므로 양간과 음간의 운행방향은 서로 반대가 되어야 한다는 논리인데 순역설을 주장하는 대표적인 학자로는 적천수의 유백온, 자평진전의 심효첨 등이 있다.

본인은 순역설을 따르는데 우주는 음양으로 되어 있고 음양 속에는 오행의 이치가 있는 것이며, 오행 또한 음양으로 구분 되어지는 것이기에 오행을 물상의 개념으로 생각하지 말고 기질의 개념으로 이해하면 예를 들어 木의 氣인 甲은 亥, 卯, 午에서 生, 旺, 死를 하고 木의 質인 乙은 午, 寅, 亥에서 生, 旺, 死를 하게 되는 것이기에 이렇게 음양, 즉 氣와 質의 논리로 십이운성을 이해하면 충분히 수용하고 이해할 수 있다.

예) 부동산으로 큰 부를 이룬 여류화가

庚 乙 癸 壬

辰 巳 卯 寅

丙 丁 戊 己 庚 辛 壬 1대운

申 酉 戌 亥 子 丑 寅

卯月 乙木으로 건록격의 극신강한 사주이다. 그러나 정재 辰土의 생을 받고 일지 巳 중의 庚金에 통근한 時干의 용신 庚金이 建旺하고 일간과 유정하며, 년간 임수로부터 시작하여 수생목, 목생화, 화생토, 토생금으로 오행이 주류무체를 이루고 생생유통하여 보기 드물게 좋은 사주의 예라고 할 수 있다. 戊戌대운에 이르러 유산으로 받은 부동산으로 큰 부를 이루고 홍익대 미대에서 석사과정을 마치고 박사학위를 공부하며 후학을 지도하는 여류화가의 사주이다.

• 거(居)하는 12운성은 년주, 월주, 일주, 시주 각각의 12운성을 보는데 각각의 세 대 별 선천운기를 알 수 있다.

년주 壬水(양간, 순행) = 년지 寅木은 病地
월주 癸水(음간, 역행) = 월지 卯木은 張生地
일주 乙木(음간, 역행) = 일지 巳火는 沐浴地
시주 庚金(양간, 순행) = 시지 진토는 養地

<〈부 록〉

〈 명리숙어 〉

1. 三元之理(삼원지리) 萬法之元(만법지원)

天地人의 이치는 萬法의 근원이다.

2. 人道順應(인도순응) 無禍平安(무화평안)

사람이 도리에 순응하면 禍가 없이 평안하다.

3. 人是悖逆(인시패역) 百端禍反(백단화반)

사람이 도리에 어긋나면 禍를 당하며 온갖 일이 안 된다.

4. 先天何處(선천하처) 要知來處(요지래처)

전생(과거)를 알고자 한다면 현재 자신의 처지를 돌이켜보라.

5. 後天何處(후천하처) 要知去處(요지거처)

후생(미래)를 알고자 한다면 현재의 행위를 살펴보아라.

6. 陰陽之法(음양지법) 洛書基源(낙서기원)

만물이 陰陽五行의 理致으로 구성되어 있으며, 그 기원은 하도낙서(河圖洛書)이다.

7. 天地順應(천지순응) 精和平溫(정화평온)

천지에 순응하면 정확하고 평온하다.

8. 天地悖逆(천지패역) 混亂禍反(혼란화반)

천지에 순응치 않으면 혼란과 禍을 당한다.

9. 五行偏全(오행편전) 定而禍福(정이화복)

사주에 五行이 두루 있느냐, 편중되어 있느냐가 禍福을 결정한다.

10. 配合干支(배합간지) 定人福禍(정인복화)

四柱上 간지의 배합여부가 그 사람의 禍福을 결정한다.

11. 五行皆陽(오행개양) 丙爲最上(병위최상)

甲丙戊庚壬 다섯 陽五行 중 丙이 陽으로서 제일 강한 성질을 가진다.

12. 五行皆陰(오행개음) 癸爲至上(계위지상)

乙丁己辛癸 다섯 陰五行 중 계가 陰으로서 으뜸이다.

13. 五陽從氣(오양종기) 五陰從勢(오음종세)

다섯 陽들은 氣(정신)를 따르고 陰들은 세력(이익)을 따른다.

14. 四柱配定(사주배정) 年根爲本(년근위본)

四柱上에서 年根이 根本을 이룬다.

15. 年月喜神(년월희신) 祖先有德(조선유덕)

年月 자리에 희신이 있으면 조상덕이 있다.

16. 月柱提綱(월주제망) 父兄興衰(부형흥쇠)

月柱가 제망으로서 부모, 형제의 흥쇠를 나타낸다.

17. 日柱論之(일주론지) 夫婦看法(부부간법)
일주로서 부부운을 본다.

18. 日時喜神(일시희신) 妻子發展(처자발전)
일시에 희신이 있으면 처자로 인하여 발전이 있다.

19. 時柱終實(시주종실) 子孫興衰(자손흥쇠)
시주는 말년과 결과를 나타내는 곳으로 자손의 흥쇠를 본다.

20. 生方破沖(생방파충) 庫藏宜開(고장의개)
寅申巳亥는 충을 겁내고, 辰戌丑未는 沖形이 되어 開庫됨이 좋다.

21. 衰者沖剋(쇠자충극) 拔根之害(발근지해)
쇠약한 五行을 충극하면 뿌리까지 뽑혀 나가는 큰 害를 당한다.

22. 旺者沖刑(왕자충형) 怒發之禍(노발지화)
旺한 五行을 刑하면 旺神이 怒發하여 禍가 발생한다.

23. 天好地合(천호지합) 地旺宜靜(지왕의정)
천간은 지지와 합을 좋아하고 지지는 旺하며 形沖破害가 없어야 한다.

24. 合而宜處(합이의처) 或有不宜(혹유불의)
合이란 마땅히 안정되어 좋지만 때에 따라 좋지 못한 경우도 있다.

25. 沖而不宜(충이불의) 或時宜處(혹시의처)
沖은 좋지 못하게 되지만 때에 따라 좋게 작용할 때도 있다.

26. 合多不奇(합다불기) 沖多不定(충다불정)
合이 많으면 뛰어난 인물이 되지 못하며 충이 많으면 안정이 안 된다.

27. 寅申巳亥(인신사해) 四生之神(사생지신)

寅申巳亥는 각 계절의 四生地에 해당한다.

28. 子午卯酉(자오묘유) 四敗之神(사패지신)

子午卯酉는 각 계절의 四旺地로서 도화살, 장성살에 해당한다.

29. 辰戌丑未(진술축미) 四庫四墓(사고사묘)

辰戌丑未는 四庫, 四墓에 해당한다.

30. 大病得藥(대병득약) 大富大貴(대부대귀)

사주에 큰 병이 있는데 약이 있을 때는 대부대귀 하게 된다.

31. 合待沖起(합대충기) 沖待合成(충대합성)

合은 沖에서 運이 일어나고 沖은 合에서 일을 이룬다.

32. 格局旣定(격국기정) 用神可變(용신가변)

격국은 月支에서 定해지고 용신은 사주의 강약, 조후에 따라 변한다.

33. 强者宜制(강지의제) 弱者宜補(약자의보)

강한 오행은 制하는 것이 좋고 약한 오행은 補하는 것이 좋다.

34. 淸命論貴(청명논귀) 濁命論富(탁명논부)

淸한 사주는 귀함을 논하고, 濁한 사주는 재물을 논한다.

35. 眞神得用(진신득용) 大富大貴(대부대귀)

成格이 되어 용신이 旺하면 대부대귀 하게 된다.

36. 假神用事(가신용사) 碌碌浮生(녹록부생)

파격이 되고 용신도 불용이면 자갈밭에 떠돌아다니는 인생이다

37. 吉神太露(길신태로) 起爭之風(기쟁지풍)

길신이 과다하게 드러나 있으면 투쟁이 일어난다.

38. 凶神深藏(흉신심장) 食虎之患(식호지환)

흉신이 深藏되어 있으면 食人호랑이가 있는 것 같은 우환이 있다.

39. 夫妻因緣(부처인연) 宿世之來(숙세지래)

남편과 아내의 인연은 전생의 인연에서 온 것이다.

40. 父子因緣(부자인연) 此緣宿世(차연숙세)

부자의 인연은 후생에서 전생의 인연이 될 것이다.

41. 源淸流濁(원청유탁) 先榮後敗(선영후패)

사주가 淸하나 행운이 濁하면 처음은 영화로우나 나중에는 패망한다.

42. 源濁流淸(원탁유청) 先困後榮(선곤후탁)

사주는 濁하나 行運이 淸하면 처음은 힘들더라도 나중에는 영화롭다.

43. 德勝財者(덕승재자) 君子之風(군자지풍)

德(印星)으로 財物(財星)을 이기면 君子의 면모를 이룬다.

44. 財勝德者(재승덕자) 多能之象(다능지상)

財物(財星)로 德(印星)을 압도하면 재주 많은 사람이다.

45. 身主要强(신주요강) 用物財官(용물재관)

일간은 身旺함을 필요로 하는데 그래야만 財官을 쓸 수 있다.

46. 身主柔弱(신주유약) 用之印比(용지인비)

日干이 弱하면 인성과 비겁을 用神으로 삼아야 한다.

47. 先印後財(선인후재) 初困後榮(초곤후영)

인성운이 앞에 가고 재성운이 뒤에 가면 초년은 힘들더라도 뒤에는 영화롭다.

48. 先財後印(선재후인) 初榮老敗(초영노패)

재운이 앞에 가고 인성운이 뒤에 가면 초년에는 좋으나 노년에는 실패한다.

49. 調候不及(조후불급) 無實無後(무실무후)

사주에 조후가 안 맞으면 결실이 없고 뒤를 이을 자손이 없다.

50. 男犯四敗(남범사패) 屈曲波瀾(굴곡파란)

男命이 子午卯酉 도화살에 휘말리면 굴곡지고 파란 많은 삶이 된다.

51. 女犯四敗(여범사패) 淫亂孤獨(음란고독)

女命이 子午卯酉 도화살에 휘말리면 음란하고 고독하다.

52. 五氣相生(오기상생) 其性溫和(기성온화)

사주에 오행의 기운이 상생되면 그 성품이 온화하다.

53. 混亂偏枯(혼란편고) 性情乘逆(성정승역)

사주가 혼잡하고 편고하면 그 性情이 역류되어 막힌다.

54. 貧富之源(빈부지원) 食財輕重(식재경중)

빈부의 근원은 식상과 재성의 경중에 의한다.

55. 官名高低(관명고저) 官印輕重(관인경중)

관직의 높고 낮음은 官星과 印星의 경중에 의한다.

56. 官重無印(관중무인) 慾高無成(욕고무성)

官星은 重한데 印星이 없으면 관직 욕심은 많으나 출세는 안 된다.

57. 印重太過(인중태과) 貧寒寒儒(빈한한유)

사주에 인성이 태과하면 빈한하게 사는 가난한 선비이다.

58. 財多身弱(재다신약) 富屋貧人(부옥빈인)

재다신약 사주는 겉보기에는 부자이나 가난한 사람이다.

59. 傷官無財(상관무재) 雖巧必貧(수교필빈)

상관격이 財星이 없으면 비록 재주는 뛰어나나 필히 가난하다.

60. 傷官無財(상관무재) 後嗣終無(후사종무)

男命에 상관이 旺하고 財星이 없으면 후사를 이을 자식이 없다.

61. 傷官執刀(상관집도) 將相公候(장상공후)

상관격이 칼(편관)을 차고 있으면 장군 재상과 같은 높은 벼슬을 한다.

62. 殺印相生(살인상생) 生殺威權(생살위권)

살인상생된 사주는 생사를 다루는 권위에 오른다.

63. 倒食重重(도식중중) 落胎頻繁(낙태빈번)

女命에 편인이 태과하면 낙태를 자주한다.

64. 財星破印(재성파인) 因財致禍(인재치화)

재성이 인성을 파극하면 재물과 처로 인하여 화를 당한다.

65. 傷官破官(상관파관) 生子別夫(생자별부)

여명에 상관이 관성을 파극하면 자식 낳고 남편과 헤어진다.

66. 印重無官(인중무관) 多學無成(다학무성)

인성은 重하나 관성이 없으면 공부를 많이 해도 성공하지는 못한다.

67. 金白水淸(금백수청) 聰明過人(총명과인)

사주가 金白水淸한 이는 총명한데 과하여 실수가 따를 수 있다.

68. 木火通明(목화통명) 高學博識(고학박식)

木火通明한 사주는 학문이 높고 박식하다.

69. 水多浮木(수다부목) 平生浮浪(평생부랑)

사주에 水氣가 태과하여 浮木된 이는 평생부랑생활을 한다.

70. 土多埋金(토다매금) 愚鈍之象(우둔지상)

사주에 土氣가 태과하여 埋金된 이는 우둔한 경향이 있다.

71. 兩神相戰(양신상전) 先要和戰(선요화전)

두 오행이 서로 싸우고 있을 경우 우선 중재하는 통관신이 필요하다.

72. 食傷入墓(식상입묘) 必畏終命(필외종명)

運에서 食傷이 入墓될 경우 필히 죽을 수도 있음을 우려하라.

73. 提綱墓庫(제망묘고) 少年不發(소년불발)

월지가 辰戌丑未의 墓庫이면 초년운이 不發하는 경향이 있다.

74. 提綱四庫(제망사고) 謂之雜氣(위지잡기)

월지가 辰戌丑未이면 소위 잡기격이라 한다.

75. 調候順調(조후순조) 順成平安(순성평안)

조후가 순조로운 사주는 순탄하게 성공하고 평안하다.

76. 調候不及(조후불급) 苦中之發(고중지발)

조후가 불급한 사주는 고생 중에 運이 발전한다.

77. 拱貴拱祿(공귀공록) 最忌塡實(최기전실)
공귀격이나 공록격은 塡實됨을 가장 두려워한다.

78. 陽木無根(양목무근) 水多轉貴(수다전귀)
甲木일주가 無根한데 水氣가 많으면 귀하게 되는 수가 있다.(종인격)

79. 陰木無根(음목무근) 逢金發揚(봉금발양)
乙木일주가 無根한데 金을 만나면 하늘 높이 올라간다.(종혁격)

80. 用神不用(용신불용) 苦難後發(고난후발)
용신으로 사용할 오행이 없으면 그 인생은 고난 후에 발전한다.

81. 格用卽喜(격용즉희) 順發安平(순발안평)
격국과 用神이 좋으면 순탄하게 발전하고 평안하다.

82. 喜神不明(희신불명) 先觀胎月(선현태월)
사주에 희용신이 명확하지 못하면 먼저 입태사주를 참조하라.

83. 雜氣財官(잡기재관) 形沖大好(형충대호)
잡기재관격은 形沖되어 개고됨을 크게 좋아한다.

84. 陽多孤陰(양다고음) 妻宮不良(처궁불량)
男命에 陽五行이 많고 陰五行이 弱하면 처궁이 불량하다.

85. 陰多孤陽(음다고양) 夫君不發(부군불발)
女命에 陰五行이 많고 陽五行이 弱하면 夫君이 불발한다.

86. 金水傷官(금수상관) 先官後財(선관후재)
금수상관격은 우선 官(火)을 用神으로 삼고, 財(木)를 喜神으로 한다.

87. 木火傷官(목화상관) 先印後官(선인후관)

목화상관격은 우선 印星(水)를 用神으로 삼고, 官星을 喜神으로 한다.

88. 水木傷官(수목상관) 先財後比(선재후비)

수목상관격은 우선 財星(火)을 用神으로 삼고, 比劫을 喜神으로 한다.

89. 火土傷官(화토상관) 傷盡最好(상진최호)

화토상관격은 傷盡(종아격)함이 가장 좋다.

90. 土金傷官(토금상관) 先印後財(선인후재)

토금상관격은 우선 印星(火)을 用神으로 삼고, 財星을 喜神으로 한다.

91. 刑合之格(형합지격) 無官可成(무관가성)

형합격자는 사주에 官이 없어야 成格이 된다.

92. 傷官見官(상관견관) 官訟多發(관송다발)

상관견관된 사주는 관재송사가 많이 생긴다.

93. 身弱多財(신약다재) 必到災殃(필도재앙)

財多身弱 사주는 필히 財로 因한 재앙을 당한다.

94. 身弱大官(신약대관) 可畏終命(가외종명)

관살이 태왕하고 身弱한 사주는 요절하고 단명한다.

95. 時上偏財(시상편재) 他鄕名利(타향명리)

시상편재격 사주는 타향에서 이름나게 성공한다.

96. 歸祿專祿(귀록전록) 自手成家(자수성가)

귀록격, 전록격은 자수성가한다.

97. 月令建祿(월령건록) 多無祖屋(다무조옥)

건록격은 조상이 아무리 부잣집이라도 자신과는 관계없다.

98. 干與支同(간여지동) 損財傷妻(손재상처)

日柱의 干支가 같으면 損財 傷妻(夫婦不和)한다.

99. 一見財官(일견재관) 自然成福(자연성복)

財와 官이 혼잡되지 않고 一位만 있으면 자연히 福을 이룬다.

〈참고문헌〉

양성모, 『현대명리학강론』, O.B.C.A출판사, 2018.

양성모, 『격국용신완전정복』, O.B.C.A출판사, 2017.

김배성, 『명리직업상담론』, 도서출판창해, 2009.

김배성, 『사주심리치료학』, 도서출판창해, 2004.

김종상, 『일진서경』, 지단 역학 연구원, 2010.

박영창(역), 『자평진전 평주』, 신지평, 2004.

박일우(역), 『삼명통회』, 명문당, 1978.

박재완, 『명리사전』, 동양출판사, 1978.

백영관, 『사주정설』, 명문당, 2004.

서자평, 『연해자평』, 대성출판사, 1995.

오청식(역), 『연해자평』, 대유학당, 2008.

이병렬, 『알기쉬운 실증철학』, 동양서적, 1999.

이용준(역), 『정선명리약언』, 청학출판사, 2007.

임철초, 『적천수천미』, 서울대지문화사, 1988.

정경대, 『의명학』, 이너북, 2011.

萬民英, 『三命通會』, 대북: 무릉출판유한공사, 2003.

徐 升, 『연해자평평주』, 대북: 무릉출판유한공사, 2002.

阿部泰山, 『사주추명학』, 삼원문화사, 1965.

鮑黎明, 『적천수』, 예예원(동양고전글방 옮김), 1999.

저자 약력

중산 양 성 모 교수

전문분야 : 명리학, 수상학, 관상학,
　　　　　성명학, 매화역수, 육효학
이메일 : joongsan510@hanmail.net
연락처 : 010－3162－5018

〔학위 및 경력〕

동양최초 대한민국 1호 수상학 박사
국제뇌교육종합대학원대학교 동양학과 박사 졸업
현)서경대학교 경영문화대학원 동양학과 외래교수
현)글로벌사이버대학교 동양학과 초빙교수
현)을지대학교 평생교육원 사주명리과정 주임교수
현)가천대학교 글로벌미래교육원 사주명리학 교수
현)경기대학교 사회교육원 수상학 관상학 타로와점술문화 교수
현)동양문화교육협회(O.C.E.A) 회장
전)경기대학교 행정사회복지대학원 동양문화학과 외래교수
전)국제뇌교육대학원 동양학과 동양철학최고위과정 지도교수

〔저 서〕

『손금과 적성』『셀프관상미용관리법』『현대명리학강론』
『격국용신완전정복』『단기완성타로카드』『명리상담통변론』
『실용종합풍수지리』『정석명리학개론』『이름과 성공』
『관상미용학개론』

〔논 문〕

박사학위논문 "수상학 이론고찰과 활용방안에 대한 연구"
석사학위논문 "사주의 오행특성과 골질환의 관계분석"

명리상담통변론

초판발행   2019년 5월 31일

지은이   양성모
펴낸이   안종만·안상준

편 집   윤혜경
기획/마케팅   송병민
표지디자인   BEN STORY
제 작   우인도·고철민

펴낸곳   (주) **박영사**
                 서울특별시 종로구 새문안로 3길 36, 1601
                 등록 1959.3.11. 제300-1959-1호(倫)
전 화   02)733-6771
f a x   02)736-4818
e-mail   pys@pybook.co.kr
homepage   www.pybook.co.kr
ISBN   979-11-303-0731-2 93180

정 가 17,000원